50 cosas que hay que saber
sobre historia del mundo

Ian Crofton

50 COSAS
QUE HAY QUE SABER
SOBRE HISTORIA
DEL MUNDO

Traducción de
Francisco García Lorenzana

Ariel 50 COSAS

Obra editada en colaboración con Editorial Planeta – España

Título original: *World history 50 key milestones you really need to know*
Quercus, Londres

© 2011, Francisco G. Lorenzana, de la traducción
© 2011, Ian Crofton
Derechos exclusivos de edición en español reservados para todo el mundo:
© 2011, Editorial Planeta, S.A. – Barcelona, España
Editorial Ariel es un sello editorial de Editorial Planeta, S.A.

© 2014, Ediciones Culturales Paidós, S.A. de C.V.
Bajo el sello editorial ARIEL M.R.
Avenida Presidente Masarik núm. 111, Piso 2
Colonia Polanco V Sección
Deleg. Miguel Hidalgo
C.P. 11560, Ciudad de México
www.planetadelibros.com.mx
www.paidos.com.mx

Primera edición impresa en España: noviembre de 2011
ISBN: 978-84-344-1397-9

Primera edición impresa en México: junio de 2014
Tercera reimpresión: mayo de 2016
ISBN: 978-607-9377-41-0

Impreso en los talleres de Litográfica Ingramex, S.A. de C.V.
Centeno núm. 162, colonia Granjas Esmeralda, Ciudad de México
Impreso en México – *Printed in Mexico*

Contenidos

Introducción

Muchos considerarán que es intolerablemente presuntuoso pretender que la historia del mundo se pueda resumir en un libro tan corto como éste. Incluso las historias «cortas» del mundo son habitualmente más largas. Pero el objetivo no es ofrecer una panorámica completa de la historia de la humanidad, sino centrarnos en ciertos desarrollos y acontecimientos clave, que proporcionen unos cimientos básicos al lector, para que pueda construir sobre ellos, si lo desea.

Una queja habitual es que a los niños sólo les enseñan en la escuela un puñado de temas históricos —los romanos, los Austrias, los nazis, por ejemplo— y no tienen ni idea de los períodos intermedios. Este libro no pretende llenar todos esos huecos, pero su objetivo es ampliar los horizontes y presentar al lector temas de los que sólo ha tenido una información mínima.

El pasado se puede examinar a través de muchas lentes. Las últimas décadas han asistido a la eclosión de una variedad de perspectivas que analizan las historias que tradicionalmente nos hemos explicado sobre cómo hemos llegado a ser lo que somos: historia social, historia económica, historia de las minorías, las historias del trabajo, de las mujeres, de las ideas, para nombrar sólo unas cuantas. Para los exponentes de dichas disciplinas, este volumen les parecerá sin lugar a dudas terriblemente anticuado, con sus crónicas de guerras, imperios, conquistadores, descubrimientos, etc. Pero este libro aspira a ser algo más que un relato seco y desconsiderado en el que un acontecimiento sigue a otro, sin explicación. Se tienen en cuenta la economía, la sociedad, la geografía, la cultura y otros factores, y esperamos que el lector perciba una parte del aroma de la complejidad y la incertidumbre que implica cualquier intento de comprender el pasado, y cómo condiciona o no la forma en que vivimos en la actualidad.

Ian Crofton

01 Los inicios de la agricultura

Ninguna de las cosas que consideramos en la actualidad como características de nuestra civilización —nuestras grandes ciudades, nuestro arte, música y literatura, nuestro comercio e industria, nuestros logros científicos y tecnológicos— serían posibles sin la agricultura.

Sólo después de que algunos seres humanos aprendieran a cultivar pudimos producir suficientes excedentes de alimentos para permitir que algunos pudieran perseguir otros objetivos que no fueran cazar y recolectar. Con algunas personas especializadas en la producción de alimentos, otros se convirtieron en sacerdotes, soldados, artesanos, escribas o estudiosos de manera exclusiva. De esta forma empezaron a surgir sociedades más complejas y menos igualitarias. Pero este desarrollo es muy tardío en la historia de la humanidad.

Los orígenes de la humanidad El primero de nuestros ancestros que reconoceríamos como humano apareció hace unos 4 millones de años. A lo largo del tiempo se desarrollaron una variedad de especies humanas —*Homo habilis*, *Homo erectus*, los Neandertales—, pero no fue hasta hace alrededor de unos 100.000 años cuando los humanos modernos se empezaron a extender desde África y emprendieron la colonización del resto del mundo.

Los humanos empezaron a usar herramientas de piedra unos 2 millones de años antes, pero el índice de progreso tecnológico era extremadamente lento. De forma gradual las herramientas y las armas —de madera, piedra, hueso y cuerno— se volvieron más refinadas y los humanos aprendieron a usar el fuego. Las personas se alimentaban con la pesca, la caza y la recolección de frutos, semillas, nueces y bayas: una forma de vida que puede sostener a grupos pequeños, pero que implica que los cazadores-recolectores

Cronología

10000-8000 a. C.	8000 a. C.	7500 a. C.	6500 a. C.
Llega a su fin la última glaciación.	Cultivo de cebada y trigo en Oriente Medio.	Ovejas y cabras domesticadas en el oeste de Irán.	Cultivo de mijo y arroz en China; alubias, calabaza y pimiento en los altiplanos de Perú.

se tenían que mover en cuanto los recursos de una zona quedaban temporalmente agotados.

Entonces, alrededor de 8000 a. C. ocurrió algo extraordinario en el Creciente Fértil, una zona de Oriente Medio que se extiende desde los valles del Tigris y el Éufrates en el oeste a través de Siria y después hacia el sur por el levante. Fue aquí donde los humanos cultivaron por primera vez, iniciando una revolución global en la forma de vida de la humanidad. El Creciente Fértil fue la primera pero no la única zona que experimentó una revolución agrícola: el cultivo se inició de forma independiente en otras partes del mundo, entre ellas Mesoamérica, la región andina de América del Sur, China, el Sureste Asiático y el África subsahariana.

Las primeras cosechas Probablemente no sea una coincidencia que el inicio de la agricultura hace 10.000 años coincidiese con el final de la última glaciación. Al calentarse la tierra, las capas de hielo que cubrían la mayor parte del norte de Eurasia y América del Norte se derritieron, liberando grandes cantidades de agua dulce. En estas condiciones, la tundra poco densa dio paso a una vegetación más exuberante —sabanas y bosques— que proporcionaron a los cazadores-recolectores alimentos mucho más nutritivos. En algunos lugares, el medio era tan productivo que los grupos que sabían cómo explotarlo pudieron quedarse en lugar de moverse de forma constante. Con mayores cantidades de alimentos disponibles, la población creció, y esto significó a su vez que la gente tuvo que inventar formas de sobrevivir durante los períodos de escasez, aprendiendo a almacenar la comida. Uno de los alimentos más fáciles de almacenar, porque no se pudren al secarse, son los cereales: las semillas de diversas hierbas.

Sin duda fue un proceso gradual mediante el cual ciertos grupos aprendieron a cuidar las plantas

Un peligro oculto

La dependencia de una dieta de cereales contenía un peligro oculto. Muchos esqueletos del mundo antiguo muestran evidencias de abscesos sorprendentes en las mandíbulas, consecuencia de la rotura de los dientes al morder fragmentos de roca procedentes de las piedras usadas para moler el grano.

6500-6000 a. C.

Ganadería vacuna en Oriente Medio y el norte de África.

6000 a. C.

Empieza la agricultura en el sureste de Europa y el valle del Nilo. Uso de regadío en Mesopotamia. Pueblos pequeños encontrados en lugares como Jericó y Çatal Höyük en Anatolia.

《 Y Abel fue pastor de ovejas, y Caín fue labrador de la tierra. 》

Génesis 4,2,
sobre los hijos de Adán y Eva

salvajes que habían descubierto que eran las más útiles como fuente de alimento. Combatir las plagas y limpiar de malas hierbas fue el comienzo, y en algún momento las personas hicieron la conexión entre sembrar semillas y recolectar la cosecha resultante. En el Creciente Fértil, el trigo y la cebada fueron los cereales principales; en América fue el maíz, en el África subsahariana el sorgo, en el norte de China el mijo, mientras que en el sur de China y el Sureste Asiático fue el arroz. Otros vegetales también fueron importantes en diversas partes del mundo, como por ejemplo las alubias, el ñame, las patatas, la calabaza y el pimiento.

Domesticar animales salvajes El primer animal en ser domesticado fue el perro, que es un descendiente directo del lobo. Los perros se usaban para la caza y como guardianes mucho antes de que los humanos se convirtieran en agricultores sedentarios: el dingo asilvestrado de Australia, por ejemplo, es un descendiente de los perros que trajeron consigo al continente los primeros humanos hace unos 50.000 años.

Pero no fue hasta después del inicio de la agricultura en Oriente Medio cuando comenzó la ganadería: la cría de animales para obtener alimentos y otros productos como el cuero. Los primeros animales en domesticarse fueron las vacas, las ovejas, los cerdos y los caballos, que en su forma doméstica se extendieron desde Oriente Medio por toda Asia. Vacas y burros se empezaron a usar para tirar de arados, trineos y finalmente carros con ruedas. En América del Sur, la llama se crió como animal de carga, mientras que los conejillos de Indias servían como alimento.

Lo que la agricultura ha hecho por nosotros La producción de alimentos basada en la agricultura sigue siendo el fundamento de la civilización moderna. Pero la llegada de la agricultura no fue una bendición sin contraindicaciones. La comparación de los esqueletos de los cazadores-recolectores con los de los agricultores demuestra que en su conjunto los primeros tenían una constitución más fuerte y sana, reflejando su dieta más variedad. Los

Cronología

5500 a. C.	**4700** a. C.	**4400** a. C.
Cría de cerdos en partes de Europa, Oriente Medio y China.	Cultivo de maíz en Mesoamérica.	Caballos domesticados en las estepas euroasiáticas.

primeros agricultores —y éste es el caso de cientos de millones de agricultores de subsistencia alrededor del mundo— tenían una dieta muy monótona, que consistía básicamente en hidratos de carbono procedentes de los cereales. Proteínas en forma de carne o productos lácteos eran una rareza.

Antes de la llegada de la agricultura existía una cierta división del trabajo. En las sociedades cazadoras-recolectoras las mujeres solían realizar la mayor parte de la recolección y los hombres la mayor parte de la caza, mientras que ciertos individuos, a veces con alguna forma de discapacidad, se convertían en chamanes. Pero hablando en general, el desarrollo de las especializaciones profesionales y de las jerarquías sociales, con reyes y sacerdotes a la cabeza y los esclavos en lo más bajo, no se produjo hasta el establecimiento de comunidades agrícolas sedentarias. Comunidades sedentarias, excedentes de alimentos y la manufactura de objetos como cerámica o hachas de piedra ceremoniales también dio lugar a un comercio a distancias considerables: el ámbar del Báltico, por ejemplo, se ha encontrado en yacimientos neolíticos por toda Europa.

Beber leche y odiar la leche

Al principio, los humanos no podían digerir la leche en cuanto se separaban del pecho materno. Después, hace unos 7.500 años surgió un gen nuevo en una tribu de ganaderos de vacas que vivían entre los Balcanes y Europa central. Este gen les permitía seguir digiriendo la lactosa —el azúcar que se encuentra en la leche— durante la edad adulta, dando lugar a la incorporación a la dieta de alimentos como la mantequilla, el queso y el yogur. Sin embargo, este gen, que es común en las personas cuyos orígenes se encuentran en el norte de Europa, sigue ausente de la mitad de la población mundial, que sigue siendo intolerante a la lactosa.

La idea en síntesis: la agricultura cambió de raíz nuestra forma de vida

4300 a. C.
Cultivo de algodón en el valle del Indo y Mesoamérica.

4000 a. C.
La agricultura se extiende por Europa y el África subsahariana.

4000-3000 a. C.
Primeras ciudades en Mesopotamia.

02 Las primeras ciudades

En la actualidad, la mayor parte de las personas en el mundo occidental viven en ciudades, y éste es cada vez más el caso en los países de desarrollo rápido como India, China y Brasil. La urbanización masiva es un fenómeno relativamente reciente, asociado con la industrialización y la mecanización de la agricultura durante los últimos dos siglos.

Antes de esto la gran mayoría de las personas vivían en el campo, trabajando la tierra. Pero las ciudades han existido desde el mismo inicio de la historia humana registrada, hace más de cinco milenios, y fueron desde el principio importantes centros de poder, así como motores del cambio cultural y tecnológico.

> **« ¡Nilo inunda, sé verde y ven! ¡Da vida a la humanidad y al ganado con la cosecha de los campos! »**
>
> **Himno al Nilo,**
> **antiguo Egipto, *c.* 1500 a. C.**

Las ciudades crecieron en su mayoría a partir de pueblos, que a su vez empezaron como aldeas. Las primeras aldeas permanentes aparecieron con el inicio de la agricultura en Oriente Medio hace unos 10.000 años, aunque algunos asentamientos es posible que no se iniciaran como comunidades agrícolas, sino como mercados en la intersección de rutas comerciales. El comercio desempeñó desde luego un papel importante en el desarrollo de pueblos más grandes y ciudades, pero las crecientes poblaciones urbanas no se podrían haber sostenido sin la intensificación de la agricultura, que en muchos lugares sólo fue posible con planes de regadío grandes y complejos.

La importancia del agua   Entre 4000 y 2000 a. C., aparecieron de forma independiente las primeras civilizaciones urbanas en cuatro partes diferentes del mundo: entre los ríos Tigris y Éufrates en Mesopotamia (el moderno Iraq); en el valle del Nilo en Egipto; en el valle del Indo en lo que lo que ahora es Pakistán; y

Cronología

4000-3000 a. C.	3300 a. C.	3000 a. C.
Se construyen las primeras ciudades del mundo en Mesopotamia.	Primeros textos escritos en Uruk, Mesopotamia.	Menfis se convierte en la capital del Bajo y el Alto Egipto unificados.

a lo largo del río Amarillo (Huang He) y el Yangtze (Chang Jiang) en China.

Todos estos grandes ríos tienen tendencia a variaciones estacionales del caudal, con inundaciones alternando con sequías. Para maximizar la producción agrícola era necesario construir presas para almacenar como reserva las aguas de las crecidas, y después cavar canales para regar los campos durante la estación seca. En cuanto se desarrolló esta tecnología, los agricultores descubrieron que podían colonizar zonas más áridas, como el sur de Mesopotamia: aunque aquí el depósito de sales a causa del regadío dejó la tierra completamente estéril. El regadío significaba que en lugar de tener una sola cosecha al año se podían conseguir dos o incluso tres.

La construcción de estos planes de regadío requerían un calendario exacto para predecir la llegada de las inundaciones, y un nivel más alto de organización social, necesario para establecer la propiedad de la tierra y reclutar una fuerza laboral más grande. El establecimiento de la propiedad de la tierra no sólo impulsó una medición precisa (es decir, los inicios de las matemáticas), sino también la primera escritura. Además, la gestión de grandes proyectos de construcción requería una jerarquía bien definida que dictase quién debía cavar y quién debía dar las órdenes y quedarse con la mayor parte del beneficio.

Organización social y política El mismo grado de estratificación social y movilización de la mano de obra fue necesario para la construcción de las primeras ciudades, que se edificaron sobre la base de excedentes agrícolas generados por los planes de regadío. Las primeras ciudades eran mucho más que una simple colección de alojamientos y talleres. Contenían grandes estructuras monumentales como templos y palacios, avenidas ceremoniales, almacenes para tributos, tasas y bienes comerciales, murallas defensivas y, relacionados con los sistemas de regadío, canales y acueductos para llevar agua potable a la población. Las grandes ciudades planificadas del valle del Indo, Mohenjo Daro y Harappa, construidas alrededor de 2600 a. C., también tenían sistemas de alcantarillado cubierto para eliminar las aguas residuales.

2600 a. c.
Aparición de ciudades y escritura en el valle del Indo.

2550 a. c.
Construcción de la Gran Pirámide de Giza.

2350 a. c.
Sargón de Acad establece el primer imperio mesopotámico.

Con frecuencia las diferentes clases —obreros, artesanos, mercaderes, sacerdotes y príncipes— vivían en barrios diferentes de la ciudad, de manera que el tamaño y la calidad de sus casas reflejaban su situación social. Gran número de trabajadores (ya fueran libres o esclavos) era necesario para construir los grandes monumentos religiosos y cívicos: los zigurat (templos-torre) de Mesopotamia, las pirámides de Egipto, los templos y grandes baños rituales del Indo. Los artesanos producían cerámica, telas, joyas, grabados en piedra, metalurgia y otros bienes, tanto utilitarios como de lujo, y éstos, junto con los productos agrícolas, eran intercambiados ampliamente por los mercaderes. El comercio no era sólo local: a finales del III milenio a. C., por ejemplo, las ciudades del Indo comerciaban con las de Sumeria en lo que actualmente es Iraq.

> **《¡Creé Babilonia, cuya construcción me pediste! ¡Que se moldeen sus ladrillos de adobe y se alcen altos los santuarios!》**
>
> **Épica de la Creación,**
> datada en el I milenio a. C., que se recitaba cada año ante la estatua del dios babilonio Marduk

Sobre todos ellos gobernaban reyes, que con frecuencia pretendían descender de los dioses, y que mantenían el poder por delegación de la autoridad divina, respaldada por la fuerza armada cuando era necesario. Los ejércitos no estaban sólo para defender al rey de sus súbditos. Las agresiones y la competición humana alrededor de los recursos en períodos anteriores se habían manifestado en intermitentes escaramuzas intertribales. Ahora se produjo una escalada hacia un fenómeno nuevo: la guerra. En Mesopotamia, las ciudades-estado sumerias del III milenio a. C. como Eridu, Kish, Ur y Uruk combatían constantemente entre ellas, y esto a su vez dio un impulso a la innovación tecnológica en forma de murallas, carros de guerra, escudos, lanzas y yelmos de metal. El período de las ciudades-estado guerreras dio paso a una época de imperios: por ejemplo, los de los acadios, los babilonios y los asirios. La unidad política sobre un gran territorio fue establecida también en Egipto hacia 3000 a. C. y en China a mediados del II milenio a. C. bajo la primera dinastía, la Shang.

En el I milenio a. C., las civilizaciones urbanas surgieron en otras partes del mudo: en Persia, en la India y en el Sureste Asiático, en Grecia y en el imperio romano. En el I milenio d. C., grandes ciu-

Cronología

2100 a. C.	**2000** a. C.	**1800** a. C.	**1750** a. C.
Construcción del zigurat de Ur.	Se desarrolla en Creta la civilización minoica centrada en los palacios.	Auge de la dinastía Shang en China.	Código legal proclamado por Hammurabi de Babilonia.

Los inicios de la escritura

Las primeras formas de escritura se desarrollaron independientemente en las ciudades de Mesopotamia, China, el valle del Indo y Mesoamérica. Los primeros sistemas fueron en general pictográficos —consistentes en símbolos que representan cosas o ideas—, pero en Mesopotamia se desarrolló hacia 2800 a. C. un sistema de escritura silábica más flexible, conocida como cuneiforme. La escritura ayudó a las élites gobernantes a mantener el control, usándose para clasificar y listar las propiedades, y para recitar la sucesión de reyes. Más tarde, la escritura se usó también para recoger acuerdos comerciales, para cartas personales y gubernamentales y, lo más importante, para definir las leyes: un paso importante para moderar el poder absoluto del gobernante. La literatura, sin embargo, siguió siendo un fenómeno oral durante mucho tiempo: una de las primeras obras literarias conocidas del mundo, la mesopotámica *Épica de Gilgamesh*, no quedó recogida por escrito hasta el siglo VII a. C.

dades como Teotihuacán —con una población de unos 200.000 habitantes— florecían en Mesoamérica, y también en la región andina de América del Sur. Aunque surgieron aisladas del resto del mundo, estas ciudades del Nuevo Mundo tenían todas las características de las ciudades del Viejo Mundo: Teotihuacán, por ejemplo, se extendía sobre un plano cuadriculado, y estaba dominada por dos grandes monumentos ceremoniales, la Pirámide del Sol y la Pirámide de la Luna. Y, como muchas otras ciudades del mundo antiguo, todo lo que nos queda son ruinas desnudas, el recuerdo de una civilización perdida.

La idea en síntesis: las ciudades proporcionaron un motor para el desarrollo político, social, cultural y tecnológico

800 a. C.	**500** a. C.	**400** a. C.	**100** d. C.
Se establecen las ciudades-estado en Grecia.	Establecimiento del centro cívico-ceremonial de Monte Albán en Mesoamérica.	Inicio de la civilización centrada en la ciudad de Teotihuacán, Mesoamérica.	Es posible que la población de Roma superase el millón de habitantes.

03 El Egipto de los faraones

El reino de Egipto fue una de las más viejas y desde luego la más longeva de las civilizaciones antiguas, perdurando durante más de tres milenios. Este período tan largo tuvo interrupciones y trastornos, pero la cultura egipcia tenía raíces tan firmes que incluso los conquistadores extranjeros quedaron absorbidos por ella, y adoptaron las formas de los gobernantes hereditarios de Egipto, los faraones, que se consideraban hijos del dios supremo Ra, el dios del sol.

Aunque los restos de la civilización de los antiguos egipcios eran evidentes por todas partes, en forma de pirámides gigantescas, estatuas enormes y espectaculares templos en ruinas, se sabía muy poco de su historia detallada, de su sociedad y de sus creencias hasta que se descifró su misteriosa escritura jeroglífica (pictogramas) a principios del siglo XIX, como consecuencia del descubrimiento de la piedra Rosetta.

Sociedad y cultura La vida de los antiguos egipcios era el río Nilo, cuya crecida anual anegaba los campos y garantizaba una buena cosecha. Los asentamientos humanos en el antiguo Egipto se limitaban a una franja a ambos lados del río (Alto Egipto) y a lo largo de su gran delta (Bajo Egipto). Excepto estas zonas y algún oasis ocasional, toda el terreno era desierto. El valle del Nilo es uno de los primeros lugares del mundo donde se desarrolló la agricultura, al que siguieron algunos de los primero pueblos y ciudades del mundo.

Hacia 3100 a. C., un rey llamado Menes unió el Alto Egipto y el Bajo Egipto, convirtiéndose en el primer faraón. Se construyó una nueva capital, Menfis, en la unión del Alto y el Bajo Egipto, y se convirtió en el centro de un estado fuertemente centralizado, con

Cronología

3100 a. c.	**c. 2630** a. c.	**2600-2500** a. c.	**2575-2134** a. c.
Menes une el Alto y el Bajo Egipto, y funda Menfis.	Construcción de la pirámide escalonada de Saqqara.	Construcción de la pirámide de Giza.	Imperio Antiguo.

《 Dios es los tres dioses Amón, Ra, Ptah, sin ningún otro ... Sus ciudades en la tierra perdurarán por toda la eternidad: Tebas, Heliópolis, Menfis, por siempre. 》

Un himno de *c.* 1220 a. C., alabando los tres aspectos del dios estatal del Imperio Nuevo. De hecho los egipcios adoraban otros muchos dioses, entre ellos Isis, Osiris, Anubis y Horus

el faraón a la cabeza de una eficiente jerarquía administrativa. Dicha organización permitió la realización de grandes proyectos de construcción y hacia 2630 a. C. se construyó la primera pirámide —la pirámide escalonada de Saqqara— como tumba del faraón Zoser. Según la tradición fue diseñada por el arquitecto y médico Imhotep, y proporcionó el modelo para las famosas pirámides de Giza, que, con una altura de 138 metros, fue durante cuatro milenios la estructura más alta del mundo.

Las pirámide eran las tumbas de los faraones y los cuerpos de los muertos estaban rodeados por todos los objetos que podrían necesitar en el más allá, que imaginaban como un mundo muy parecido a Egipto. Para que los muertos pudiesen disfrutar de la otra vida, era esencial que se preservasen sus cuerpos, y para eso los egipcios desarrollaron sofisticadas técnicas de momificación. Aunque al principio unos funerales tan elaborados quedaron restringidos a lo estratos más altos de la sociedad, a lo largo de los siglos incluso los más pobres se pudieron costear ajuares funerarios modestos para satisfacer sus necesidades en la otra vida.

La piedra Rosetta

El significado de los jeroglíficos egipcios fue desvelado finalmente después del descubrimiento en 1799 de una piedra inscrita en Rosetta (en árabe, *Rashid*), cerca de Alejandría. Datada hacia 196 a. C., la piedra reproducía un decreto del faraón Ptolomeo V en egipcio, tanto en escritura jeroglífica como demótica (cursiva), y también en griego antiguo. Esto ofreció a los investigadores la clave que necesitaban. La labor de desciframiento la inició el erudito inglés Thomas Young, y fue completada por el estudioso francés Jean-François Champollion en 1822. La piedra Rosetta se encuentra en el British Museum de Londres, aunque el gobierno egipcio ha exigido su regreso.

2134-2040 a. c.	**2040-1640** a. c.	**1640-1552** a. c.	**1552-1070** a. c.
Primer Período Intermedio: Egipto dividido entre varios gobernantes locales.	Imperio Medio: Egipto reunificado, y conquista de Nubia.	Segundo Período Intermedio: gobierno de los hicsos, una dinastía extranjera.	Imperio Nuevo: máxima extensión del imperio egipcio, con capital en Tebas.

Comercio, imperio y conquista   Aunque Egipto era rico en recursos agrícolas y minerales, le faltaban productos como la madera, el vino, el aceite, el marfil y las piedras preciosas. Para satisfacer la demanda, se organizaron grandes expediciones comerciales al Sinaí y el levante hacía el noreste, hacia Libia en el oeste, y a Nubia y Punt (el Cuerno de África) en el sur. A remolque de estos contactos comerciales, los egipcios intentaron expandir su poder así como sus horizontes, y entre 1500 y 1000 a. C. constituyeron un imperio que se extendía de Siria al Sudán. Grandes cantidades de riquezas confluían a Egipto desde las nuevas provincias en forma de tributos, permitiendo la construcción de un gran centro religioso en Tebas, y el gran templo de Karnak.

La expansión puso a los egipcios en contacto con poderoso imperios vecinos, y se establecieron relaciones diplomáticas con los hititas de Anatolia, los babilonios y los asirios. El contacto provocó competición y conflicto: en 1285 a. C. el poderoso faraón Ramsés II libró una gran batalla contra los hititas en Kadesh, Siria, y a continuación Egipto tuvo que hacer frente a los ataques de los misteriosos «Pueblos del Mar» del Mediterráneo oriental.

La revolución religiosa de Akenatón

En 1379 a. C. subió al trono el faraón Amenofis IV e inició una revolución religiosa. Sustituyó el culto al dios estatal Amón-Ra y el panteón del resto de dioses por el dios único, Atón, el disco solar. Él mismo adoptó el nombre de Akenatón (que significa «agradable al disco solar»), construyó una nueva capital, Aketatón (la moderna el-Amarna), e inició un estilo naturalista de retratos reales en lugar de la tradición de representaciones muy estilizadas. Akenatón no se ocupó de su imperio en Asia occidental, y perdió el norte de Siria a manos de los hititas. En el interior, tuvo que hacer frente a la oposición de los poderosos sacerdotes de Amón, y después de su muerte en 1362 a. C. le sucedió el joven Tutankamón, y se restauraron las prácticas religiosas tradicionales.

Cronología

1379-1362 a.c.	1285 a.c.	1070-712 a.c.	712-332 a.c.	675 a.c.
La corta revolución religiosa de Akenatón.	Egipcios e hititas libran la gran batalla de Kadesh.	Tercer Período Intermedio: el gobierno de Egipto dividido entre los faraones y los sacerdotes de Amón.	Período Tardío.	Los asirios invaden Egipto.

《 Me encontré con un viajero de antiguas tierras que me dijo: dos enormes piernas de piedra carentes de cuerpo se alzan en el desierto. Cerca de ellas en la arena, medio hundido yace un rostro destrozado... 》

Percy Bysshe Shelley, «Ozymandias», 1819. El poema alude a las numerosas estatuas gigantescas del faraón Ramsés II que yacen en ruinas en los desiertos de Egipto y en Oriente Próximo

Hacia 700 a. C. los asirios invadieron Egipto y saquearon Tebas. Otra invasión, esta vez por parte de los persas, se produjo en 525 a. C., y Egipto se convirtió en una provincia persa hasta que se rindió sin luchar ante Alejandro Magno en 332 a. C. Alejandro cruzó el desierto hasta el Oráculo de Amón en el oasis de Siwa, y allí fue proclamado por los sacerdotes como el nuevo faraón. Tras la muerte de Alejandro, uno de sus generales, Ptolomeo, estableció una dinastía de faraones que se ganó el apoyo del pueblo y de los sacerdotes honrando a los dioses de Egipto. Aún después de convertirse Egipto en una provincia romana en 30 a. C., su cultura greco-egipcia siguió viva hasta su extinción final a manos de la conquista árabe musulmana en el siglo VII d. C.

La idea en síntesis: una civilización magnífica que perduró durante más de 3.000 años

525 a. C.	**332** a. C.	**305** a. C.	**30** a. C.	**Década de 640** d. C.
Conquista persa.	Alejandro Magno toma Egipto.	Ptolomeo, uno de los generales de Alejandro, establece una dinastía de faraones greco-egipcios.	Egipto se convierte en una provincia romana.	Conquista árabe de Egipto.

04 La Grecia clásica

Gran parte de nuestro arte y arquitectura, de nuestra literatura y filosofía, de nuestra política democrática y de nuestra ciencia se la debemos a los antiguos griegos. Que Grecia haya tenido una influencia cultural tan poderosa en el mundo occidental es de lo más sorprendente, teniendo en cuenta que nunca existió un estado griego unificado. En su lugar, la Grecia clásica consistió en una serie de ciudades-estado rivales, con colonias repartidas por todo el Mediterráneo y el mar Negro.

Estas ciudades-estado habían empezado a aparecer en el siglo VIII a. C., y cada una de ellas tenía una identidad muy fuerte, centrada alrededor de una acrópolis: una ciudadela con templos dedicados al dios o a la diosa que protegían a la ciudad. Este robusto sentido de independencia se vio reforzado en parte por la geografía del país, con cada ciudad y su entorno agrícola aislados de los vecinos por macizos montañosos y el mar.

El advenimiento de la democracia   Al principio, el poder en cada ciudad-estado estaba en manos de las familias nobiliarias, aunque se consultaban las asambleas de los ciudadanos adultos sobre ciertos temas (las mujeres y los esclavos quedaban totalmente excluidos). Pero una serie de factores impulsaron un cambio de poder. El primero de todos fue la extensión de la alfabetización y la exposición pública de las leyes del estado en forma escrita que significó que el poder de los nobles quedó circunscrito y abierto a su cuestionamiento. En segundo lugar, el establecimiento de nuevas colonias en ultramar dio a los ciudadanos la oportunidad de establecer nuevas formas de propiedad de la tierra y de organización política. En tercer lugar, el desarrollo de una táctica militar nueva y muy efectiva, en la que los aristócratas tradicionales con sus carros de guerra fueron sustituidos por formaciones de ciudadanos-guerreros fuertemente armados, llamados hoplitas, dio a cada

Cronología

c. 1600 a. C.	*c.* 1150 a. C.	*c.* 800 a. C.	*c.* 750 a. C.
Inicio en Grecia de la civilización micénica de la Edad del Bronce.	Inicio de la «edad oscura» griega.	Aparición de las ciudades-estado griegas.	Se redactan los poemas épicos homéricos.

hombre libre una sensación de poder real, que el estado se vio obligado a respetar.

Estos desarrollos ayudaron al nacimiento de la democracia en una serie de ciudades-estado griegas, especialmente en Atenas, la más poderosa de todas ellas, donde las decisiones las tomaban las asambleas de todos los ciudadanos adultos y hombres. La democracia no era universal, o permanente. Hubo períodos de gobierno de «tiranos», o de pequeños grupos de ciudadanos principales conocidos como «oligarcas».

《Si el pueblo de Grecia pudiese conseguir la unidad política, podría controlar el resto del mundo. 》

Aristóteles, *Política,* siglo IV a. C.

Auge y caída de Atenas Los intentos del poderoso imperio persa del este de conquistar Grecia a principios del siglo V a. C. fueron derrotados por una combinación de la armada ateniense y del ejército de la otra gran potencia griega, Esparta. Como consecuencia de esta victoria, Atenas empezó a imponerse sobre sus vecinos y aliados menos poderosos, algunos de los cuales se volvieron hacia el rival de Atenas: Esparta. Las tensiones culminaron en la prolongada y destructiva guerra del Peloponeso (431-404 a. C.). Con la derrota de Atenas, Esparta se convirtió en la potencia dominante, y tan molesta como lo había sido Atenas, provocando una sucesión de guerras internas. Grecia, debilitada de esta forma, se convirtió en presa fácil para un ambicioso rey guerrero del norte: Filipo II de Macedonia, padre de Alejandro Magno. Con la victoria de Filipo en Queronea en 338 a. C., Grecia quedó por fin unida, pero bajo un gobernante extranjero.

La filosofía y la ciencia griegas Todas estas guerras tuvieron poco impacto negativo sobre la vida intelectual de Grecia. No está claro por qué el espíritu de investigación fue tan fuerte en la antigua Grecia, pero que lo fue se muestra en el hecho de que nuestra palabra «filosofía» deriva de la palabra griega *philosophos*, que significa «amante de la sabiduría». Para los griegos la filosofía no cubría sólo los campos de la ética, la metafísica y la lógica, sino también todo lo que ahora llamamos ciencia.

Los primeros filósofos griegos, del siglo VI a. C., rechazaron las explicaciones mitológicas anteriores del mundo físico, y buscaron en su

c. 590 a. C.	507 a. C.	490 a. C.
Solón establece la constitución de Atenas.	Reformas democráticas de Clístenes en Atenas.	Los griegos derrotan al ejército persa en Maratón.

lugar un único elemento que creían que era el fundamento de todo. Los seguidores de Pitágoras intentaron describir la naturaleza en términos numéricos, mientras que otros examinaron a través de paradojas la naturaleza de lo infinito y cuestiones como si el cambio, tal como se representa en el movimiento, es una realidad o una ilusión.

En el siglo V a. C. el filósofo ateniense Sócrates puso el foco en temas éticos y políticos, elaborando un método intelectual de preguntas y respuesta para examinar la validez lógica de las proposiciones. El discípulo de Sócrates, Platón, afirmó que la naturaleza última de la realidad no se puede percibir a través de los sentidos, sosteniendo que el mundo físico que experimentamos sólo es una sombra de la forma ideal de las cosas.

El pupilo de Platón, Aristóteles, tenía un punto de vista más analítico, intentando definir, catalogar y explicar el mundo en que vivía. Además de esto y de examinar temas éticos, estéticos, metafísicos y políticos, también prestó atención a temas como la biología,

Algunos científicos griegos destacados

- **Pitágoras** (siglo VI a. C.): definió la Tierra como una esfera, y estableció la base numérica de la armonía musical.

- **Empédocles** (*c.* 490-430 a. C.): defendió que toda la materia está formada por cuatro elementos.

- **Demócrito** (*c.* 460-370 a. C.) y Leucipo (siglo V a. C.): sugirieron que la materia estaba formada por partículas minúsculas, idénticas e indivisibles llamadas átomos.

- **Hipócrates** (*c.* 460-*c.* 377 a. C.): fue conocido como «el padre de la medicina».

- **Euclides** (*c.* 300 a. C.): fijó los principios de la geometría.

- **Aristarco de Samos** (*c.* 310-230 a. C.): descubrió que la Tierra gira sobre su propio eje y orbita alrededor del Sol.

- **Arquímedes** (*c.* 287-*c.* 212 a. C.): pionero del campo de la mecánica e inventor de numerosos artefactos ingeniosos.

- **Eratóstenes de Cirene** (*c.* 276-*c.* 194 a. C.): calculó la circunferencia de la Tierra con un gran grado de precisión.

Cronología

480 a. C.	440 a. C.	431 a. C.
Los griegos derrotan a la armada persa en Salamina.	Atenas alcanza el punto culminante de su poder bajo Pericles.	Estallido de la guerra del Peloponeso entre Atenas y Esparta, y sus aliados respectivos.

la física y la cosmología. Las enseñanzas de Aristóteles dominaron tanto el pensamiento islámico como el occidental hasta la revolución científica de los siglos XVI y XVII.

Influencia artística El punto de vista griego sobre el arte y la arquitectura refleja su filosofía. Sus esculturas pretenden encarnar el ideal platónico de la belleza última, más que representar individuos reales con todos sus supuestos defectos. La arquitectura griega se basa en las formas geométricas, representadas por la creencia pitagórica en el significado primordial de los números y sus relaciones en la naturaleza, y resume todo lo que se entiende por «arte clásico»: equilibrio, proporción, armonía, perfección. Los valores estéticos griegos fueron adoptados en su conjunto por los romanos, pero fueron olvidados después del colapso del imperio romano. Su redescubrimiento en Europa en el siglo XV condujo a algunos de los más grandes logros artísticos del Renacimiento.

El Renacimiento asistió también a una renovada popularidad, como tema tanto del arte como de la literatura, de los mitos griegos y de las historias sobre la guerra de Troya y sus consecuencias, tal como las cuentan Homero y otros, en especial el poeta romano Ovidio. Igualmente profunda en su influencia fueron los dramaturgos griegos como Esquilo, Sófocles y Eurípides, cuyas tragedias exploran el comportamiento humano en las circunstancias más extremas, provocando en la audiencia lo que Aristóteles definió como «piedad y terror». Sus obras han tenido una gran influencia en la dramaturgia occidental y más aún en la forma en que nos vemos como seres humanos.

La idea en síntesis: la cultura griega está en la raíz de la identidad occidental

404 a. C.

Derrota de Atenas.

338 a. C.

Filipo de Macedonia derrota en Queronea a las ciudades-estado griegas.

05 Alejandro Magno

En el momento de su muerte a la edad de sólo treinta y dos años, Alejandro Magno de Macedonia había conquistado la mayor parte del mundo que conocía los antiguos griegos, desde Anatolia, Siria y Egipto en el oeste hasta Mesopotamia, Persia y Asia central en el este, llegando incluso hasta la India.

La carrera meteórica de Alejandro, sus hechos de armas, su magnanimidad con los vencidos y su mente inquisitiva lo convirtieron en el arquetipo del héroe de la Antigüedad. En la Edad Media se le consideraba uno de los tres caballeros «ilustres» del mundo pagano, junto con Héctor, el legendario héroe de Troya, y Julio César. En la actualidad, las innovadoras tácticas militares de Alejandro se siguen estudiando en las academias militares de todo el mundo.

Sin embargo, el imperio de Alejandro duró poco y después de su muerte fue dividido entre sus generales, peleados entre ellos. Aunque la unidad política resultó ser fugaz, el impacto cultural de la construcción del imperio de Alejandro fue mucho más duradero, y una nueva época helenística, que combinaba tanto elementos griegos como nativos, se impuso en el Mediterráneo oriental y Asia occidental hasta la conquista árabe casi mil años después.

El auge de Macedonia El reino montañoso de Macedonia se encuentra al norte de las tierras griegas de Tesalia, Etolia, Beocia, Ática y el Peloponeso. Los macedonios, aunque hablaban un dialecto griego, eran vistos como extranjeros por parte de los otros griegos, entre otras razones, porque conservaban una monarquía hereditaria, en contraste con los sistemas políticos de las ciudades-estado griegas.

La guerra constante entre y dentro de las ciudades-estado griegas desde finales del siglo v a. C. provocó una debilidad que Macedonia fue capaz de explotar. En 359 a. C. el padre de Alejandro, Filipo II, subió al trono decidido a aprovechar la oportunidad que le ofrecía el vacío de poder en el sur. Filipo emprendió la reorga-

Cronología

359 a. C.	**338** a. C.	**336** a. C.	**334** a. C.
Filipo II asciende al trono de Macedonia.	Filipo derrota a las ciudades-estado griegas en Queronea.	Alejandro sucede a Filipo tras su asesinato.	Alejandro derrota a los persas en Gránico.

nización del ejército macedonio, aña-
diendo caballería y una infantería ligera
más móvil a las formaciones de hoplitas
acorazados (infantería pesada), conocidas como falanges, que se usaban para
romper la línea enemiga. Después de
asegurar sus fronteras septentrionales,
Filipo dirigió su atención hacia el sur,
usando la diplomacia y las armas para
conseguir el dominio de las ciudades-es-

«A mi edad Alejandro ya era rey de muchos pueblos, mientras que yo no he conseguido nada realmente destacable...»

Julio César, citado en la *Vida de César* de Plutarco, siglos I-II d. C.

tado griegas, culminado con la victoria decisiva en Queronea en
338 a. C.

El hijo de Filipo, Alejandro, sólo tenía dieciocho años cuando
mandó el ala izquierda del ejército macedonio en Queronea. Su
padre ya había percibido su potencial y su ambición, y había em-
pleado al gran filósofo Aristóteles para que fuera el tutor del joven
príncipe y de sus compañeros. Fue de Aristóteles de quien Alejandro adquirió su interés por la filosofía, la medicina y la literatura, y
una de sus posesiones más preciadas era la copia anotada de Homero que le había dado Aristóteles.

Una década de conquistas   Filipo estaba planeando una
compaña contra el enemigo tradicional de Grecia, el imperio persa, cuando fue asesinado en 336 a. C. Alejandro no perdió tiempo
en cumplir las ambiciones de su padre. En 334 cruzó a Asia con su
ejército de cerca de 50.000 veteranos, y ganó una serie de victorias
contra los persas a medida que avanzaba por Anatolia, Siria, Egipto y Mesopotamia. En 331 se enfrentó al rey persa, Darío III, en la
amplia llanura de Gaugamela, al norte del río Tigris. Aunque su
ejército era casi el doble del de Alejandro, Darío no pudo igualar
el genio militar de su enemigo, y sus formaciones fueron superadas
y rotas, y él tuvo que huir del campo de batalla. Darío fue asesinado más tarde por uno de sus generales descontentos, para gran disgusto de Alejandro.

Alejandro se declaró sucesor de Darío como «rey de reyes» y avanzó a través de las provincias persas de Asia central, como Partia y

333 a. C.	**331** a. C.	**326** a. C.	**324** a. C.
Alejandro derrota a los persas en Isos.	Derrota final de los persas en Gaugamela.	Alejandro vence en la batalla de Hidaspes en el Punjab.	Un motín fuerza a Alejandro a regresar hacia occidente.

Bactria, apoyándose cada vez más en soldados y administradores persas, y casándose con una princesa bactriana, Roxana. Al estar tan lejos de casa, Alejandro reconoció la necesidad de cooperar con los pueblos conquistados y adoptar sus costumbres —como dejar que lo proclamasen dios— pero los griegos y los macedonios de su ejército se sentían consternados por esta situación. Aunque los condujo en una campaña victoriosa por el valle del Indo y el Punjab, en 324 a. C. su ejército se amotinó y se negó a avanzar más hacia el este. Al regresar hacia occidente, Alejandro llegó a Babilonia, donde empezó a planificar nuevas campañas: contra Arabia y después quizá contra el poder creciente de Cartago y Roma. Pero estos planes nunca se llevaron a cabo porque en 323 Alejandro murió de fiebres después de una borrachera.

El legado de Alejandro En el momento de la muerte de Alejandro, su esposa Roxana estaba embarazada, pero no existían unas reglas de sucesión claras. La leyenda dice que cuando preguntaron a Alejandro en su lecho de muerte a quién entregaba su imperio, respondió: «Al más fuerte». La lucha por el poder entre los generales de Alejandro —durante la cual asesinaron a Roxana y a su hijo— duró poco más de una docena de años y surgieron tres grandes bloques de poder. Seleuco gobernó sobre gran parte de Asia occidental, en líneas generales el equivalente al antiguo imperio persa; Antígono dominó Grecia y Macedonia; y Ptolomeo reinó en Egipto. El imperio seléucida se rompió gradualmente en una serie de reinos, y en el siglo II a. C. Macedonia y Grecia cayeron a manos romanas. En Egipto, los ptolomeos se adaptaron a la

El caballo de Alejandro

Cuando Alejandro era joven había un caballo tan salvaje y brioso que nadie podía montarlo. Pero Alejandro consiguió montarlo y domarlo, dándole el nombre de Bucéfalo. Desde entonces Bucéfalo se convirtió en el caballo favorito de Alejandro, compartiendo todas las privaciones de las campañas y no dejando que nadie lo montase. A la edad de veinticuatro años Bucéfalo llevó a Alejandro en la carga de caballería decisiva en la batalla de Gaugamela, y después lo acompañó hasta la India. Allí, con treinta años, murió Bucéfalo, a causa de la edad y el agotamiento. Alejandro estaba tan orgulloso de su caballo que en su honor le dio nombre a la ciudad que fundó al este del río Indo: Bucéfala.

Cronología

323 a. C.	**312** a. C.	**306** a. C.	**305** a. C.
Alejandro muere en Babilonia.	Seleuco funda el imperio helenístico en Asia occidental.	Antígono establece la dinastía antigónida en Macedonia y Grecia.	Ptolomeo se convierte en gobernante de Egipto.

tradición local, convirtiéndose en faraones y reteniendo el poder hasta 31 a. C., cuando la famoso reina Cleopatra VII fue derrotada —junto con su amante, el general romano Marco Antonio— por Octavio, el futuro emperador Augusto, y se quitó la vida.

《 De cuerpo era muy guapo y un gran amante de las dificultades... pero como placer de la mente, sólo era insaciable de gloria. 》

Arriano, *Anábasis de Alejandro Magno,* siglo ɪɪ d. C.

Sin embargo, el legado de Alejandro sobrevivió incluso a esta derrota. Por todo el imperio había fundado muchas ciudades, algunas de las cuales recibieron el nombre de Alejandría en su honor, y estas ciudades fueron ocupadas por mercaderes y artesanos griegos que extendieron la cultura de su tierra natal por todas partes, y ayudaron a fundir Oriente y Occidente en una sola esfera comercial. La más famosa de estas Alejandrías, la de Egipto, se convirtió en el centro intelectual del mundo mediterráneo durante muchos siglos, y su gran biblioteca, bajo el patrocinio de los ptolomeos, se transformó en el depósito de todas las enseñazas acumuladas por los antiguos.

La idea en síntesis:
las conquistas de Alejandro extendieron la cultura y el comercio griegos por un territorio enorme

247 a. C.	**167** a. C.	**146** a. C.	**31** a. C.
Partia se separa del imperio seléucida.	Los romanos conquistan Macedonia.	Grecia se convierte en provincia romana.	Cleopatra es derrotada por los romanos en Accio.

06 La expansión del poder romano

De todos los imperios del mundo antiguo, el de los romanos fue el más grande y duradero. Los griegos habían extendido su cultura a remolque de las conquistas de Alejandro Magno, pero fracasaron en el establecimiento de la unidad política.

Por el contrario los romanos, a través de la fuerza de las armas, impusieron sus leyes y extendieron la ciudadanía a los pueblos conquistados para crear un imperio homogéneo desde la isla de Britania hasta Egipto y las zonas occidentales de Asia.

Los orígenes de Roma se pierden en las nieblas del tiempo. Según la tradición romana, la ciudad fue fundada en 753 a. C. por un pastor llamado Rómulo, después de haber matado a su hermano Remo. Rómulo fue el primero de los siete reyes de Roma, el último de los cuales, Tarquino el Soberbio, fue expulsado por los habitantes de la ciudad en 509 a. C.

Expansión bajo la república En lugar de la antigua monarquía, los romanos establecieron una república. Al principio estuvo dominada por los patricios, una clase formada por un número relativamente pequeño de familias de la élite. Cada año los patricios elegían a dos cónsules que les gobernaban y dirigían el ejército, y los cónsules recibían el consejo de una asamblea electa, el Senado. En momentos de emergencia, se nombraba a un dictador, pero por un período no superior a seis meses. El dominio de los patricios provocó el descontento del resto de ciudadanos, los plebeyos, que acabaron ganando algunos derechos políticos, con su propia asamblea y representantes electos, los llamados tribunos.

Al principio, Roma fue sólo una de una serie de ciudades-estado de lengua latina en el centro de Italia. Poco a poco, combinando

Cronología

753 a. C.	**509** a. C.	**390** a. C.	**287** a. C.	**280-241** a. C.	**275** a. C.
Fecha tradicional de la fundación de Roma.	Roma expulsa al último rey y se convierte en república.	La ciudad saqueada por asaltantes celtas.	Los plebeyos conquistan el derecho a proclamar leyes.	Primera guerra púnica.	Los romanos derrotan al rey Pirro, terminando con las ambiciones griegas en Italia.

la diplomacia con las aventuras militares, Roma se convirtió en la potencia dominante en la región, y los pueblos vecinos se aliaron con ella para conquistar toda la península, que completaron en las primeras décadas del siglo III a. C. Entonces, Roma volvió su atención a ultramar. La potencia más grande en el Mediterráneo occidental de esa época era Cartago, una ciudad en el norte de África que habían fundado los mercaderes fenicios de levante. Roma libró tres guerras contra Cartago, resistiendo con éxito la invasión de Italia por parte del general cartaginés Aníbal y conquistando los extensos territorios cartagineses en España y otras regiones. En 146 a. C., al final de la tercera guerra púnica (*punicus* es el nombre latino de «cartaginés»), los romanos arrasaron Cartago hasta los cimientos. En ese mismo año, Grecia se convirtió en provincia romana, y el Mediterráneo se transformó en el «lago romano». Los romanos siguieron adelante incorporando a su imperio el Oriente Próximo, el norte de África, la Galia (la Francia actual) y Britania, con los ríos Rin y Danubio como fronteras en la zona continental de Europa.

> **《Dulce et decorum est pro patria mori. [Dulce y honorable es morir por la patria.]》**
>
> Horacio, *Odas*, libro III, nº. 2. Este verso famoso resume el valor que daban los romanos a las virtudes marciales y al sacrificio varonil

Guerras civiles La expansión imperial se vio acompañada por grandes cambios sociales y económicos. En su origen, el ejército romano había estado formado por pequeños agricultores, que servían cuando era necesario y después regresaban a la tierra. Pero cuando las campañas del ejército fueron cada vez más lejanas, estos campesinos no se podían ocupar de sus propiedades, y como consecuencia muchos cayeron víctimas de las deudas y se vieron forzados a abandonar las tierras y buscarse la vida en la ciudad, donde seguían sin empleo, sostenidos por la beneficencia del gobierno. Al mismo tiempo, la élite rica se dedicó a comprar estas pequeñas parcelas para formar grandes propiedades, explotadas por los numerosos cautivos esclavizados, que eran uno de los botines de la conquista imperial.

Al volverse más ricos los ricos y más pobres los pobres, una serie de generales de éxito procedentes de la élite dominante se enfrentó

272 a. C.	**218-202** a. C.	**216** a. C.	**202** a. C.	**149-146** a. C.	**146** a. C.
Los romanos completan la conquista de la península italiana.	Segunda guerra púnica.	El general cartaginés Aníbal consigue una victoria aplastante sobre los romanos en Cannas.	El general romano Escipión derrota a Aníbal en Zama.	Tercera guerra púnica, seguida por la destrucción de Cartago a manos romanas.	Grecia se convierte en provincia romana.

« **Romano, recuerda gobernar a los pueblos del mundo a través de la fuerza, porque éstas son tus habilidades: traer la paz e imponer la ley, liberar a los conquistados, y someter a los orgullosos mediante la guerra.** »

Virgilio, en la *Eneida*, libro VI, define la misión del primer emperador, Augusto

por el poder, reuniendo a su alrededor seguidores reclutados entre las filas de los desposeídos. Esto condujo en el siglo I a. C. a una serie de guerras civiles y oligárquicas, que implicó a figuras como Pompeyo y Julio César. Se sospechaba que César ansiaba el poder supremo, lo que provocó su asesinato a manos de sus enemigos republicanos en 44 a. C. A esto siguieron más guerras civiles, que no terminaron hasta que Marco Antonio y su amante, la reina Cleopatra de Egipto, fueron derrotados por Octavio en 31 a. C.

Roma imperial   Octavio se convertiría en el primer emperador, adoptando el nombre de Augusto. Le sucedió una serie de emperadores, algunos de ellos gobernantes y generales efectivos, otros incompetentes insignificantes, y algunos déspotas enloquecidos, como Calígula y Cómodo. El principio hereditario no se estableció nunca con firmeza, y la sucesión dependía con frecuencia del asesinato o del apoyo que otorgaban sus legiones a un general popular.

Aunque con frecuencia se producía inestabilidad política en el cabeza, durante algunos siglos la *Pax romana* («paz romana») reinó en la mayor parte del imperio, que alcanzó su máxima extensión en 200 d. C. Las provincias, en su mayoría, eran autogobernadas por las élites locales con pocas referencias al emperador en Roma, siempre que no causaran problemas. Los beneficios de la ciudadanía romana se extendieron a los pueblos conquistados que se adaptaron a las costumbres romanas; los que ofrecieron resistencia fueron muertos o esclavizados. El ejército se reclutaba entre todos los pueblos sometidos, y los veteranos del ejército se establecían como colonos por todo el imperio, casándose con frecuencia con mujeres locales. Las ciudades nuevas se construían según el modelo de

Cronología

133 a. C.	**88** a. C.	**58** a. C.	**48** a. C.	**44** a. C.	**31** a. C.	**27** a. C.
El tribuno Tiberio Graco es asesinado después de intentar una reforma agraria.	Inicio de cincuenta años de guerra civil intermitente.	Julio César inicia la conquista de la Galia (Francia actual).	César derrota a Pompeyo y se convierte en dictador vitalicio.	Asesinato de César.	Octavio derrota a Marco Antonio, y da fin a las guerras civiles.	Octavio se convierte en el emperador Augusto.

Ingeniería romana

Aunque los romanos nunca llegaron a igualar a los griegos en la esfera intelectual, eran muy prácticos, y fueron responsables de algunos de los grandes logros de ingeniería del mundo antiguo. Se traía agua desde grandes distancias a las ciudades a través de acueductos, y las aguas residuales se eliminaban mediante alcantarillas cubiertas, mientras que las villas de los ricos se beneficiaban de una calefacción central por debajo del suelo. Magníficos edificios públicos adornaban todas las ciudades, ninguna tanto como la propia Roma, donde el Coliseo —la arena para las populares luchas de gladiadores— podía acomodar a 50.000 espectadores sentados. Fueron los romanos los primeros en usar el arco en un gran abanico de estructuras, y fueron los romanos los que construyeron las primeras cúpulas verdaderas, en edificios como el templo conocido como el Panteón, que empleó otra innovación romana: el hormigón. Consideraciones militares condujeron a otros logros impresionantes, en especial la red de calzadas que unía todas las partes del imperio, y los muros defensivos, como el muro de Adriano en el norte de Inglaterra, que aseguraba las fronteras del poder romano.

Roma —con foro, templos y anfiteatros— y aparecieron por todas las provincias, el comercio floreció y las personas podían viajar libremente por todo el imperio, con la posibilidad de comunicarse en cualquier lugar en latín o griego. Sin embargo, esta situación no iba a durar. A partir del siglo III d. C. el imperio empezó a sentir una presión creciente desde el exterior; una presión que conduciría al final a un colapso catastrófico.

La idea en síntesis: Roma controló el Mediterráneo y más allá durante más de medio milenio

9 d. C.	**14** d. C.	**43** d. C.	**101-106** d. C.	**126** d. C.	**c. 200** d. C.
Tres legiones romanas aniquiladas por tribus germanas en el bosque de Teotoburgo, terminando con las ambiciones romanas al otro lado del Rin.	Muerte de Augusto.	Comienza la conquista romana de Britania.	Conquista de Dacia (Rumanía actual).	Se completa el muro de Adriano.	El imperio romano alcanza su máxima extensión.

07 La caída de Roma

Desde la época del Renacimiento, si no desde antes, los estudiosos contemplan la caída de Roma como una gran discontinuidad en la civilización occidental, marcando el triunfo de la barbarie y el inicio de lo que se ha llegado a conocer como la «Edad Oscura». Pero el colapso del poder romano no fue ni tan repentino ni tan universal como lo describe este cuadro.

El imperio romano de Oriente, centrado en Constantinopla (la moderna Estambul), prosiguió durante mil años más bajo la forma de imperio bizantino. En el oeste una serie de reinos heredaron el manto del poder romano, mientras que la Iglesia de Roma mantuvo viva tanto la fe como la cultura.

Durante siglos, los escritores usaron la caída de Roma para extraer una moraleja o adornar un cuento. Para algunos, los romanos y sus emperadores cada vez más tiránicos se volvieron decadentes y amanerados, rodeándose de lujos y olvidando las sencillas virtudes militares. Para otros —en especial Edward Gibbon en *Historia de la decadencia y caída del imperio romano* (1776-1788)—, la descomposición se inició cuando los romanos abandonaron los valores seculares e ilustrados que habían heredado de los antiguos griegos y abrazaron el culto supersticioso, intolerante e irracional del cristianismo. Pero el consenso en la actualidad es que las razones de la decadencia romana no fueron internas, sino externas, como lo ha expresado un historiador moderno: «El imperio romano no cayó, lo empujaron».

Los bárbaros a las puertas El imperio había alcanzado su máxima extensión en 200 d. C. Desde mediado del siglo III, las fronteras del Rin y del Danubio se vieron cada vez más presionadas

Cronología

235	Década de 250	260	Década de 270	284
Inicio de medio siglo de inestabilidad política y agitación, con incursiones bárbaras a lo largo de las fronteras septentrionales.	Colapso del sistema monetario romano.	Los persas sasánidas ocupan Siria y capturan al emperador Valeriano.	Se construyen murallas alrededor de Roma.	Diocleciano se convierte en emperador y restaura el orden.

por grupos de tribus germánicas, como los francos, los alamanes y los godos. Los romanos se referían a estas tribus como «bárbaros», pero de hecho estaban en parte romanizadas, disfrutando de relaciones comerciales con el imperio y sirviendo cada vez más como mercenarios en el ejército romano. Sus incursiones territoriales en las provincias romanas no eran tanto el resultado de ambiciones expansionistas, como una respuesta a la presión de guerreros nómadas a caballo procedentes de las estepas del este, como los hunos.

> **《 Bajo la autoridad de Dios libramos con éxito la guerra, acordamos la paz con honor y mejoramos las condiciones del estado. 》**
>
> **El emperador Justiniano I,** *c.* 530, afirma la sanción divina para sus poderes terrenales

Cuando las exigencias financieras para la defensa del imperio no se pudieron cubrir con los impuestos romanos, las autoridades respondieron con la devaluación de la moneda, provocando casi el colapso de la economía. Las dificultades para el comercio y la agricultura provocaron hambrunas y desórdenes, mientras un emperador sucedía a otro en una serie de revueltas, guerras civiles y asesinatos. Cierto grado de estabilidad se pudo restaurar a finales del siglo III bajo el emperador Diocleciano, y después a principios del siglo IV bajo Constantino. Constantino convirtió el cristianismo en la religión oficial del imperio, y trasladó la capital desde Roma a la antigua ciudad griega de Bizancio, que rebautizó como Constantinopla. Desde entonces hubo emperadores separados en Oriente y Occidente.

A principios del siglo V las tribus germánicos atravesaron las fronteras y se extendieron por la Galia (la Francia moderna), España, el norte de África e Italia, estableciendo reinos y obligando a los emperadores occidentales a reconocerlos como aliados. Sin embargo, los nuevos aliados del emperador no se quedaron quietos: la ciudad de Roma —respetada por las invasiones extranjeras desde hacía unos ocho siglos— fue saqueada por los visigodos de Alarico en 410, y en 476 el último emperador romano de Occidente fue expulsado por el general germano Odoacro, que se proclamó rey de Italia.

303	306	313	330	395
Inicio de la persecución de Diocleciano contra los cristianos.	Constantino se convierte en emperador.	Edicto de Milán que proclama la tolerancia religiosa.	Constantino traslada la capital romana a Constantinopla.	El imperio romano se divide entre Oriente y Occidente.

¿Cómo de oscura fue la Edad Oscura? Las tribus «bárbaras» que establecieron reinos en lo que había sido el imperio romano de Occidente —los visigodos en España, los vándalos en el norte de África, los ostrogodos en Italia y los francos en la Galia y el oeste de Alemania— abandonaron por lo general sus viejos dioses y adoptaron el cristianismo, en una forma u otra. Sin embargo, al perderse el contacto con los grandes centros culturales del Medite-

Cristianismo: de culto judío a religión imperial

El cristianismo era sólo una de una serie de sectas mesiánicas judías que surgieron durante la ocupación romana de Israel, en parte como una forma de resistencia espiritual al opresor extranjero. Al principio, sólo los judío se convertían en cristianos, hasta que san Pablo empezó a evangelizar a los gentiles en Chipre, Asia Menor, Grecia y por todas partes. Pablo no sólo convirtió las enseñanzas de Jesús en un conjunto de doctrinas teológicas, sino que también inició la obra de establecimiento de una Iglesia universal, con una organización fuerte y centralizada.

El cristianismo, con su llamamiento a los pobres y a los oprimidos, se extendió con rapidez por todo el imperio romano, pero también se encontró con fuertes antipatías entre los que consideraban la negativa de los cristianos a adorar a los dioses «oficiales» romanos como una traición contra el estado. El emperador Nerón usó a la comunidad cristiana como chivo expiatorio del incendio de Roma en 64 d. C., ajusticiando a muchos de formas muy poco agradables; pero la mayor parte de las primeras persecuciones fueron estallidos espontáneos de violencia de las masas. Sin embargo, las presiones que empezaron a crecer en las fronteras del imperio a lo largo del siglo III condujeron a una serie de fuertes persecuciones oficiales, siendo la más destacada la de Diocleciano a principios del siglo IV. Al generar tantos mártires, estas persecuciones sirvieron sólo para reclutar más conversos.

Fue el emperador Constantino quien reconoció que el cristianismo, con su organización jerárquica y control de la lealtad de la población, podía convertirse en una herramienta útil para el ejercicio del poder, y en 313 proclamó un edicto de tolerancia religiosa. A partir de este momento el cristianismo se convirtió en la religión oficial del imperio romano, y la Iglesia en una extensión del estado.

Cronología

410	451	476	527-565	Siglo VII
Los visigodos saquean Roma.	Una fuerza combinada de visigodos y romanos derrota a los hunos en Châlons-sur-Marne.	Depuesto el último emperador de Occidente.	Reinado del emperador Justiniano, que reconquista territorios en el oeste.	El imperio bizantino pierde mucho territorio a mano de los árabes.

rráneo oriental, como Alejandría, declinó la alfabetización y la educación, preservadas sólo en los monasterios.

En el oeste los francos, mediante la fuerza de las armas, se convirtieron en el poder dominante, y bajo el más famoso de sus reyes, Carlomagno, construyeron un imperio que cubría no sólo Francia, sino también Italia y la mayor parte de Alemania. El día de Navidad del año 800, Carlomagno fue coronado «emperador de Occidente» por el papa en Roma. Su capital en Aquisgrán (Aix-la-Chapelle/Aachen) se convirtió en un gran centro cultural, y él y sus sucesores hicieron mucho por preservar el legado de griegos y romanos en el arte, la literatura y todas las ciencias.

En Oriente, el imperio bizantino experimentó una gran revitalización en el siglo VI bajo el emperador Justiniano, que reconquistó Italia y partes de España y el norte de África. Pero su éxito duró poco y en los siglos siguientes el imperio bizantino se fue diluyendo poco a poco, primero a mano de los árabes y después de los turcos. Pero aun así, durante todos estos largos siglos de decadencia, los bizantinos, aunque hablaban en griego, se consideraban como los verdaderos herederos del manto de Roma.

> **« Cuando escuché que la luz más brillante del mundo se había extinguido... entonces "me quedé mudo, me humillé y guardé silencio de las buenas palabras". »**
>
> **San Jerónimo, prefacio a su *Comentario a Ezequiel*, recordando su reacción al escuchar la noticia del saqueo de Roma en 410**

La idea en síntesis:
el legado de Roma
sobrevivió a su caída

800	843	1054	1071	1453
Carlomagno, rey de los francos, es coronado «emperador de Occidente».	El imperio de Carlomagno se divide entre sus tres sucesores.	Cisma entre las iglesias de Roma y Constantinopla.	Los turcos inician el asalto contra el imperio bizantino con la victoria en Manzikert, en el este de Anatolia.	Constantinopla cae en manos turcas y con ello termina el imperio bizantino.

08 El auge del islam

A principios del siglo VI d. C. nació una nueva religión en los desiertos de Arabia. Fue el islam, una palabra que significa «sumisión a Dios». Su profeta, Mahoma, explicó a sus seguidores que la palabra de Dios se le había revelado directamente a través del ángel Gabriel.

El atractivo y el carisma de Mahoma era tal que unió a las tribus de Arabia bajo la bandera del islam, y durante los siguientes 150 años los árabes extendieron su poder y su nueva religión desde España en el oeste a las fronteras de Asia central y la India en el este.

Mahoma no pretendió que el islam fuera una religión nueva. Según él, se trataba más bien de una perfección de las viejas religiones monoteístas, el judaísmo y el cristianismo, que remontaban sus raíces hasta Abraham. Las revelaciones se iniciaron en 610 y fueron finalmente puestas por escrito en el Corán. La predicación de Mahoma contra la idolatría de los habitantes politeístas de La Meca provocó su expulsión a Medina en 622. Llevó consigo a sus seguidores en una emigración llamada *hégira*, que marca el primer año del calendario islámico. Ocho años más tarde regresó a La Meca a la cabeza de un ejército y conquistó la ciudad. Cuando murió en 632, Mahoma gobernaba toda la península Arábiga.

Salir de Arabia   Antes de su muerte, Mahoma había animado a sus seguidores a organizar una *yihad* (guerra santa) contra los infieles. Sus sucesores como gobernantes de la comunidad musulmana tomaron el título de *califa* (literalmente «sucesor») y durante las tres décadas siguientes condujeron a los árabes en una serie de campañas destacables, arrebatando Egipto y Siria al imperio bizantino y Mesopotamia e Irán a los persas sasánidas. Los árabes pusieron sitio a Constantinopla, la capital bizantina, no sólo una sino dos veces (674-678 y 717-718).

Cronología

c. 570	610	622	630-650	632	661
Nacimiento del profeta Mahoma.	Mahoma empieza a recibir las revelaciones.	Mahoma exiliado de La Meca.	Arabia, Egipto, Siria, Mesopotamia y Persia caen bajo el dominio musulmán.	Muerte de Mahoma.	Asesinato del califa Alí, yerno de Mahoma.

La política de los conquistadores frente a los conquistados era ofrecer los derechos y los privilegios de los musulmanes a todos los conversos; los que no se querían convertir, ya fueran cristianos o judíos, eran tolerados siempre que no ofrecieran resistencia, aunque estaban sometidos a impuestos más altos. Este enfoque tolerante contrastaba con la intolerancia religiosa de los greco-ortodoxos bizantinos y de los zoroastrianos persas, y provocó que muchos dieran la bienvenida a los nuevos conquistadores.

Los ejércitos musulmanes se extendieron por el norte de África y en 711 un ejército de moros (musulmanes bereberes) cruzó el estrecho de Gibraltar y emprendió la conquista de la mayor parte de la península Ibérica. Cerdeña y Sicilia cayeron también, y en 846 los árabes saquearon la propia Roma. El mismo año que los bereberes

« Persia se había extinguido y Bizancio estaba aplastada, al igual que las ciudades indias: eran invencibles en todas partes. »

Tu Yu, funcionario chino del siglo VIII, describiendo la extensión de las conquistas de los árabes, recoge que incluso enviaron una embajada a la corte imperial china para ofrecer tributos

cruzaron hacia España, un ejército árabe avanzó desde el este de Irán y conquistó una gran porción del valle del Indo. Durante los siglos siguientes, el islam se extendió hacia los pueblos turcos de Asia central, y por gran parte de la India. Los mercaderes árabes llevaron el islam al África subsahariana, al sureste de Asia y a Indonesia.

No tardó mucho en aparecer un conflicto dentro del mundo islámico. Alí, el cuarto califa y yerno de Mahoma, fue asesinado en 661, y sus seguidores, los Shi'at 'Ali («el partido de Alí») formaron la minoritaria secta chií, mientras que la mayoría, los sunnitas, se mantenía fiel a la *sunna* («tradición»). La primera dinastía de califas, los omeyas, tuvieron su base en Damasco, pero fueron reemplazados en 750 por la dinastía abbasí, que trasladó la capital a Bagdad. La corte abbasí llegó al punto culminante de su magnificencia a finales del siglo VIII bajo el quinto califa abbasí, Harún al-Rashid, que intercambió regalos con Carlomagno y aparece en las *Mil y una noches*. Pero después el poder de los abbasíes en el

661-750	674-678	711	717-718	750-1258	945
Dinastía de califas omeyas, centrada en Damasco.	Los árabes asedian Constantinopla.	Invasión musulmana de España. Un ejército árabe conquista la provincia de Sind en el valle del Indo.	Segundo asedio árabe de Constantinopla.	Dinastía de califas abbasíes, centrada en Bagdad.	Los buyidas del norte de Persia ocupan el poder político en Bagdad.

imperio árabe entró en decadencia. En 929 el emir de Córdoba se proclamó califa y durante un siglo él y sus sucesores vivieron una edad de oro, marcada por una gran prosperidad y florecimiento cultural, con la construcción de mezquitas, jardines y palacios

Ciencia islámica

Durante muchos siglos después de la caída de Roma, mientras que la mayor parte de las enseñanzas clásicas se perdía para el Occidente cristiano, estudiosos y eruditos como Ibn Sinna (Avicena, 980-1037) e Ibn Rushd (Averroes, 1126-1198) mantuvieron viva la llama intelectual de la Grecia antigua. Estas enseñanzas se empezaron a recuperar a partir del siglo XII, cuando Gerardo de Cremona tradujo al latín muchas versiones árabes de textos griegos. Fue a través de este proceso como las obras de Aristóteles y muchos otros llegaron al conocimiento de la cristiandad, teniendo un impacto enorme en la teología, la filosofía natural y la medicina.

Pero árabes, persas y otros dentro del mundo islámico medieval también realizaron numerosas contribuciones originales. El sistema árabe de numerales, incluyendo el símbolo clave del cero (derivado de la India), hizo posible unas matemáticas mucho más complejas de las que habían logrado griegos y romanos con su torpe sistema numérico. La propia palabra «álgebra» deriva del término árabe *al-jabr*, que fue usado por primera vez en un contexto matemático en 820 por el matemático persa Al-Khwarizmi en su tratado para resolver ecuaciones polinomiales. De igual forma, la palabra «alcohol», que deriva del árabe *al-kuhl*, se debe a Jabir ibn Hayyan (Geber, *c.* 721-*c.* 815) el primero en identificar el alcohol como el vapor inflamable que se liberaba al hervir el vino. También comprendió las funciones de ácidos y álcalis (dio nombre a estos últimos), y se le atribuye el desarrollo de la alquimia hasta convertirla en una ciencia experimental: la química.

También se produjeron grandes logros tecnológicos. En 850 los hermanos Banu Musa de Bagdad publicaron su *Libro de los artefactos ingeniosos*, que contiene descripciones de numerosos artilugios mecánicos como autómatas e instrumentos musicales automáticos. Unos pocos años después, en el emirato de Córdoba, el inventor andalusí Abbas Ibn Firnas construyó un par de alas y parece que planeó por el aire recorriendo cierta distancia antes de precipitarse a tierra.

Cronología

969-1171	Década de 1040	1071	1099	1187	1206
Dinastía de califas fatimíes, centrada en El Cairo.	Los turcos selyúcidas barren Oriente Medio.	Los selyúcidas derrotan a los bizantinos en Manzikert.	Los cruzados ocupan Jerusalén y establecen estados en Siria y Palestina.	El sultán Saladino reconquista Jerusalén de manos de los cruzados.	Establecimiento del sultanato islámico de Delhi en la India.

《 En el centro de la sala había un gran cuenco lleno de azogue; a cada lado de ella ocho puertas fijadas en arcos de marfil y ébano, adornados de oro y piedras preciosas de diferentes tipos y que descansaban sobre pilares de mármol multicolor y cristal transparente. 》

Al-Maqqari, escritor del siglo XI, **describiendo un palacio andalusí en el emirato de Córdoba**

magníficos, y grandes avances en ciencia, filosofía, historia y geografía. Otro debilitamiento del poder abbasí se produjo en 969, cuando los fatimíes, una dinastía chiita que pretendía descender de Alí y Fátima (la hija de Mahoma), asumieron el califato en Egipto y el norte de África.

Además de estas divisiones internas también existían presiones externas. En el siglo XI los turcos selyúcidas, musulmanes convertidos procedentes de Asia central, barrieron todo el Oriente Medio, mientras que a finales de siglo las ejércitos cristianos de Europa occidental organizaron la primera de una sucesión de cruzadas para reconquistar Tierra Santa de manos musulmanas. Al mismo tiempo, los reinos cristianos en el norte de la península Ibérica iniciaron una larga campaña de reconquista de la España musulmana. En los siglos XIII y XIV los mongoles y los turcos otomanos iniciaron sus asaltos; estos últimos crearían un imperio en Oriente Medio que duraría hasta el siglo XX.

La idea en síntesis: la expansión rápida de un fenómeno religioso y político nuevo

1219	1250	1258	1260	c. 1300
Gengis Khan inicia los ataques mongoles en Oriente Medio.	Los mamelucos (esclavos-guerreros turcos) ocupan el poder en Egipto.	Los mongoles saquean Bagdad, terminando con el califato abbasí.	Los mamelucos derrotan a los mongoles en Ain Jalut.	Fundación del primer estado turco otomano.

09 Las cruzadas

Durante dos siglos, de 1096 a 1291, los gobernantes de Europa occidental organizaron una serie de campañas militares contra los musulmanes de Oriente Próximo en un intento por recuperar los Santos Lugares —en especial Jerusalén— para la cristiandad. Las cruzadas fueron predicadas por la Iglesia católica, que garantizaba la remisión de los pecados para aquellos que jurasen como cruzados.

No cabe duda de que los motivos de muchos de los que «tomaron la Cruz» fueron idealistas, al menos al principio. Pero como ocurre con tanta frecuencia, el fanatismo religioso trajo consigo una crueldad inhumana contra los infieles. Y, como ocurre demasiado a menudo, las guerras que se inician por el más puro de los motivos degeneran con rapidez en una lucha indigna por el poder y el beneficio.

Aunque las cruzadas más conocidas son las que se enviaron contra Tierra Santa, también hubo campañas con motivaciones religiosas organizadas contra los paganos, como los eslavos y los bálticos del noreste de Europa, contra los herejes como los cátaros del sur de Francia, y contra los gobernantes musulmanes de España en un proceso llamado reconquista. Estas campañas también estuvieron marcadas por el fervor, la intolerancia y la ferocidad.

La primera cruzada La primera cruzada tuvo su origen en un llamamiento de Alejo I, el emperador greco-ortodoxo del imperio bizantino, que pidió ayuda al papa Urbano II para resistir a los turcos selyúcidas musulmanes. Después de la batalla decisiva de Manzikert en 1071, los selyúcidas habían ocupado la mayor parte de Anatolia, y Alejo pedía la asistencia de los mercenarios occidentales

> **«Hagamos que los bandidos se conviertan en soldados de Cristo...»**
>
> El papa Urbano II predica la primera cruzada en Clermont, 1095

Cronología

638	1071	1095	1096	1098	1099
Árabes musulmanes toman Jerusalén.	Los turcos selyúcidas derrotan a los bizantinos en Manzikert.	El papa Urbano II predica la primera cruzada.	La primera cruzada embarca hacia Tierra Santa.	Los cruzados toman Antioquía.	Los cruzados capturan Jerusalén y establecen estados en Siria y Palestina.

para contener la amenaza contra su imperio.

La Iglesia greco-ortodoxa en el este y la Iglesia católica en el oeste se habían ido separando cada vez más, y el papa vio el infortunio bizantino como una oportunidad para afirmar la primacía de Roma sobre toda la cristiandad, y para revertir el avance del islam en tierras que con anterioridad habían sido cristianas. En 1095 pronunció un sermón en Clermont, en su Francia natal, citando las atrocidades cometidas por los musulmanes contra los peregrinos cristianos en Tierra Santa, aunque hablando en términos generales los musulmanes habían sido tolerantes con los peregrinos cristianos al darse cuenta de que eran una fuente de ingresos importante.

Sobre el uso de la propaganda

Baha ad-Din, el amigo y biógrafo de Saladino, cuenta cómo, para elevar el espíritu de los guerreros de la cristiandad para una tercera cruzada, Conrado, marqués de Monferrato, hizo que pintasen un cuadro que mostraba a un caballero musulmán pisoteando la tumba de Cristo en Jerusalén, mientras su caballo orinaba sobre el lugar santo. Esta pintura circuló ampliamente y sirvió como una herramienta efectiva para reclutar un gran ejército.

El impacto del sermón de Urbano resultó ser electrizante. En este período Europa occidental estaba atravesando una etapa de expansión demográfica, prosperidad económica y confianza espiritual, y el sermón de Urbano ayudó a centrar las ambiciones de muchos barones guerreros inquietos —muchos de ellos normandos o franceses—, que vieron una oportunidad para encontrar su lugar en el este mientras ayudaban a sus correligionarios cristianos y salvaban sus almas.

En menos de un año una serie de ejércitos había partido hacia Tierra Santa. En 1098 capturaron Antioquía en Siria de manos de los selyúcidas después de un asedio largo, y en 1099 tomaron Jerusalén y procedieron a asesinar a sus habitantes —hombres, mujeres y niños— musulmanes y judíos. «Si hubieras estado allí», escribía un cronista cristiano contemporáneo, «la sangre de la matanza te hubiera llegado hasta los tobillos.» También fueron destruidas todas las mezquitas de la ciudad. Los cruzados establecieron un

1144	1146-1149	1187	1189-1192	1200-1204	1209-1229
Los turcos capturan el estado cruzado de Edesa.	La segunda cruzada fracasa en la toma de Damasco.	Saladino derrota a los cruzados en Hattin y captura Jerusalén.	La tercera cruzada captura Acre pero fracasa ante Jerusalén.	La cuarta cruzada saquea Constantinopla y establece un imperio latino.	Cruzada albigense contra los herejes cátaros del sur de Francia.

nuevo reino de Jerusalén, bajo el cual se encontraban tres estados vasallos: los condados de Trípoli y Edesa, y el principado de Antioquía.

Las cruzadas posteriores Se ha dicho que la primera cruzada tuvo éxito porque no estuvo implicado ningún rey, es decir, no hubo rivalidades nacionales. La segunda cruzada fue más un asunto real, dirigida por el rey Luis VII de Francia y por Conrado III, emperador alemán. La provocó la reconquista de Edesa por los musulmanes en 1144, pero tuvo poco éxito: el asedio cruzado de Damasco fue un fracaso, y fue abandonado.

En 1187 Saladino, sultán de Egipto y Siria, recapturó Jerusalén, provocando la tercera cruzada, dirigida por el emperador alemán Federico «Barbarroja» (que murió de camino), el rey Felipe II de Francia y el rey Ricardo I («Corazón de León») de Inglaterra. Después de la captura de Jerusalén, Saladino protegió a los cristianos y dejó intactas sus iglesias y santuarios; por el contrario, cuando Ricardo I capturó Acre, asesinó a unos 3.000 prisioneros. Los cruzados fracasaron en la toma de Jerusalén, pero antes de abandonar Tierra Santa, Ricardo negoció un tratado con Saladino por el que los musulmanes se comprometían a dejar paso a los peregrinos cristianos.

La cuarta cruzada se convirtió en un ejercicio de cinismo. A instancias de los venecianos, los cruzados distrajeron su atención de Tierra Santa al imperio bizantino, el rival comercial de Venecia

La Reconquista

La campaña cristiana para reconquistar la península Ibérica de manos de los musulmanes ocupó unos ocho siglos, y, a diferencia de las cruzadas en Oriente Próximo, su éxito fue permanente. Los reinos cristianos del norte empezaron a ocupar territorio musulmán muy poco después de la conquista, a partir de 722, pero después de la victoria decisiva en Las Navas de Tolosa en 1212, el proceso se volvió irreversible. Granada, la última posesión musulmana en España, cayó en 1492. Pero mientras los musulmanes habían gobernado sobre una cultura en líneas generales tolerante y pluralista, los reyes cristianos, Fernando e Isabel, abogaban por la unidad religiosa de sus reinos, forzando a la conversión de los judíos y permitiendo sólo la permanencia de comunidades moriscas en la zona de Granada y Levante, que no serían expulsadas hasta el siglo XVII.

Cronología

1212	1216-1221	1228	1244	1248	1261	1268
Batalla de Las Navas de Tolosa, victoria decisiva de los cristianos sobre los musulmanes en España.	La quinta cruzada fracasa en la toma de El Cairo.	La sexta cruzada recupera Jerusalén mediante un tratado.	Los musulmanes reconquistan Jerusalén.	Séptima cruzada: Luis IX de Francia capturado mientras intentaba tomar El Cairo.	Restauración del gobierno bizantino en Constantinopla.	Antioquía cae ante los mamelucos.

en el Mediterráneo oriental. En 1204 fue capturada Constantinopla y profanados sus lugares santos, y se estableció un estado latino que duró medio siglo. Esto marcó la ruptura final entre las ramas oriental y occidental de la cristiandad.

Cruzadas posteriores contra Egipto y Tierra Santa consiguieron poca cosa, mientras que los musulmanes fueron reconquistando las fortalezas cruzadas que quedaban a lo largo de la costa de Siria y Palestina. Aunque Jerusalén fue recuperada mediante un tratado en 1228, se perdió de nuevo en 1244, y en 1291 Acre, el último bastión cruzado en Tierra Santa, cayó ante los mamelucos de Egipto.

Las cruzadas —a las que el filósofo alemán Friedrich Nietzsche calificó de «nada más que un grado superior de piratería»— dejó en el mundo musulmán un legado de amargura persistente contra Occidente. El uso de la palabra «cruzada» por parte del presidente George W. Bush para describir su «guerra contra el terror» tras el 11 de septiembre causó una gran consternación fuera de EE.UU.; y los islamistas radicales califican deliberadamente a las fuerzas occidentales en Iraq y Afganistán como «cruzados», siendo muy conscientes de cómo la palabra conjura las sangrientas atrocidades cometidas un milenio antes en Jerusalén y Acre.

《 Jerusalén es para nosotros un objeto de adoración que no podemos entregar aunque sólo quede uno de nosotros... 》

Ricardo I a Saladino

《 Jerusalén es tan nuestra como vuestra; es más, incluso es mucho más sagrada para nosotros que para vosotros... 》

Saladino a Ricardo I. Esta correspondencia está recogida por el biógrafo de Saladino, Baha ad-Din, testigo presencial de la tercera cruzada

La idea en síntesis:
las correrías militares europeas en el mundo musulmán dejaron un legado amargo

1270	1271-1272	1289	1291	1420-1434	1492
La octava cruzada se desvía hacia Túnez, donde muere Luis IX.	La novena cruzada acaba en fracaso.	Trípoli cae ante los mamelucos.	Cae Acre, el último bastión cruzado en Oriente Próximo.	Cruzada contra los husitas, protoprotestantes de Bohemia.	Caída de Granada, última posesión musulmana en España.

10 La peste negra

A mediados del siglo XIV, Europa recibió la visita de una calamidad que no había conocido con anterioridad, con una tasa de mortalidad que ni siquiera ha sido superada por las dos guerras mundiales del último siglo. Se estima que en todo el continente murió alrededor de un tercio de la población en el plazo de tres años.

La causa fue una pandemia, conocida en su momento como la Gran Pestilencia y después como la peste negra. Más de un cronista contemporáneo señaló que «los vivos no eran suficientes para enterrar a los muertos».

Las consecuencias de la peste negra fueron mucho más allá de una tasa de mortalidad devastadora. Fue un golpe tremendo contra la conciencia colectiva de la Europa medieval. Hizo desaparecer las certidumbres y el optimismo de la Alta Edad Media. Parecía que Dios estaba desencadenando un castigo terrible sobre su pueblo, que no se había visto desde los tiempos del Antiguo Testamento. Seguramente había algo podrido en el corazón de la humanidad para merecer semejante devastación, y algo muy podrido en particular en la Iglesia de Dios, que no podía hacer nada para contener la marea mortal de la enfermedad. Para muchas personas, parecía que habían llegado los Últimos Días, el tiempo de tribulación para la humanidad que debía preceder a la segunda venida de Cristo.

La naturaleza de la bestia   En la Edad Media, las personas no tenían ni idea de qué provocaba las enfermedades, y por eso eran incapaces de prevenir su extensión o aplicar una cura. No fue hasta finales del siglo XIX cuando los científicos identificaron la bacteria, *Yersinia pestis*, que causó la plaga, y se dieron cuenta de que se transmitía mediante las picaduras de las pulgas de las ratas negras.

La más habitual de las enfermedades sufridas durante la peste negra fue probablemente la peste bubónica, llamada así por las bubas duras y negras, del tamaño de un huevo o incluso de una manzana,

Cronología

Siglo VI d. C.	Década de 1330	1346	1347
La primera gran pandemia de peste se extiende desde Egipto hasta Constantinopla y por todo el Mediterráneo.	La segunda gran pandemia de peste estalla en las estepas de Asia central.	La peste llega al puerto de Caffa en el mar Negro.	La peste llega a Sicilia, Constantinopla, Nápoles, Génova y Marsella.

que aparecían en ingles y axilas. Los infectados sufrían fiebre y delirios, dolores violentos en el pecho y vomitaban sangre. Pocos vivían más de tres o cuatro días, y muchos morían en cuestión de horas. En invierno, la forma neumónica de la enfermedad, que se extendía con la tos, era mucho más común, mientras que una tercera forma, la peste septicémica, infectaba la sangre y mataba a sus víctimas antes de que apareciesen los síntomas. Algunos científicos actuales creen que la pandemia pudo haber sido vírica en su origen.

« **Muchos morían cada día o cada noche en las calles...; todo el lugar era un sepulcro.** »

Giovanni Boccaccio, en el *Decamerón*, 1350-1353, describe la peste en Florencia

Salir de Asia   Probablemente la peste negra tuvo su origen en las estepas de Asia central y se extendió a través de las rutas comerciales hasta Europa. En una crónica, los tártaros que asediaban en 1346 el puerto de Caffa en el mar Negro (la actual Teodosia), en Crimea, se vieron obligados a abandonar las operaciones a causa de la enfermedad, pero antes de irse catapultaron por encima de las murallas los cadáveres de los que habían muerto con la esperanza de infectar a los habitantes. Al año siguiente, los mercaderes genoveses —o las ratas a bordo de sus barcos— llevaron la enfermedad de Caffa a Mesina en Sicilia, y en 1348 barrió todas las tierras del Mediterráneo y llegó a Inglaterra.

En 1349-1350 la plaga había devastado Francia, Gran Bretaña, Escandinavia, Alemania y Europa central. «Pasaba con gran rapidez de lugar en lugar», recoge el cronista inglés Robert de Avesbury, «matando con celeridad al mediodía los que estaban bien por la mañana... El mismo día veinte, cuarenta, sesenta y con frecuencia más los cadáveres se depositaban en la misma tumba.» En el puerto inglés de Bristol, la hierba creció en las calles silenciosas. En algunos lugares la mortalidad alcanzó tasas tan altas como del 60 por ciento, y en todo Europa, según las estimaciones más bajas, murieron unos 25 millones de personas.

El desafío al viejo orden   La humanidad había perdido el favor de Dios y por toda Europa prevaleció un estado de ánimo lleno

1348	1349	1349-1350	1351	1358
La peste se extiende por todo el Mediterráneo y Europa occidental. El papa Clemente VI publica una bula declarando a los judíos inocentes de provocar la enfermedad.	El papa publica una bula condenando a los flagelantes.	La peste afecta a todo el norte y centro de Europa.	Estatuto de los Trabajadores en Inglaterra.	Jacqueries en Francia (llamadas así por el apodo que reciben en francés los campesinos). Revuelta en Brujas.

de pesimismo. La literatura y el arte de esta época están llenos de imágenes de muerte y condenación: visiones del Infierno y del Diablo, la Danza de la muerte, la Parca, los Cuatro jinetes del Apocalipsis. La conciencia de las consecuencias mortales del pecado condujeron a un aumento de la piedad, y con ello la crítica contra la laxitud y la mundanidad del clero. Surgieron varios movimientos de protesta, como los lolardos en Inglaterra y los husitas en Bohemia, y su rechazo a la autoridad papal fue un presagio de la Reforma protestante del siglo XVI.

Miedo y odio

Ante el horror casi inimaginable de la peste negra, la gente recurrió a todo tipo de remedios desesperados. La enfermedad se atribuía habitualmente al aire corrompido, de manera que las puertas y las ventanas se mantenían cerradas, se quemaban sustancias aromáticas y todos los que se atrevían a salir llevaban esponjas empapadas en vinagre. Algunos acusaban al suministro de agua que, según ellos, debía estar contaminado por arañas, ranas y lagartos —encarnaciones de la tierra, la suciedad y el Diablo— o incluso con la carne del basilisco, una serpiente mitológica que podía matar a un hombre con una simple mirada. Por todas partes se buscaban chivos expiatorios: los leprosos, los ricos, los pobres, el clero y, los más populares, los judíos, que fueron objeto de persecuciones muy extendidas.

Evitar una vida impura y purgar pecados ocultos se convirtió en una obsesión, y estallidos masivos de flagelantes barrieron Alemania, los Países Bajos y Francia. Los flagelantes, que evitaban la compañía de mujeres, tomaron nombres como los Portadores de la Cruz, los Hermanos Flagelantes y los Hermanos de la Cruz, y en sus sesiones ritualizadas y sangrientas buscaban purgar no sólo sus propios pecados, sino cargar con los pecados del mundo y así evitar la plaga y la aniquilación completa de la humanidad. Los flagelantes consiguieron una gran aprobación popular y al principio fueron tolerados e incluso animados por las autoridades eclesiales y seculares. Sin embargo, cuando pareció que los flagelantes amenazaban el orden establecido, fueron condenados con rotundidad, y en octubre de 1349 el papa Clemente VI publicó una bula para su supresión.

Cronología

Década de 1370	1381	1382-1384	1414	1420-1434
Descontento popular en muchas ciudades italianas.	Revuelta campesina en Inglaterra.	Revueltas en una serie de ciudades flamencas.	Supresión de la rebelión de los lolardos en Inglaterra.	Guerras husitas en Bohemia.

No sólo se desafió la autoridad establecida de la Iglesia. Una vez pasada la peste, los trabajadores agrícolas que sobrevivieron vieron cómo sus servicios eran muy buscados, provocando demandas de mejores pagas. Dichas demandas fueron rechazadas por las clases terratenientes; en Inglaterra, por ejemplo, el Estatuto de los Trabajadores de 1351 intentó congelar los salarios en los niveles anteriores a la plaga. El descontento resultante entre campesinos y aldeanos, exacerbado por los elevados impuestos, provocó rebeliones populares; por ejemplo la jacquerie de 1358 en Francia y la revuelta de los campesinos en Inglaterra en 1381. También hubo revueltas en las ciudades de Flandes e Italia. Aunque estas rebeliones fueron reprimidas, a finales de siglo la falta de trabajadores condujo al abandono de la servidumbre en muchas partes de Europa y los salarios reales para la gran mayoría de la población crecieron hasta niveles desconocidos. Para muchos, la peste negra desembocó en una edad de oro de bienestar relativo.

> **《 No repicaba ninguna campana y nadie lloraba sin importar cuál era su pérdida porque casi todo el mundo esperaba la muerte ... y la gente decía y creía: "Este es el fin del mundo". 》**
>
> **Agnolo di Tura**, llamado el Gordo, un recaudador de impuestos de Siena, en 1348. Había enterrado a sus cinco hijos con sus propias manos

La idea en síntesis: la pandemia trajo consigo una forma nueva de cuestionar la autoridad

1664-1666	1666-1670	1679-1684	1720	Finales del siglo XIX
Último gran estallido de la peste en Londres, matando a 70.000 personas.	Peste en Alemania occidental y los Países Bajos.	Peste en Europa central.	Último gran estallido europeo en Marsella.	Tercera gran pandemia de peste en China e India.

11 La India precolonial

Las culturas que ahora florecen en Egipto y en Oriente Medio tienen pocos parecidos con las que florecieron en esos mismos lugares en la Antigüedad. Las conquistas por parte de griegos, romanos y árabes crearon discontinuidades con su pasado distante. Por el contrario, la cultura hindú que sigue floreciendo en la India actual representa una continuación de la civilización que puede trazar su historia hasta más de tres milenios y medio en el pasado.

La historia de la India es, por supuesto, aún más antigua. En 5000 a. C. se estableció la agricultura en el valle del Indo, donde hacia 2600 a. C. surgió una de las primeras civilizaciones urbanas del mundo, centrada alrededor de las ciudades muy planificadas de Harappa y Mohenjo Daro.

El surgimiento de la cultura hindú   Después de 1700 a. C., las ciudades del valle del Indo entraron en decadencia, posiblemente debido a la llegada desde el oeste de un pueblo nómada, los arios, que hablaban una antigua lengua indoeuropea (conocida como el sánscrito en su posterior forma escrita). Sus primeros textos, una colección de himnos, invocaciones, encantamientos y rituales sánscritos, conocidos como los *Vedas*, datan de alrededor de 1500 a. C., y marcan el surgimiento del hinduismo. Esta religión politeísta desarrolló una jerarquía compleja y muy colorista de dioses y diosas, muchos de los cuales aún se adoran en la India actual.

Los primeros reinos hindúes establecidos por los arios en la cuenca del Ganges eran también rígidamente jerárquicos, con el rey alcanzando el estatus divino después de su muerte. Bajo él se encontraban capas de grupos estrictamente definidos: sacerdotes (brahmanes), soldados y nobles, campesinos y artesanos, y en la base de todo, trabajadores serviles. A lo largo de los milenios esta estructu-

Cronología

5000-2000 a. C.	2600-c. 1700 a. C.	800 a. C.	c. 500 a. C.	326 a. C.
La agricultura se extiende por la India.	Civilización del valle del Indo.	Se establecen una serie de estados hindúes en la cuenca del Ganges.	Inicio del budismo.	Alejandro Magno llega al Indo.

ra sancionada por la religión se volvió cada vez más rígida, y forma la base del sistema de castas hereditarias que aún desempeña un papel importante en la sociedad india moderna, a pesar de los esfuerzos de los reformadores para abolirla.

Alrededor de 500 a. C. surgió una serie de nuevas sectas religiosas, en especial el jainismo y el budismo. Éstas se liberaron de la panoplia colorista de dioses hindúes, pero compartieron muchos de los conceptos centrales del hinduismo, como el ciclo de muerte y renacimiento (*samsara*), la idea de que los individuos sufren las consecuencias de sus acciones (*karma*), y el concepto de *dharma*, interpretado como «ley», «vía», «deber» o «naturaleza».

Flujo y reflujo del poder   En líneas generales, la India antigua abarca un mosaico de reinos pequeños, pero hubo épocas en que un gobernante o una dinastía consiguió dominar a otros muchos. Uno de esos gobernantes fue Chandragupta Maurya (reinado 321-297 a. C.), que fundó la dinastía maurya, centrada en el reino de Magadha en Bengala occidental. Chandragupta conquistó la mayor parte del norte del subcontinente, desde Afganistán en el oeste a Assam en el este, y por el sur llegó hasta la meseta del Decán. El nieto de Chandragupta, Asoka (reinado 272-232 a. C.) convirtió las conquistas del abuelo en un imperio centralizado y administrado según los preceptos budistas: Asoka era especialmente consciente de las obligaciones del gobernante para hacer las cosas correctas.

Después de Asoka el poder de los maurya se fue desvaneciendo. No será hasta el siglo IV d. C. cuando otra dinastía, los gupta, construya un imperio que se pueda igualar al de Asoka. Los gupta propiciaron una edad dorada en las artes y las ciencias, pero el imperio gupta se desmembró a mediados del siglo VI. Partes del imperio se reunificaron brevemente a principios del siglo VII bajo un gobernante budista llamado Harsha. Después de esta época se desvane-

> **« Su boca se convirtió en los brahmanes; de sus brazos nacieron los guerreros, de los muslos el pueblo, y de los pies los siervos. »**
> «Himno del hombre» del *Rig Veda*, (c. 1500 a. C.), un primer esbozo del sistema de castas

321-297 a. C.	272-232 a. C.	Siglo II a. C.	Siglo I d. C.	c. 320-540	606-647
La mayor parte del norte de la India, unificada bajo Chandragupta Maurya.	Reinado de Asoka, el gobernante más grande del imperio maurya.	Civilización greco-india en el valle del Indo.	Los kushanes de Asia central empiezan su asentamiento en el valle del Indo.	Imperio gupta en el norte de la India.	Los harsha gobiernan un imperio budista en el norte de la India.

ció la influencia budista en la India, aunque echó raíces más permanentes en el sureste de Asia, el Tíbet, China y Japón.

La India musulmana El primer contacto de la India con el islam se produjo en 711, cuando un ejército árabe invadió Irán y ocupó el Sind, la región alrededor de la desembocadura del Indo. Las siguientes invasiones musulmanas llegaron desde una dirección diferente, desde Afganistán en el noroeste, y estuvieron dirigidas por una variedad de gobernantes de origen turco. Las incursiones se iniciaron a principios del siglo XI, pero no fue hasta 1206 cuando se estableció el sultanato islámico de Delhi. Éste fue el primero y el más poderoso de una serie de estados musulmanes creados por todo el norte de la India a lo largo de los siglos siguientes, durante los cuales una minoría significativa de indios se convirtió al islam. Sin embargo, el hinduismo siguió ocupando el poder en el sur, donde el imperio Vijayanagar resistió durante unos 200 años hasta su colapso final en 1565.

La edad dorada de los gupta

El período del imperio gupta, del siglo IV al VI d. C., se considera en la India como una edad dorada. En literatura, la antigua épica hindú en sánscrito, el *Mahabharata* alcanzó su forma definitiva, mientras que el gran poeta Kalidasa —al que se ha descrito como el Shakespeare del sánscrito— creó épicas nuevas, junto con poesía lírica y dramas. En arquitectura, uno de los monumentos gupta más grandes es el ornamentado templo Mahabodhi en Bodh Gaya, el lugar donde el Buda consiguió la iluminación, mientras que el misterioso Pilar de Hierro de 7 metros en Delhi —que hasta el día de hoy no muestra la mínima señal de oxidación— es un logro metalúrgico sobresaliente. En ciencia, el astrónomo Aryabhatta demostró —entre otras cosas— que la Tierra gira alrededor del Sol y rota sobre su propio eje, mientras que el tratado astronómico y matemático conocido como el *Surya Siddhanta* contiene una definición de la función del seno usada en trigonometría. Sin embargo, lo más significativo fue el desarrollo del sistema numérico decimal y el uso del cero, innovaciones que después fueron recogidas por los matemáticos musulmanes y finalmente llegaron a Europa.

Cronología

711	Inicios del siglo XI	Finales del siglo XII	1206	1336-1565	1398
Un ejército árabe conquista el Sind.	Mahmud de Ghazni, gobernante turco-afgano, saquea el noroeste de la India.	Muhammad de Gur, otro gobernante turco-afgano, conquista la mayor parte del norte y el centro de la India.	Fundación del sultanato musulmán de Delhi.	Imperio hindú de Vijayanagar en el sur de la India.	Timur, que se pretendía descendiente de Gengis Khan, saquea Delhi.

El invasor turco-afgano que tuvo un impacto más duradero fue Babur de Kabul, que en 1526 derribó el sultanato de Delhi y estableció una dinastía que conquistó todo el subcontinente, excepto la punta meridional. Éstos fueron los mogoles, llamados así porque pretendían descender de los mongoles turcos de Asia central. Los mogoles presidieron una cultura cortesana magnífica, notable por su poesía de influencia persa y sus delicadas miniaturas. También fueron responsables de algunos de los mejores edificios de la India, desde el Fuerte Rojo de Delhi hasta el Taj Mahal en Agra. Bajo el nieto de Babur, Akbar el Grande (reinado 1556-1605), la India alcanzó un grado de unidad desconocido hasta el momento, en parte debido a su política de animar a los hombres capaces de la mayoría hindú para que participasen en la administración de su imperio.

Sin embargo, bajo el emperador Aurangzeb (reinado 1658-1707) se abandonó la tolerancia religiosa en detrimento de la unidad política y la eficacia administrativa. El poder en todo el continente se concentró cada vez más a nivel local, y las luchas y debilidades internas convirtieron a la India en una presa relativamente fácil para los europeos que, después de encontrar una ruta marítima hacia Asia, buscaban la explotación de las enormes riquezas del continente para su propio provecho.

La idea en síntesis: una de las civilizaciones más antiguas del mundo

1497-1499	1526	1556-1605	1658-1707	1757
Vasco de Gama establece la ruta marítima de Europa a la India.	Babur de Kabul derroca el sultanato de Delhi y establece el imperio mogol.	Reinado de Akbar el Grande.	El imperio mogol empieza su decadencia bajo Aurangzeb.	Los británicos ganan la batalla de Plassey y aseguran el control sobre la mayor parte de la India.

12 La China imperial

Los primeros gobernantes históricos de China, los Shang, aparecieron hace unos 3.500 años: la primera de una serie de dinastías imperiales que gobernaron China hasta el siglo XX. Fue bajo los Shang cuando se desarrollaron los elementos de una cultura china característica, tanto en la forma de una escritura ideográfica de un tipo que aún se sigue usando en la actualidad, como en el estilo de sus objetos de bronce, cerámica, seda y jade.

China es tan extensa, su población es tan grande y sus recursos tan ricos que durante milenios los chinos no vieron la necesidad de mirar más allá de las distantes fronteras de su propia tierra, a la que llaman el Reino Medio. Más allá no había nada más que bárbaros ignorantes, mientras que China florecía económica, artística y tecnológicamente. Hasta los inicios de la revolución científica en Occidente en el siglo XVI, China iba muy por delante de Europa en ciencia y tecnología, de manera que debemos a China cuatro de las invenciones principales: el compás, la pólvora, el proceso de fabricación del papel y la imprenta.

Las primeras dinastías China está dominada por dos grandes ríos, el río Amarillo (Huang He) en el norte y el Yangtze (Chang Jiang) en el sur. Fue en la fértil llanura aluvial del río Amarillo donde apareció la agricultura en China, alrededor de 4000 a. C., extendiéndose desde allí a la cuenca del Yangtze. Al volverse más compleja la sociedad china, surgieron varios centros ceremoniales importantes, y en la época de la dinastía Shang, éstos habían evolucionado hasta convertirse en ciudades estructuradas, que se extendían sobre una cuadrícula orientada hacia los puntos cardinales. Los Shang, que pretendían tener un «mandato del cielo», gobernaron sobre la mayor parte del norte de China desde su base de poder en el

Cronología

4000 a. C.	c. 1500 a. C.	c. 1000 a. C.	500-300 a. C.	481-221 a. C.	221 a. C.
Inicio de la agricultura en el valle del río Amarillo.	Fundación de la primera dinastía histórica: los Shang.	La dinastía Zhou sustituye a la Shang.	Aparición del taoísmo y del confucianismo, dos de las religiones principales de China.	Período de los Reinos Combatientes.	Shi Huangdi se convierte en el primer emperador, estableciendo la efímera dinastía Qin y construyendo la Gran Muralla.

valle del río Amarillo. Como en el antiguo Egipto, las tumbas reales de los Shang estaban repletas de bienes valioso para acompañar al muerto a la otra vida. Sin embargo, los Shang fueron más allá, sacrificando hombres, mujeres y niños para enterrarlos en la tumba, de manera que al que partía de este mundo no le faltasen sirvientes.

Los Shang fueron destronados alrededor de 1000 a. C. por el estado Zhou en el oeste. Los Zhou pretendían que habían heredado el «mandato del cielo» y establecieron su propia dinastía, que perduró hasta principios del siglo v a. C., cuando China entró en el período de los «Reinos Combatientes».

El confucianismo y el estado

Alrededor de 500 a. C., un estudioso y funcionario llamado Kongfuzi —conocido en Occidente como Confucio— enseñó que, con el objetivo de actuar conforme a la «voluntad del cielo», el pueblo debía mostrar el mismo respeto al emperador que al cabeza de su propia familia. Este énfasis en la jerarquía, en la familia y en el estado —acompañado de los valores confucianos de mejora individual, sabiduría, sinceridad, lealtad, piedad y compasión— ha tenido una influencia duradera en la sociedad china hasta la actualidad.

El primer emperador   La época de los Reinos Combatientes llegó a su fin en 221 a. C. cuando Zheng, rey del pequeño estado occidental de Qin, venció a sus rivales. Adoptó el nombre de Shi Huangdi, declarándose como emperador de toda China, y extendió sus fronteras hacia Asia central y el sur del mar de la China.

Shi Huangdi centralizó la administración, unificó los pesos y las medidas, y construyó muchas carreteras y canales. Pero se ganó el odio de su pueblo por la represión sin piedad de toda oposición y el reclutamiento forzoso de cientos de miles de hombres jóvenes para trabajar en la Gran Muralla en el lejano norte. Gobernantes anteriores habían construido diversas murallas defensivas contra los nómadas del norte, pero Shi Huangdi decidió conectar y reforzar las fortificaciones existentes. Como consecuencia murieron decenas de miles de obreros.

Auge y caída de las dinastías   Después de la muerte de Shi Huangdi en 210 a. C., que fue enterrado junto con un sorprendente

210 a. C.	**202** a. C.	*c.* **100** d. C.	**265-316** d. C.	**386-533**	**589-618**
Muerte de Shi Huangdi.	La dinastía Han empieza a ampliar el imperio e introduce reformas administrativas.	El budismo se extiende por China.	Dinastía Jin, destruida por invasiones nómadas.	Dinastía nómada Wei en el norte de China.	La dinastía Sui unifica el norte y el sur de China.

«El estado establecido por el emperador es el más grande que se ha visto nunca.»

Inscripción realizada por orden de Shi Huangdi, al convertirse en emperador en 221 a. C.

«ejército de terracota» formado por miles de estatuas de soldados a tamaño natural, llegó al poder una nueva dinastía: los Han. Los Han, que gobernaron China durante 400 años, mejoraron la administración al establecer exámenes de entrada al servicio civil y al nombrar a los administradores lejos de sus hogares para prevenir la corrupción. Los Han impulsaron mejoras en la agricultura y una nueva expansión del imperio, y controlaron la Ruta de la Seda hasta Asia central. A través de la Ruta de la Seda —el sistema de rutas terrestres que recibía su nombre del producto de exportación más valioso de China— cuando se establecieron relaciones comerciales con pueblos muy lejanos de occidente, incluido el imperio romano, cuyas fronteras se encontraban en el otro extremo de Asia.

Los Han fueron seguidos por varias dinastías, cuyas capitales imperiales rígidamente planificadas, con poblaciones cercanas al millón de personas, fueron las ciudades más grandes del mundo entre la caída de Roma y el crecimiento meteórico de Londres en el siglo XVIII. Las nuevas dinastías solían empezar con fuerza, con una administración eficaz y equilibrada, pero con el tiempo se debilitaban a causa de poderes rivales centrados en las provincias, de revueltas campesinas contra los impuestos excesivos, y de invasiones de jinetes nómadas desde el norte. Dos de estas invasiones llevaron a la fundación de nuevas dinastías: en la década de 1270 los mongoles dirigidos por Kublai Khan completaron la conquista de China, estableciendo la dinastía Yuan, y en 1644 un clan de Manchuria ocupó el país y estableció la dinastía Manchú o Qing, la última dinastía imperial china.

Mirando hacia dentro y hacia fuera   Los chinos habían desarrollado una habilidad considerable en construcción naval y navegación —ellos inventaron el compás—, y a principios del siglo XV el gobierno imperial envió una gran flota bajo el almirante Zheng He para que realizara una serie de viajes comerciales hacia las Indias orientales, la India, Arabia y el este de África. Pero esta política de

Cronología

618-907	960-1279	1127	1215	1271-1368	Década de 1270	1368-1644
Dinastía Tang: la cultura china vive su época clásica.	Dinastía Song: gran expansión comercial.	Invasión de los nómadas Jin.	Los mongoles de Gengis Khan aplastan a los Jin en el norte de China.	Dinastía Yuan (mongola), establecida por Kublai Khan.	Kublai Khan destruye a los Song del sur.	Los chinos se retiran de las expediciones comerciales de ultramar y construyen la Ciudad Prohibida.

《Los siervos se han levantado en multitud... Han afilado sus azadas como si fueran espadas y se han dado el título de "Reyes Niveladores", declarando que van a nivelar la distinción entre ricos y pobres. 》

Un estudioso contemporáneo describe un estallido de malestar popular en 1845, una de las muchas revueltas campesinas que marcaron la historia de la China imperial

ampliación de los horizontes chinos, y posiblemente de establecer un imperio mercantil de ultramar, fue abandonada de repente a principios de la década de 1430. Parece ser que persuadieron al emperador de que China poseía todos los recursos que necesitaba, y que sería mejor concentrarse en la defensa de la frontera septentrional.

China se cerró sobre sí misma justo en el momento en que los europeos empezaban a mirar más allá de sus costas, y en vísperas de superar a China en desarrollo tecnológico. A mediados del siglo XVI los portugueses establecieron un puesto comercial en la costa sur de China, y a principios del siglo XIX potencias occidentales como Gran Bretaña presionaban a los chinos reticentes para que comerciaran con ellos, en especial para que aceptasen la importación de opio desde la India británica. Las «guerras del opio» que le siguieron terminaron con las potencias occidentales consiguiendo el control de una serie de puertos en China. Debilitada por las revueltas internas y continuamente presionada desde fuera, la reaccionaria corte imperial volvió la espalda a cualquier idea de modernización y reforma, mientras las tropas europeas ocupaban Beijing. El pueblo chino ya tenía suficiente y en 1911 una revuelta nacionalista derrocó al último emperador. Así terminaron tres milenios y medio de gobierno imperial.

La idea en síntesis: la concentración en sí misma de la China imperial fue su perdición

1644-1911	1839-1842	1851-1864	1856-1860	1894-1895	1900-1901	1911
Dinastía Qing: China alcanza su máximo nivel de poder y prosperidad.	Gran Bretaña gana la primera guerra del opio, Hong Kong y acceso a los «Puertos del Tratado».	Mueren millones de personas en la rebelión Taiping.	Segunda guerra del opio: británicos y franceses ocupan la Ciudad Prohibida.	Japón en guerra con China, toma Corea y Taiwán.	Rebelión Boxer, que será aplastada por las potencias occidentales.	Una revolución nacionalista derroca al último emperador.

13 Los mongoles

En el siglo XIII un oscuro pueblo nómada de las estepas del noreste de Asia creó el imperio terrestre más grande que ha conocido el mundo, que se extendía desde Hungría en el oeste a Corea en el este, y ocupaba prácticamente toda Asia, excepto la India y el sureste del continente.

Ese pueblo fueron los mongoles, y bajo el liderazgo de Gengis Khan y de sus hijos y nietos salieron de su patria en Mongolia y provocaron el caos en la mayor parte del mundo conocido. En el proceso fueron responsables de matanzas a una escala inimaginable hasta la era de Hitler y Stalin.

Los mongoles paganos eran temidos y detestados por igual por cristianos y musulmanes, y aun así se mostraron respetuosos y tolerantes con las religiones de los demás, siempre que se sometieran al poder mongol. Y mientras en Occidente el nombre de Gengis Khan es sinónimo de brutalidad inmisericorde, en su Mongolia natal y entre otros pueblos turcos, se le admira como un gran héroe: hasta la actualidad muchos niños reciben en Turquía el nombre de Gengis. Los historiadores modernos destacan la visión de Gengis, señalando que al crear su enorme imperio euroasiático permitió el contacto entre Europa y la civilización tecnológicamente mucho más avanzada de China, para el inmenso enriquecimiento de los primeros.

Los jinetes de las estepas Durante milenios, los pueblos agrícolas y sedentarios de Europa, Oriente Medio y China habían estado sometidos a las oleadas de invasiones por parte de pueblos nómadas de las remotas estepas en el corazón de Asia. En el mundo antiguo, los griegos escribieron sobre los escitas y los sármatas que vivían al norte del mar Negro, mientras que en los siglo IV y V los hunos recorrieron Europa, empujando a las tribus germánicas a cruzar las fronteras del imperio romano. Al mismo tiempo, un pueblo emparentado, al que los chinos llamaban los Wei del nor-

Cronología

Siglo IV d. C.	451	Siglo VI	796	1071	1162
Los hunos de las estepas asiáticas emigran hacia Europa.	Los hunos de Atila son derrotados en Châlons-sur-Marne.	Los ávaros, otro pueblo de las estepas, se establecen en Europa oriental.	Los ávaros son derrotados por Carlomagno e incorporados al imperio franco.	Los turcos selyúcidas derrotan a los bizantinos en Manzikert y ocupan gran parte de Anatolia.	Nacimiento de Gengis Khan.

te, tomó el control de la fértil cuenca del río Amarillo (Huang He). Otro grupo de nómadas, los magiares —los ancestros de los húngaros actuales— fueron detenidos en su avance por Europa por la victoria decisiva del emperador alemán Otón I en Lechfeld en 950.

《 Quieren someter a todo el mundo. 》

Juan de Plano Carpini, enviado del papa a los mongoles en la década de 1240

Estos pueblos, y los mongoles que les siguieron, eran todos jinetes magníficos. Sus tácticas militares eran muy móviles: evitaban las batallas campales tradicionales, empleando en su lugar los ataques sorpresa contra el enemigo. Después desaparecían en la inmensidad de las estepas, retando a sus oponentes a que los siguieran, normalmente con consecuencias nefastas. Su arma tradicional era el arco, al que se unió después la lanza, que se volvió doblemente efectiva con la aparición del estribo en el siglo v d. C.

Descripciones contemporáneas de los ejércitos mongoles en movimiento relatan cómo hombres y mujeres eran capaces de largas jornadas a caballo con mucho frío o un calor extremo. Llevaban sus *yurtas* (tiendas circulares de cuero) sobre carros, y sobrevivían casi exclusivamente con carne y leche. Según el enviado papal del

Los descendientes de Gengis Khan

En 2003 un grupo de genetistas publicó los resultados de un estudio durante 10 años de la población que vivía en lo que había sido el imperio mongol, que se extendía desde el océano Pacífico al mar Caspio. Descubrieron que el 8 por ciento de los hombres que vivían en esta región —unos 16 millones de individuos, lo que representa el 0,5 por ciento de toda la población masculina del mundo— compartían un cromosoma Y casi idéntico. Esto indica que eran descendientes de un solo hombre que vivió hace unos 1.000 años, y que este hombre fue un ancestro de Gengis Khan y de sus parientes masculinos más cercanos. Durante el transcurso de las conquistas mongolas, los jefes eran los primeros en elegir a las mujeres más bellas como esposas y concubinas. En su momento se recogió que el hijo mayor de Gengis, Tushi, era padre de cuarenta hijos, mientras que su nieto, Kublai Khan, que conquistó China, tenía veintidós hijos legítimos, y cada año añadía treinta vírgenes a su harén.

1206	1215	1219	1227	1238
Gengis Khan une a las tribus mongolas.	Los mongoles completan la conquista del norte de China.	Inicio de las campañas de conquista mongolas en Oriente Medio.	Muere Gengis Khan y le sucede su hijo Ogodei.	Los mongoles cruzan el Volga y empiezan la conquista de la Rusia europea.

> **«La mayor alegría es conquistar a tus enemigos, perseguirlos, privarles de sus posesiones, reducir sus familias en lágrimas, montar sus caballos y hacerle el amor a sus esposas e hijas.»**

Gengis Khan, comentario atribuido

siglo XIII, Juan de Plano Carpini, «muestran considerable respeto los unos con los otros y son muy amistosos entre ellos, y comparten voluntariamente la comida, aunque haya poca. También soportan largo tiempo las privaciones...».

Gengis Khan y sus sucesores   En la primera década del siglo XIII, un jefe mongol llamado Temujin (que significa «el mejor acero») unió todas las tribus de Mongolia bajo su gobierno. En una gran reunión en 1206 adoptó un nombre nuevo, Gengis Khan, que significa «Señor de la Tierra». Después empezó a darle contenido a este título, y en 1215 había conquistado la mayor parte del norte de China. Cuatro años después se volvió hacia el oeste y sometió Afganistán e Irán. «Como hay un solo cielo», proclamó, «debe haber un solo imperio en la tierra.»

Gengis murió en 1227, pero sus hijos y nietos prosiguieron su obra, cruzando el Volga en 1238 y penetrando en la Rusia europea, sometiendo a los turcos de Anatolia, y en 1258 destruyendo el califato abbasí con sede en Bagdad. Los cristianos habían esperado que los invasores de Oriente se convertirían en aliados de sus campañas contra los musulmanes, pero cuando en la década de 1240 el papa envió un embajador a los mongoles, regresó con la exigencia de que todos los príncipes de Europa se sometieran al Gran Khan.

La expansión mongola en Oriente Próximo llegó a un final abrupto en 1260, cuando fueron completamente derrotados en Ain Jalut por los mamelucos de Egipto. Los vencedores cortaron la cabeza del comandante mongol y la utilizaron para jugar al polo. Pero la expansión prosiguió en el este, donde en la década de 1270 el nieto de Gengis, Kublai Khan, derrocó a los gobernantes Song del sur de China y estableció su propia dinastía imperial: los Yuan.

Cronología

1258	1260	1271	Mediados del siglo XIV
El nieto de Gengis, Hulagu, destruye el califato abbasí con sede en Bagdad.	Los mamelucos derrotan a los mongoles en Ain Jalut.	El hermano de Hulagu, Kublai Khan, se proclama primer emperador de la dinastía Yuan en China.	Colapso del kanato en Oriente Medio.

En 1300 el imperio mongol se había dividido en una serie de kanatos que se fueron desintegrando poco a poco durante los siglos siguientes. Hubo una especie de revitalización a finales del siglo XIV bajo un jefe llamado Timur o Tamerlán, que se proclamó descendiente de Gengis Khan. Condujo una larga campaña de destrucción por todo Oriente Medio, Asia central y la India, pero nunca consolidó sus conquistas en un imperio. En 1526 un descendiente de Timur, Babur de Kabul, invadió la India y estableció una dinastía islámica que iba a gobernar el subcontinente durante siglos, creando una cultura magnífica, marcada por monumentos como el Taj Mahal. Se llamaron a sí mismos «mogoles», en reconocimiento de su descendencia de los mongoles (véase p. 51).

El saqueo de Bagdad

En 1258 el nieto de Gengis Khan, Hulagu, capturó Bagdad, capital de los califas abbasíes, y asesinó a miles de sus habitantes. El califa fue envuelto en una alfombra y pateado por caballos hasta morir, porque los mongoles creían que ofendería a la tierra el derramamiento de sangre real. La Gran Biblioteca fue devastada y los libros lanzados al Tigris en tal cantidad que se decía que un hombre podía atravesar a caballo el río, que, en palabras de un historiador árabe, «corría negro de la tinta de los estudiosos y rojo de la sangre de los mártires».

La idea en síntesis: los mongoles crearon con rapidez un imperio que se extendió de Europa oriental al Pacífico

1368	1369-1405	Finales del siglo XV	1526	1678
La dinastía mongola Yuan en China es derrocada por el primer emperador Ming.	Reinado de Timur (Tamerlán).	Colapso del kanato de la Horda Dorada en las estepas rusas.	Babur de Kabul establece la dinastía mogol en la India.	Se extingue finalmente el kanato Jagatai en el Turkestán.

14 Japón, el imperio insular

Se ha dicho que cualquier país es diferente de todos los demás, pero que Japón es «diferentemente diferente». Quizá por su aislamiento geográfico, en un archipiélago de islas frente a la costa oriental de Asia, Japón se ha mantenido alejado del resto del mundo durante la mayor parte de su historia.

Incluso resulta sorprendente que la rápida modernización e industrialización a finales del siglo xix sólo rozó la superficie de la vida japonesa, y no alteró la fuerte fidelidad del país a sus costumbres, valores y visión del mundo tradicionales.

Las islas de Japón fueron colonizadas por los humanos hace unos 40.000 años, durante la última glaciación, cuando bajó el nivel del mar y se formó un puente terrestre desde el continente asiático. Estos japoneses del paleolítico eran cazadores-recolectores, y hacia 10000 a. C. empezaron a fabricar cerámica, siendo una de las primeras culturas del mundo en hacerlo. Sin embargo, no fue hasta alrededor de 400 a. C. cuando otra oleada de inmigrantes —posiblemente de China y Corea— trajo la agricultura y la metalurgia. Desde luego existían contactos con la muy desarrollada civilización china en el este, que en el siglo i d. C. cobraba tributos de los numerosos clanes de Japón. De China obtuvo Japón su escritura y las creencias confucianas y budistas, que se fundieron con la religión shinto nativa, con su énfasis en el culto a los antepasados y respeto por la tradición y la tierra natal. A pesar de estas conexiones, la lengua japonesa no está relacionada con el chino, y posiblemente con ninguna otra lengua.

Emperadores y sogunes A partir del siglo iii d. C. Japón fue un mosaico de estados militares, pero alrededor de 400 d. C., uno de ellos, Yamamoto, empezó a dominar a los demás, y desde

Cronología

10000 a. c.	**400** a. c.	**Siglo** i a. c.	*c.* **400** d. c.	**Siglo** vi	**604**
La cultura jomon empieza a producir cerámica.	Inicio de la agricultura y la metalurgia.	Envío de tributos a China.	Japón unificado bajo la dinastía Yamamoto.	Llegada del budismo.	La Constitución de los diecisiete artículos señala los deberes y las virtudes que deben tener los funcionarios bajo un emperador omnipotente.

entonces todos los emperadores japoneses se dicen descendientes de la dinastía Yamamoto. En 607 el «Emperador de la Tierra del Sol Naciente» (es decir, Japón) escribía al «Emperador de la Tierra del Sol Poniente» (es decir, China) como un igual en poder y magnificencia. En el siglo VIII los japoneses establecieron una capital imperial en Nara, siguiendo el modelo chino, y empezaron a adoptar el modelo chino de un gobierno fuerte y centralizado. Se desarrolló un mito nuevo de los orígenes, según el cual el emperador descendía del legendario primer emperador, Jimmu, que, según el mito, había fundado Japón en 660 a. C. y era descendiente de la diosa solar del shinto, Amaterasu. La pretensión de los emperadores japoneses al estatus divino no fue abandonada hasta después de la segunda guerra mundial.

> **« La armonía es que se te valore y evitar una oposición gratuita a que te honren... »**
>
> **El príncipe Shotoku,** que se convirtió en regente en 593 d. C., entrega la ley imperial en la Constitución de los diecisiete artículos de 604

En 794 la capital se trasladó a Kyoto. A partir de entonces disminuyeron los contactos con China y el poder de los emperadores fue eclipsado por el poder creciente de la familia nobiliaria de los Fujiwara, cuyos miembros actuaban como regentes. En el siglo XII los Fujiwara se vieron presionados por una serie de familias nobiliarias. Como consecuencia, Japón se hundió en una guerra civil de la que surgió una sociedad feudal descentralizada, con el poder dividido entre una serie de barones regionales (daimyos), que mantenían bandas de guerreros samurái, una casta militar de élite, que se consideraba de rango superior a mercaderes, artesanos y campesinos. En 1159 un señor de la guerra llamado Yoritomo, de la familia Minamoto, tomó el poder supremo, y desde 1185 gobernó desde Kamakura (cerca de Tokio) como sogún (dictador militar), mientras que el emperador, recluido en Kyoto, quedó reducido a una figura representativa.

Los shogunes de diversas familias siguieron siendo los gobernantes absolutos de Japón durante muchos siglos, interrumpidos en el siglo XVI por una serie de guerras civiles. En 1600 Japón estaba reunificado y un noble de la familia Tokugawa, llamado Ieyasu, estableció un nuevo shogunato, centrado en Edo (Tokio), mientras que el emperador seguía sin poder en Kyoto.

710-784	794	Siglo X	Inicios del siglo XII	1159	1185	1274, 1281
Capital imperial en Nara.	La capital se traslada a Kyoto.	El poder pasa del emperador a la familia Fujiwara.	Guerras civiles.	Minamoto Yoritomo ocupa el poder y se convierte en el primer sogún.	El shogunato se traslada a Kamakura, cerca de Tokio.	Invasiones fallidas por parte de los mongoles.

Kamikaze

El aislamiento durante la Edad Media llegó a tal punto que los japoneses no estaban acostumbrados a enfrentarse a amenazas desde ultramar. Por eso fue una impresión terrible cuando en 1274 y de nuevo en 1281 los mongoles —que bajo Kublai Khan habían conquistado toda China— intentaron invadir Japón con desembarcos masivos. En ambas ocasiones la flota mongola fue destruida por un tifón, conocido desde entonces por los japoneses como kamikaze, que significa «viento divino». La leyenda resurgió hacia finales de la segunda guerra mundial cuando, en una apuesta desesperada para detener el avance aliado sobre las islas patrias, los pilotos japoneses adoptaron el nombre de kamikaze cuando precipitaban deliberadamente sus aviones cargados de bombas contra los buques enemigos.

Los shogunes Tokugawa ejercieron un control estrecho sobre los daimyos, forzándoles a pasar mucho tiempo en Edo, y lejos de sus bases de poder regionales (de la misma forma que Luis XVI redujo a la turbulenta nobleza de Francia a finales del siglo XVII al exigirles que vivieran en su gran palacio de Versalles). Los shogunes Tokugawa también volvieron la espalda a los contactos europeos. Mercaderes y misioneros cristianos habían empezado a llegar en el siglo XVI, y muchos campesinos se habían convertido. Los shogunes temían que esto anunciase una ocupación europea, y desde 1635 impusieron una política de aislamiento, prohibiendo todo contacto entre japoneses y extranjeros. La única excepción era la pequeña concesión mercantil holandesa en una isla en el puerto de Nagasaki.

Salir del aislamiento Este aislamiento terminó a la fuerza el 8 de julio de 1853 cuando buques de guerra de EE. UU. bajo el mando del comodoro Matthew Perry entraron en la bahía de Edo. Después de demostrar el poder de fuego de los barcos, Perry exigió que los japoneses abrieran sus puertas al comercio exterior. Como consecuencia, se presionó a Japón para que firmase una serie de tratados con las potencias occidentales, garantizando a éstas derechos comerciales que comprometían la soberanía japonesa.

Estos cambios forzados marcaron el final de la larga Edad Media de Japón. Después de un golpe de los modernizadores en 1868, el shogun dimitió, y en 1869 el emperador, con poderes renovados, fue instalado en Edo, que fue rebautizada como Tokio. Él mismo tomó

Cronología

1333	Siglos XV-XVI	1549	1585	1600	1635
Termina el período Kamakura con la llegada del shogunato Ashikaga.	Guerras civiles y anarquía feudal.	Llegada del primer misionero cristiano, el jesuita Francisco Javier.	Después de reunificar Japón, Toyotomi Hideyoshi se convierte en regente.	Tokugawa Ieyasu establece el shogunato Tokugawa en Edo (Tokio).	Edicto prohibiendo todo contacto con extranjeros.

el nombre de Meiji, que significa «gobierno ilustrado». Le siguió un período importante en el que Japón llevó a cabo en tres décadas un proceso de industrialización que había tardado dos siglos en Europa. No sólo se transformaron las manufacturas, sino que la educación, las fuerzas armadas, la economía y el sistema político fueron modernizados según el modelo occidental.

《 Si cualquier japonés intenta ir en secreto a ultramar, debe ser ejecutado... Si cualquier japonés regresa de ultramar, después de residir allí, debe morir. 》

El shogun Tokugawa Iemitsu publicó un edicto en 1635 cerrando Japón a cualquier contacto con el extranjero

Al crecer el poder de Japón, los tratados desiguales fueron dejados de lado. Con el objetivo de convertirse en la potencia regional dominante, Japón libró una guerra con China en 1894-1895 y se anexionó Corea y Taiwán. Después, en 1904-1905, disputó a Rusia el control de Manchuria. Japón ganó una victoria naval decisiva contra los rusos en Tsushima: la primera victoria en la época moderna de una nación asiática contra una potencia europea. Al estallar la primera guerra mundial, Japón era tratado como un igual, convirtiéndose en aliado de Gran Bretaña. Durante la guerra atacó bases alemanas en China y ocupó algunas de las posesiones insulares de Alemania en el Pacífico. Después de la guerra los delegados japoneses asistieron a la conferencia de paz de París, y Japón recibió un mandato de la Sociedad de Naciones sobre las antiguas colonias alemanas en el Pacífico al norte del ecuador. Japón había enseñado músculo; iba a venir mucho más (véase p. 168).

La idea en síntesis: una transformación sorprendente del medievo a la modernidad

1853	1868-1869	1894-1895	1902	1904-1905	1914	1919
Una flota de EE. UU. termina con el aislamiento japonés.	Derrocamiento del último shogun; el poder vuelve al emperador Meiji.	Primera guerra chino-japonesa.	Japón se alía con Gran Bretaña.	Guerra ruso-japonesa.	Japón declara la guerra a Alemania.	Japón consigue mandatos sobre las antiguas colonias alemanas en el Pacífico en las islas Marianas, Carolinas y Marshall.

15 Incas y aztecas

La gente de la Europa medieval tenía alguna idea de la existencia de otras culturas importantes y de gobernantes poderosos además de los propios: los sultanes y califas del mundo musulmán, el Gran Khan de las estepas, el emperador de Catay. Pero no tenían ni idea que hacia el oeste, al otro lado del Atlántico, más allá del sol poniente, existía un gran continente donde florecían civilizaciones de una riqueza y brillantez inimaginables.

La ironía es que cuando tropezaron con estas civilizaciones —las de los incas y los aztecas—, un puñado de aventureros europeos fueron capaces de destruirlas en sólo unos pocos años.

Los primeros humanos llegaron al norte del continente americano desde el este de Asia en algún momento durante la última glaciación, cuando los dos continentes estuvieron unidos mediante un puente terrestre. Esta migración pudo tener lugar lo más pronto hace unos 25.000 años y desde luego no fue después de 8000 a. C., cuando la elevación del nivel del mar cubrió el puente terrestre que cruzaba el estrecho de Bering. Después de eso, los asentamientos humanos se extendieron con rapidez por América en dirección sur. El inicio de la agricultura se puede rastrear en el VII milenio a. C. en la región andina de América del Sur, extendiéndose desde allí a otras partes del continente.

Primeras civilizaciones Cuando los excedentes agrícolas permitieron que las sociedades fueran más complejas, aparecieron los primeros grandes centros ceremoniales en Mesoamérica y los Andes. Algunos de los monumentos más sorprendentes —incluyendo plazas, pirámides y colosales cabezas de piedra— fueron los construidos alrededor de 1200 a. C. en la costa caribeña de Mesoamérica por el pueblo olmeca. Los centros ceremoniales crecieron hasta convertirse en ciudades-templo organizadas de forma geométrica siguiendo principios astronómicos, como Tiahuanaco en los

Cronología

8000 a. c.	**6500** a. c.	**4700** a. c.	**1500** a. c.	**1200** a. c.
La elevación del nivel del mar cubre el puente terrestre entre Asia y el norte de América.	Cultivo de alubias, calabazas y pimientos en los Andes peruanos.	Cultivo de maíz en Mesoamérica.	Empiezan a aparecer grandes centros ceremoniales en Mesoamérica y los Andes.	Aparición de la civilización olmeca en Mesoamérica y la cultura chavín en los Andes.

Andes y Teotihuacán en el valle de México. En el I milenio d. C. Teotihuacán tenía una población de alrededor de 200.000 habitantes, mucho más que cualquier ciudad europea de la época, excepto Roma antes de su caída. A finales del milenio Teotihuacán, junto con las grandes ciudades-estado del pueblo maya en la península del Yucatán, habían sido abandonadas, por razones que no están del todo claras.

Muchas de las características perdurables de las culturas mesoamericanas tuvieron sus orígenes en estas primeras sociedades. En el corazón de sus ciudades y centros ceremoniales se levantaban majestuosas pirámides-templo escalonadas. También existía un gran interés en la astronomía y el calendario, y en especial los mayas desarrollaron sistemas matemáticos sofisticados, como la notación posicional para los números, así como una forma de escritura que seguía en uso en Mesoamérica en el momento de la conquista española. Finalmente, existía la práctica de sacrificar humanos para propiciar a los dioses sedientos de sangre y para asegurar el ciclo de las estaciones. «Cuando sacrifican a un desdichado indio», escribía un testigo presencial europeo en el siglo XVI, «le abren el pecho con cuchillos de piedra y le arrancan el corazón aún palpitante...» Los sacrificios humanos también eran característicos de algunas de las culturas andinas.

Las líneas de Nazca

El desierto de Nazca en Perú está cubierto de cientos de gigantescas figuras lineales. Algunas son simplemente figuras geométricas mientras que otras representan animales como monos, orcas, lagartos y colibríes. Estas figuras misteriosas fueron creadas durante un período de cerca de 1.000 años, desde alrededor de 200 a. C. hasta 700 d. C., y se realizaron mediante la retirada de las piedras oscuras de la superficie del desierto, dejando a la vista el suelo más pálido que se encuentra debajo. Son tan grandes que su contorno sólo se puede ver desde el aire, de manera que los que las crearon nunca las pudieron ver enteras. Sin embargo, el método para hacer estas figuras gigantes no es complejo, y es posible que se usasen para diversos rituales chamánicos, durante los cuales los participantes avanzarían por las líneas antes de realizar las ofrendas a los dioses.

400 a. C.	**200** a. C.	**100** d. C.	**300** a. C.	**Inicios del siglo** VII
Inicio de la civilización zapoteca, alrededor de la ciudad de Monte Albán, Mesoamérica.	Fundación de la ciudad de Teotihuacán en el valle de México.	Inicio de la civilización moche en el norte de Perú.	Inicio de la civilización y sistema de escritura maya en el Yucatán.	Terrazas, acueductos y canales de drenaje construidos por las culturas nazca, huari y tiwanaku en la región andina.

Los últimos imperios   Cuando los europeos llegaron al continente americano a principios del siglo XVI, dos grandes imperios ocupaban grandes extensiones territoriales. Gran parte de Mesoamérica estaba bajo el control de los aztecas, mientras que la región andina, desde Ecuador hasta el norte de Chile, estaba gobernada por los incas de Perú. Los aztecas fueron los últimos de una serie de estados guerreros que dominó Mesoamérica en la época precolombina, y desde su magnífica capital de Tenochtitlán (en la ubicación de la actual ciudad de México) exigían de forma masiva tributos y víctimas para los sacrificios humanos a los pueblos vecinos.

> **«Muchos señores caminaban delante del gran Moctezuma, barriendo el suelo donde iba a pisar y extendiendo telas sobre él, de manera que no tuviera que pisar la tierra.»**
>
> Bernal Díaz del Castillo, *Historia verdadera de la conquista de la Nueva España*, década de 1560, describiendo el desfile del emperador azteca

El estado inca parece que fue menos sanguinario (aunque los sacrificios humanos no eran desconocidos) y más unificado. La tarea del gobierno central se veía facilitada por una red de carreteras bien construidas, que se extendían miles de kilómetros a lo largo y a lo ancho del imperio. Sin embargo, en ninguna parte de América se usaba la rueda; el transporte se hacía a pie o —en los Andes— en la principal bestia de carga: la llama. Como ayuda para la comunicación los incas tenían un sistema de cuerdas anudadas llamadas *quipu*, que se usaban para contar y elaborar censos, aunque, a diferencia de la escritura maya, no parece que se desarrollase hacia un sistema de escritura más flexible.

La conquista española   Cuando los conquistadores españoles se encontraron con estas civilizaciones, quedaron sorprendidos por su magnificencia, pero también estaban preparados para explotar su superioridad tecnológica. Los indígenas no sólo carecían de la rueda, sino que sus herramientas y armas aún eran de piedra. Así, cuando se enfrentaban a los soldados españoles con yelmos y petos de acero, espadas de acero, armas de fuego y caballos, se sentían apabullados.

Cronología

Mediados del siglo VII	c. 900	Siglo XII	c. 1200	1345
Decadencia de Teotihuacán.	Colapso de las ciudades-estado mayas; auge de la civilización tolteca, centrada en Tula, en el valle de México.	Colapso del imperio tolteca.	Fundación de la dinastía inca.	Los aztecas fundan Tenochtitlán.

En México, el conquistador Hernán Cortés descubrió que los vecinos de los aztecas estaban deseando unirse a los españoles para atacar a sus gobernantes, cuyas demandas insaciables para los sacrificios humanos los tenían soliviantados. En poco más de un año, en 1519-1520, Cortés y poco más de un centenar de soldados españoles habían derrotado el poder de los aztecas, cuyo emperador Moctezuma creía que Cortés era una manifestación del dios Quetzalcóatl («la Serpiente emplumada») y por eso ofreció poca resistencia.

«Algunos de nuestros soldados preguntaban incluso si las cosas que veíamos no eran un sueño.»

Bernal Díaz del Castillo, un conquistador que acompañó a Cortés, describe la reacción española ante las maravillas de la capital azteca, Tenochtitlán

Una historia similar se desarrolló en Perú, donde Francisco Pizarro, otro aventurero español en busca de oro y poder, capitaneó a menos de 200 hombres contra los incas. En 1532 condujo al emperador inca, Atahualpa, a una trampa, masacró a su escolta de miles de hombres y capturó al emperador. Atahualpa ofreció a Pizarro una habitación llena de oro a cambio de su liberación, pero cuando Pizarro tuvo el oro se retractó y ordenó que quemasen a Atahualpa en la hoguera. Cuando, enfrentado a la muerte, el emperador se convirtió al cristianismo, Pizarro se apiadó y lo hizo agarrotar. La conquista de Perú fue completada en 1535 con la captura de Cuzco, la capital inca. Tanto aquí como en México el nuevo poder colonial procedió a esclavizar y a forzar la conversión de sus súbditos.

La idea en síntesis: civilizaciones milenarias fueron barridas en unos pocos años

Siglos XIV-XV	Siglo XV	1519-1520	1532-1535
Imperio chimú en Perú.	El imperio inca llega a su máxima extensión.	Conquista española del imperio azteca.	Conquista española del imperio inca.

16 Imperios y reinos en África

Cuando los exploradores europeos estudiaron por primera vez las ruinas de la Gran Zimbabue a finales del siglo XIX, estuvieron convencidos de que este enorme complejo palaciego real, con sus altas murallas y torres de piedra, no pudo ser obra de los africanos locales. Afirmaban que las ruinas debían ser obra de fenicios o árabes, y surgieron historias que relacionaban el yacimiento con las fabulosas minas del rey Salomón y la reina de Saba.

Simplemente no encajaba en el proyecto colonial europeo considerar a los africanos negros capaces de desarrollar una sociedad con la riqueza y la complejidad necesarias para producir semejante magnificencia.

Hubo una sensación de incredulidad similar cuando los europeos se encontraron las sorprendentes cabezas de cobre de Ife, en lo que ahora es el suroeste de Nigeria. Tanto estética como técnicamente estas estatuas, datadas entre los siglos XII y XVI, superaban o igualaban lo que se estaba produciendo en Europa en la misma época. Pero al acumularse las evidencias arqueológicas, tanto en Ife como en Gran Zimbabue, quedó claro que en ambos lugares habían florecido reinos indígenas prósperos y poderosos durante la época de la Edad Media europea. Y éstos eran sólo dos de una serie de reinos e imperios ricos que crecieron en el África subsahariana durante la era precolonial.

La cuna de la humanidad Fue en África donde evolucionaron nuestros primeros ancestros humanos hace unos cuatro millones de años. Dos millones de años después, el *Homo erectus*, una primera especie humana, empezó a extenderse fuera de África, llegando a Europa y el este de Asia. Los humanos modernos, *Homo sapiens sapiens*, también se desarrollaron en África hace unos

Cronología

4000 a.C.	Siglos VIII-VI a.C.	500 a.C.	1-500 d.C.	100 d.C.	Siglo IV
Se establece la agricultura en el Sahel.	Una dinastía nubia gobierna Egipto.	La cultura nok de África oriental desarrolla la fundición del hierro.	Migración bantú.	Fundación del reino de Auxum.	Abisinia adopta el cristianismo.

200.000 años. Desde hace unos 100.000 años algunos de estos humanos modernos empezaron a emigrar a Europa y Asia, y desde allí llegaron a Australia, Oceanía y América.

África se vio afectada por un cambio climático después de 5000 a. C., que propició la formación del desierto del Sahara. Esto creó una barrera física entre los pueblos a ambos lados del mismo, y aquellos que vivían al norte del desierto cayeron dentro del ámbito del Mediterráneo y de Oriente Próximo. Su historia está mezclada con la del antiguo Egipto, de Cartago, de los imperios de Alejandro Magno, Roma, los árabes y los turcos otomanos.

Por el otro lado de la gran división, la evolución fue en líneas generales independiente. Hacia 4000 a. C. las comunidades agrícolas se habían establecido en las sabanas del Sahel, la zona justo al sur del Sahara, la fundición del hierro surgió en África oriental en el I milenio a. C., y algunos asentamientos importantes crecieron con el impulso del comercio con los nómadas del desierto en el norte y los pueblos de las selvas en el sur.

Entre hace 2.000 y 1.500 años las comunidades agrícolas de la Edad del Hierro iniciaron su expansión hasta el sureste desde África oriental, en lo que se conoce como la migración bantú. Los cazadores-recolectores indígenas del sur fueron marginados: los pigmeos de África central se refugiaron en las densas selvas tropicales, mientras que los san (bosquimanos) de África austral quedaron confinados al desierto del Kalahari.

Contactos culturales En algunos lugares tuvieron lugar contactos entre el África subsahariana y los pueblos del norte. El Nilo proporcionó un enlace entre el Egipto de los faraones y los pueblos de piel más oscura del sur, en Nubia (norte de Sudán). Nubia fue conquistada por los egipcios a principios del II milenio a. C., y algunos de los faraones posteriores fueron en realidad de

> **《Entre las minas de oro de las llanuras del interior ... existe una fortaleza de piedra de dimensiones maravillosas...》**
>
> **Vicente Pegado, capitán de la guarnición portuguesa de Sofala en la costa de Mozambique, ofrece la primera descripción europea del Gran Zimbabue, 1531**

Siglo VII	Siglos VIII-XI	Siglo XI	Siglos XII-XVI	Siglos XIII-XV	Siglos XIV-XV
El islam se extiende por el norte de África.	Imperio de Ghana.	El islam se establece en el Sahel.	Reino de Ife.	Imperio de Malí.	Construcción de Gran Zimbabue.

origen nubio. Fueron los nubios los que, alrededor de 100 d. C., establecieron el reino de Auxum a lo largo de la costa del mar Rojo. Inicialmente Auxum también gobernó sobre parte de Arabia, pero más tarde los gobernantes penetraron más en el interior para formar el reino de Abisinia en lo que actualmente es Etiopía. Abisinia adoptó el cristianismo en el siglo IV d. C. y tuvo éxito en el mantenimiento de su identidad e independencia contra la influencia árabe-musulmana y la invasión europea hasta la ocupación italiana en 1935-1941.

> **« Aquí hay gran cantidad de médicos, jueces, sacerdotes y otros hombres instruidos, que se mantienen espléndidamente a costa y a cargo del rey. »**
>
> León el Africano, *Descripción de África*, 1550, describe Tombuctú, la capital del imperio de Malí

En otras partes de África empezó a dominar el islam. Después de extenderse con rapidez por el norte del continente en el siglo VII, comenzó a filtrarse hacia el sur a través de las rutas del comercio transahariano, y se estableció en el Sahel en el siglo XI. Los marineros árabes también extendieron su religión y cultura por la costa oriental de África, donde establecieron una serie de puestos comerciales como Mombasa.

Oro, marfil y esclavos   Fue el comercio del oro con los árabes en la costa de África oriental lo que proporcionó la riqueza necesaria para construir la Gran Zimbabue en los siglos XIV y XV. La exportación de oro, marfil y esclavos a través de las rutas de las caravanas transaharianas también cimentó la riqueza y el poder de una serie de imperios y reinos que dominó sucesivamente África occidental y el Sahel. Desde el siglo VIII al siglo XI, el imperio de Ghana se extendió sobre partes de las modernas Mauritania y Malí, y se decía que sus gobernantes podían reunir un ejército de 200.000 hombres. En los siglo XIII al XV, el imperio de Malí dominó la cuenca alta del río Níger y hacia el oeste llegó hasta la costa del Atlántico. Otros imperios le siguieron: el songhai en los siglos XV y XVI, que fue incluso más grande que el de Malí; y bornu, centrado alrededor del lago Chad, que alcanzó su cénit en el siglo XVII.

Cronología

Siglo XV	Siglos XV-XVI	Siglos XVI-XIX	1652	Siglo XVII	Siglos XVI-XVIII
Los portugueses establecen puestos comerciales en la costa occidental de África.	Imperio songhai.	Comercio de esclavos en el Atlántico.	Los holandeses fundan una colonia en Ciudad del Cabo.	Máximo esplendor del imperio bornu y el reino de Benín.	Florece el imperio oyo.

El comercio de esclavos aumentó exponencialmente cuando en el siglo XV los portugueses establecieron puestos comerciales a lo largo de la costa atlántica de África. A los portugueses les siguieron los holandeses, los franceses y los ingleses, y una serie de reinos africanos del interior —Benín, Oyo y Ashanti— florecieron en parte al satisfacer la insaciable demanda de esclavos. El comercio de esclavos —mediante el cual millones de africanos negros fueron embarcados hacia el otro lado del Atlántico para trabajar en las plantaciones del Nuevo Mundo— tuvo un efecto inmensamente destructivo sobre la sociedad tradicional africana. Este «holocausto africano», como se le ha descrito, dejó el continente maduro para la ocupación colonial europea a finales del siglo XIX. Sólo unos pocos reinos africanos —como los ashanti en África oriental y los zulúes en África austral— fueron capaces de ofrecer una resistencia efectiva, y al final también fueron aplastados.

La munificencia de Mansa Musa

Tal era la riqueza del imperio de Malí que cuando su devoto gobernante, Mansa Musa, realizó la peregrinación a La Meca en 1324 llevó consigo a decenas de miles de seguidores —soldados, esclavos, esposas y funcionarios de la corte— junto con 100 camellos, cada uno de los cuales cargaba 45 kg de oro. Cuando llegó a El Cairo, gastó tanto oro, «inundando la ciudad con su amabilidad», que se disparó el coste de bienes y servicios, y a la moneda local le costó varios años recuperar su valor.

La idea en síntesis: imperios ricos y poderosos florecieron en su momento en lo que los europeos llamaron «el continente negro»

Década de 1820	1824-1901	1875-1900	1879	1896
Shaka forma un poderoso Imperio zulú en el sur de África.	El reino ashanti resiste a los británicos.	«Reparto de África»; el continente se divide entre las potencias coloniales europeas.	Los zulúes derrotan a los británicos en Isandlwana.	Los etíopes rechazan una invasión italiana.

17 El Renacimiento

Hasta el siglo XIX los historiadores de la cultura no empezaron a aplicar el término _Renacimiento_ a la revitalización de los modelos clásicos en arte y literatura que tuvo lugar en Europa desde el siglo XIV hasta finales del siglo XVI. Junto con esta recuperación descubrieron un movimiento que se alejaba de la visión del mundo centrada en Dios hacia un mundo en el que los humanos ocupaban el centro del escenario.

En la época victoriana los historiadores veían a menudo la historia como una historia del progreso, en la que la humanidad mejoraba paulatinamente a través de las edades, moviéndose desde la barbarie y la superstición hacia la racionalidad, la ilustración y las buenas formas. Según esta visión, la civilización occidental había sufrido un retroceso con la caída de Roma y había decaído en una larga «Edad Oscura» durante el período medieval, para retomar el camino hacia la luz después del redescubrimiento de los valores clásicos: los de las antiguas Grecia y Roma.

Las artes visuales   La noción de que los humanos habían conseguido algo nuevo y destacable en el período que ahora llamamos Renacimiento se remonta más allá del siglo XIX, y debe mucho al artista y biógrafo italiano Giorgio Vasari (1511-1574). En _Las vidas de los más excelentes pintores, escultores y arquitectos_ (1550), Vasari describe cómo desde finales del siglo XIII los pintores toscanos, como Giotto, reaccionaron contra el arte gótico de la Edad Media y empezaron a «purgarse de este estilo tan crudo». «Los que vinieron después», continúa Vasari, «eran capaces de distinguir lo bueno de lo malo, y abandonando el viejo estilo, empezaron a copiar a los antiguos con todo ardor y atención.» La versión de Vasari de la historia del arte culmina con la perfección conseguida, o eso opina él, por su amigo, el pintor y escultor Miguel Ángel (1475-1564). «Sobresale no sólo por encima de los que, como se ha visto, han sobrepasado a la Naturaleza», exagera Vasari, «sino también por encima de los antiguos, que indudablemente la sobrepasaron.

Cronología

Siglo XI	Siglo XII	Siglo XIII	_c._ 1305	_c._ 1321	1341
Fundación de la primera universidad europea en Bolonia.	Fundación de las universidades de París y Oxford.	Santo Tomás de Aquino intenta combinar la filosofía de Aristóteles con la teología cristiana.	Frescos de Giotto en la capilla de la Arena, Padua, la primera gran pintura del Renacimiento.	Dante completa _La Divina Comedia_.	Petrarca, «padre del humanismo», coronado como poeta laureado en Roma.

Ha ido de conquista en conquista, sin encontrar nunca una dificultad que no pudiera superar con la fuerza de su genio divino...» Se trataba de una pieza brillante de relaciones públicas, que iba a fijar la agenda no sólo de la historia del arte, sino en general de la historia cultural durante muchos siglos. El centro de atención se trasladaba de los esfuerzos colectivos, a menudo anónimos, de los artistas medievales, como los constructores de las grandes catedrales, hacia el genio individual, el ser humano en cuya sangre ardía la llama divina.

> **《 El Renacimiento ... representa la juventud, y sólo la juventud con su curiosidad intelectual y energía que abarca toda la vida... 》**
>
> **Bernhard Berenson,** *Los pintores venecianos del Renacimiento*, 1894

Es cierto que en las artes visuales se produjeron una serie de innovaciones y desarrollos notables durante el Renacimiento, extendiéndose desde Italia hacia otras partes de Europa. En arquitectura, el estilo gótico fue abandonado a favor de una revitalización y adaptación de los modelos griego y romano. (El término «gótico» fue acuñado durante el Renacimiento tardío, sugiriendo que el estilo de la Alta Edad Media fue tan bárbaro como los godos que saquearon Roma.) En pintura, se realizó un nuevo descubrimiento: la perspectiva, que producía la ilusión de un espacio tridimensional. Tanto en la pintura como en la escultura aumentó la secularización. El tema del arte medieval había sido predominantemente religioso, y casi siempre estaba destinado a la Iglesia. Aunque los temas religiosos siguieron siendo importantes durante el Renacimiento, los mecenas seculares querían demostrar su riqueza decorando las paredes de sus palacios con historias extraídas de la mitología griega, siendo una de las razones que dichas historias ofrecían muchas oportunidades para representar cuerpos bellos muy ligeros de ropa. Donde la Iglesia enseñaba la doctrina del pecado original y de la vergüenza de la desnudez, los artistas del Renacimiento impulsaron la noción atractiva de la perfección del ser humano, sobre todo en lo que se refería a la apariencia física.

Humanismo renacentista   La idea de la perfección del hombre fue importante en el movimiento conocido como «Humanis-

1408	c. 1410-1415	1420-1436	c. 1426	c. 1450	1471
Estatua de *David* de Donatello.	Brunelleschi redescubre las leyes matemáticas de la perspectiva conocidas por los antiguos.	Construcción de la cúpula de la catedral de Florencia por Brunelleschi.	Masaccio empieza a aplicar los principios de la perspectiva en pintura.	Gutenberg empieza a imprimir con tipos móviles.	Nacimiento de Alberto Durero, uno de los más grandes del Renacimiento en el norte.

mo renacentista». Se originó en Italia en el siglo xiv cuando el poeta Petrarca (1304-1374) —que fue el primero en acuñar el término «Edad Oscura»— impulsó un nuevo interés por las obras de los antiguos autores griegos y romanos. Muchas de estas obras habían sido redescubiertas durante los dos siglos anteriores, en especial numerosos textos griegos que habían sido preservados por estudiosos árabes, y después habían sido traducidos por europeos al latín (que era una lengua más extendida que el griego). La palabra «humanismo» deriva del concepto latino de *studia humanitatis*, el nombre que recibió el nuevo sistema educativo propuesto por los seguidores de Petrarca. Este método, basado en la literatura clásica, cubría cinco temas principales: retórica, poesía, gramática, historia y filosofía moral.

Los *umanisti* italianos, como se empezó a conocer a los estudiosos clásicos, no sólo pretendían imitar el estilo de los autores antiguos, sino también adoptar su modelo de investigación intelectual, libre de las limitaciones impuestas por la doctrina cristiana (aunque no llegaron tan lejos de rechazar las enseñanzas de la Iglesia). El estudio de lo que se consideraba la virtud fue de especial importancia: cómo debía actuar el hombre virtuoso en política, en el campo de batalla, etc. Aun así, el estilo era importante: al adoptar la retórica de figuras como el orador romano Cicerón, los humanistas creían que podían promover la virtud en los demás y en el estado en su conjunto.

El espíritu de libre investigación iniciado por los humanistas se extendió hacia el norte de Europa, donde el erudito holandés Desiderio Erasmo (1466-1536) se convirtió

<<Hombre renacentista>>

La idea de la perfección humana quedó encarnada en el concepto completo de «hombre renacentista» articulado con elocuencia por Baltasar de Castiglione en su libro *El cortesano* (1528). «Este cortesano debe ser de noble cuna», escribió, «dotado no sólo de talento y belleza en su persona y gesto, sino también con cierta gracia.» Debía ser un soldado experto, buen jinete, capaz de «hablar y escribir bien», y de habilidad demostrada en música, dibujo y pintura. La obra fue muy popular, pero quizá porque rearticulaba el ideal del «caballero perfecto y gentil» que había sido central durante muchos siglos en el concepto medieval de la caballería.

Cronología

1472	1486	c. 1503	1508-1512	1509	1509-1511
Juan Párix imprime el primer libro en España.	Botticelli, *El nacimiento de Venus*.	Leonardo da Vinci, *Mona Lisa*.	Miguel Ángel pinta el techo de la Capilla Sixtina.	Erasmo, *Elogio de la locura*, un ataque satírico contra los abusos dentro de la Iglesia católica.	Rafael, *La escuela de Atenas*.

en un gran crítico de la Iglesia católica. Pero nunca respaldó la ruptura con Roma iniciada por Martín Lutero, y el grado en que el espíritu del Renacimiento influyó en los reformadores protestantes es un tema a debate. Igualmente controvertido es hasta qué punto este espíritu inició la revolución científica de los siglos XVI y XVII, dado que los grandes astrónomos y anatomistas de esta época rechazaron las enseñanzas de los autores clásicos —y de la Iglesia— cuando entraban en conflicto con los hechos observados. Y fue la revolución científica, más que el humanismo renacentista, la que impulsó la revolución intelectual, ética y filosófica de mucho mayor alcance de la Ilustración del siglo XVIII, en la que hunden sus raíces muchos de nuestros modernos valores occidentales.

La imprenta

La imprenta con tipos móviles había estado en uso en China desde el siglo XI, pero era desconocida en Europa hasta que la técnica fue inventada de forma independiente por el impresor alemán Johannes Gutenberg hacia 1450. Antes de esto, los textos se copiaban laboriosamente a mano, limitando mucho el número de libros —y por tanto la cantidad de conocimiento y opinión— en circulación. La imprenta con tipos móviles permitió la producción masiva no sólo de libros, sino también de folletos, baladas y panfletos. Esto permitió la transmisión a una audiencia internacional mucho más amplia de las obras no sólo de los humanistas renacentistas, sino también de los reformadores religiosos, contribuyendo significativamente a la extensión de la Reforma protestante.

La idea en síntesis:
un alejamiento del discurso teocéntrico de la Edad Media, pero no una revolución

1513	1516	1516	1528	1550
Nicolás Maquiavelo, en *El príncipe*, afirma que, para mantener el poder y la estabilidad política, el fin justifica los medios.	Erasmo publica su versión editada del Nuevo Testamento en griego, con traducción al latín.	El humanista inglés sir Tomás Moro publica *Utopía*, describiendo una sociedad ideal.	Castiglione describe al «hombre renacentista» completo en *El cortesano*.	Vasari glorifica el arte del Renacimiento en *Las vidas de los más excelentes pintores, escultores y arquitectos*.

18 El imperio otomano

Para un inglés que escribía en 1603, los turcos otomanos eran «el terror más grande del mundo». Éste era un punto de vista universalmente compartido por los cristianos de Europa.

Durante los dos siglos precedentes los otomanos habían engullido los últimos vestigios del imperio romano en Oriente, habían conquistado toda la península Balcánica y habían aparecido ante las puertas de Viena, amenazando con poner toda Europa central bajo el califato islámico. Su poder se extendía desde el mar Rojo y el golfo Pérsico hasta Hungría y la costa de Berbería en el norte de África, y habían estado cerca de dominar todo el Mediterráneo.

El imperio otomano toma su nombre de su fundador, Osmán u Otmán I, un jefe nómada que a finales del siglo XIII declaró la independencia de su pequeño estado en Anatolia de los turcos selyúcidas, que eran entonces la gran potencia de la región. Se dice que Osmán, mientras se encontraba en casa de un hombre santo, soñó que la luna se levantaba del pecho del hombre santo y se asentaba en su propio pecho. «En cuanto ocurrió», sigue el relato, «nació un árbol de su ombligo y su sombra cubrió todo el mundo.» El hombre santo explicó a Osmán que este sueño predecía la soberanía de él y de sus descendientes.

«Cubriendo todo el mundo»   Osmán y sus sucesores emprendieron la tarea de convertir este sueño en realidad, eliminando la presencia bizantina en Asia Menor y expandiéndose hacia los Balcanes, donde los campesinos cristianos descubrieron que eran mejor tratados por los otomanos que por sus anteriores señores cristianos. Los bizantinos —herederos del imperio romano de Oriente— quedaron confinados a su capital, Constantinopla, hasta que ésta también cayó en el gran asedio de 1453, marcando el fin de los dos milenios de historia romana y provocando una gran

Cronología

1299	1389	1396	1453	1460	1514	1514-1516	1517
Osmán I declara su independencia de los turcos selyúcidas.	Conquista de Serbia después de la victoria otomana en Kosovo.	Conquista de Bulgaria.	Cae Constantinopla durante el asedio otomano.	Los otomanos ocupan el sur de Grecia.	El sultán Selim I derrota a los persas en Chaldiran.	Selim conquista Armenia.	Selim toma Egipto, Siria y Arabia occidental.

impresión en toda Europa. Los otomanos convirtieron Constantinopla en su capital, rebautizándola como Estambul: «la ciudad».

El sultán que había capturado Constantinopla, Mehmet II, también completó la conquista de Grecia y estableció una cabeza de puente al otro lado del mar Negro en Crimea. Sus sucesores, Bayazid II y Selim I, conquistaron Siria, el levante, Egipto y parte de Arabia, incluidas las ciudades santas musulmanas de Medina y La Meca.

El poder otomano alcanzó su cénit bajo el hijo de Selim, Solimán I (reinado 1520-1566), conocido como «el Magnífico». Solimán arrebató Mesopotamia a los persas, conquistó Hungría y Transilvania, y en 1529 asedió Viena, retirándose a causa del invierno. Solimán también creó una armada eficaz, que usó para tomar la isla de Rodas de manos de los caballeros de San Juan, mientras que el poder otomano se extendía hacia el Mediterráneo occidental a través de los corsarios de la costa de Berbería, que se convirtieron en vasallos del sultán.

Sultanes y califas

En el mundo musulmán, el título de «califa» —que significa «sucesor»— se otorgó a los que siguieron a Mahoma como líderes de toda la comunidad islámica, y en los siglos posteriores a Mahoma el título recayó en una serie de dinastías árabes. El título de «sultán» se otorgó a aquellos que ostentaban el poder detrás del trono del califa, y fue adoptado por los otomanos en el siglo XIV. El liderazgo del califato fue asumido por los sultanes otomanos en el siglo XVI después de la conquista de Egipto y la muerte del último califa abbasí. El califato otomano fue finalmente abolido en 1924 por la nueva república secular turca.

Para la cristiandad occidental, «el Turco» representaba una amenaza para su propia existencia, y estaban en circulación numerosos relatos sobre las atrocidades otomanas. Sin embargo, en general los sultanes otomanos fueron tolerantes con las prácticas religiosas de sus súbditos cristianos y no musulmanes, en fuerte contraste con las persecuciones religiosas desencadenadas en Europa por los príncipes cristianos antes, durante y después de la Reforma.

«El enfermo de Europa» Las ambiciones otomanas en el Mediterráneo occidental fueron finalmente aplastadas en 1571, cuando la flota turca fue derrotada por las fuerzas conjuntas de es-

1522	1526	1529	1565	1517	1669	1768-1792
Los otomanos toman Rodas.	Solimán el Magnífico conquista Hungría tras la victoria en Mohács.	Fracasa el sitio otomano de Viena.	Los caballeros de San Juan resisten el asedio otomano de Malta.	Los otomanos capturan Chipre, pero son derrotados en Lepanto.	Arrebatan Creta a los venecianos.	Las guerras con Rusia conducen a la pérdida de territorios alrededor del mar Negro.

pañoles y venecianos en Lepanto, frente a las costas de Grecia. Después de eso, la historia otomana es la de una lenta decadencia. Mirando atrás desde la perspectiva de finales del siglo XIX, un historiador turco describe la fortuna del estado otomano después de la época de Solimán el Magnífico como una oscilación entre «decadencia y angustia otoñal» y «restauración y rejuvenecimiento primaveral». Pero la tendencia general era sólo una: hacia la decadencia. Turquía, que una vez fue el azote de la cristiandad, fue conocida como «el enfermo de Europa».

> **《 Yo que soy el sultán de sultanes, el soberano de soberanos, la sombra de Dios en la tierra... 》**
>
> **Solimán el Magnífico, en una carta a Carlos V, sacro emperador romano-germánico, junio de 1547**

Se pueden identificar varias razones para esta decadencia. Los propios sultanes fueron culpables en parte, al hundirse en un aislamiento indulgente en sus lujosos palacios, rodeados por sus harenes y sus cortesanos aduladores. Al mismo tiempo, la administración centralizada establecida por Solimán se desintegró a medida que los administradores locales —los pachás— asumían mayores poderes. La eficacia del gobierno central también se vio debilitada por la tendencia creciente a otorgar los empleos administrativos sobre la base de la herencia más que del mérito. Otro factor fue el conservadurismo creciente dentro del mundo musulmán, que en su momento fue el crisol de la innovación intelectual y tecnológica. Así, el imperio otomano quedó prácticamente al margen de dos acontecimientos cruciales que transformaron Europa y América en los siglos XVIII y XIX: la Ilustración y la revolución industrial.

A medida que disminuía el vigor de los otomanos, las potencias vecinas empezaron a presionar sobre las fronteras de su imperio. Después de otro asedio fracasado de Viena en 1683, los austríacos pasaron a la ofensiva y conquistaron Hungría, mientras que a finales del siglo XVIII los rusos ocuparon la mayor parte de la costa septentrional del mar Negro. En el siglo XIX, la agitación nacionalista aumentó entre los súbditos cristianos de los otomanos en el sureste de Europa, y los otomanos respondieron con un aumento de la represión, para gran horror de la opinión pública en Occidente. Sin embargo, las potencias occidentales estaban alarmadas

Cronología

1804-1813	1829	1853	1853-1856	1876	1878
Triunfa una revuelta serbia contra el gobierno turco.	Grecia, con el apoyo de Gran Bretaña, Francia y Rusia, logra la independencia de Turquía.	Ocupación rusa de las provincias otomanas de Moldavia y Valaquia (después unidas a Rumanía).	Turquía, Gran Bretaña, Francia y el Piamonte libran contra Rusia la incierta guerra de Crimea.	Salvaje represión turca de la revuelta búlgara.	Congreso de Berlín.

por las ambiciones rusas a medida que declinaba el poder otomano en los Balcanes y en el Mediterráneo oriental, temiendo un cambio en el equilibrio de poder. En especial Gran Bretaña creía que Rusia amenazaba su ruta hacia la India, su posesión imperial más importante. Siguieron una serie de guerras y crisis diplomáticas mientras Austria y Rusia competían por el dominio en los Balcanes en desintegración. Esta rivalidad culminó en la primera guerra mundial, en la que Turquía se alió con Austria y Alemania contra Rusia, Gran Bretaña y Francia. La derrota final de Turquía en la guerra condujo al desmantelamiento definitivo del imperio otomano.

Los corsarios de Berbería

Desde el siglo XVI los corsarios de la costa de Berbería —las modernas Túnez, Argelia y Marruecos— piratearon por todo el Mediterráneo occidental y llegaron hasta el sur de Inglaterra e Irlanda, capturando cientos de miles de cristianos y vendiéndolos como esclavos.

No fue hasta principios del siglo XIX cuando las potencias occidentales suprimieron la piratería de los corsarios.

A esto siguió la colonización europea de sus patrias.

La idea en síntesis: la desintegración del imperio otomano afectó el equilibrio de poder en Europa

1891	1912-1913	1918	1920	1921-1922	1923
Se forma el movimiento de los Jóvenes Turcos para impulsar las reformas.	Turquía se ve envuelta en la primera y la segunda guerra de los Balcanes.	Turquía derrotada en la primera guerra mundial.	Los antiguos territorios otomanos en Oriente Medio se dividen entre Gran Bretaña y Francia.	Los turcos resisten con éxito una invasión griega.	Kemal Atatürk declara la República de Turquía e inicia un proceso de occidentalización.

19 Los viajes de descubrimiento

«Descubrimiento» es un término muy relativo y eurocéntrico en el contexto de la historia de las exploraciones. Las tierras que personajes como Vasco de Gama, Colón y Caboto «descubrieron» ya estaban habitadas por otros pueblos, lo único es que los europeos no habían estado allí antes. Aun así, estos «descubrimientos» iban a tener profundas consecuencias tanto para los descubridores como para los descubiertos, y para el mundo en su conjunto.

Los grandes viajes de exploración en los que se embarcaron los navegantes europeos a partir de mediados del siglo xv habían tenido precedentes. Durante miles de años, ya los polinesios habían atravesado miles de millas del océano Pacífico en su frágiles canoas para colonizar islas muy lejanas. Hacia finales del siglo ix d. C., los vikingos habían establecido una colonia en Groenlandia, y en el año 1000 Leif Eriksson fundó un asentamiento en el noroeste de América del Norte, posiblemente en Newfoundland o en Maine. Por la misma época, mercaderes árabes habían establecido puestos comerciales en la costa oriental de África, y a principios del siglo xv el almirante chino Zheng He también había alcanzado África oriental, Arabia, la India y las Indias orientales. Pero ninguno de estos viajes tuvo el impacto duradero del «descubrimiento» de América por los europeos.

Alrededor del cabo   Los primeros viajes de exploración europeos no se emprendieron para aumentar el conocimiento científico. El motivo principal era comercial, en especial el deseo de conseguir una parte del extremadamente valioso comercio de especias. Las especias tenían su origen en las Indias (como se conocía al sur y el sureste de Asia), y llegaban a Europa a través de rutas terrestres largas y difíciles que atravesaban Asia central y Oriente Medio. La

Cronología

1402	1420	1430	1434	1444
Los españoles inician la conquista de las islas Canarias.	Navegantes portugueses, patrocinados por el príncipe Enrique el Navegante, descubren Madeira.	Los portugueses se establecen en las Azores.	Los portugueses doblan el cabo Bojador en la costa noroeste de África.	Los portugueses llegan al río Senegal, estableciendo una ruta marítima para esclavos y otros bienes, y así evitan las rutas transaharianas controladas por los musulmanes.

disolución del imperio mongol y la expansión de los otomanos en el siglo XIV hicieron estas rutas más problemáticas. La pequeña pero poderosa República marítima de Venecia controlaba el comercio de Oriente Próximo a través del Mediterráneo hacia Europa, y esto motivaba que sus rivales comerciales buscaran rutas alternativas.

El reino de Portugal, situado en el Atlántico, tomó la delantera en gran medida gracias al impulso de Enrique el Navegante (1394-1460), hijo menor del rey Juan I. El príncipe Enrique estableció una escuela de navegación, impulsó la colonización de Madeira y de las Azores, patrocinó una serie de viajes de exploración por la costa occidental de África, donde se estableció una serie de puestos comerciales. Todo esto fue posible por el desarrollo de barcos de vela más adecuados para mar abierto que las galeras a remo del Mediterráneo, y por nuevas ayudas a la navegación, como el compás magnético (usado primero por los chinos y después por los árabes), el cuadrante y el astrolabio.

> **《 Las encías de ... algunos de nuestros hombres se inflamaron, de manera que no podían comer bajo ninguna circunstancia y por eso murieron. 》**
>
> **Antonio Pigafetta,** que acompañó a Fernando de Magallanes en la primera circunnavegación del mundo, describe los efectos del escorbuto

El patrocinio de los exploradores por parte del príncipe Enrique fue seguido después de su muerte por el rey Juan II de Portugal. Bajo sus auspicios, en 1488 Bartolomeu Dias dobló el cabo de Buena Esperanza en la punta meridional de África, demostrando que se abría una nueva ruta hacia el este. En 1498 otro navegante portugués, Vasco de Gama, dobló el cabo y después siguió por la costa oriental de África y cruzó el océano abierto hasta Calicut, al suroeste de la India. Regresó con una pequeña cantidad de especias.

Otros siguieron sus pasos, alcanzando las fabulosas islas de las Especias (las Molucas) en las Indias orientales. Las cartas que levantaron con sus complejas rutas a través de las peligrosas aguas del archipiélago malayo acabaron valiendo más que su peso en oro.

Hacia el Nuevo Mundo Cristóbal Colón no tenía idea de la existencia de América cuando partió hacia el oeste en 1492. Se co-

c. 1460	1488	1492	1493-1496	1494
Navegantes italianos y portugueses descubren las islas de Cabo Verde.	Bartolomeu Dias dobla el cabo de las Tormentas, rebautizado después como cabo de Buena Esperanza.	Cristóbal Colón llega a San Salvador, isla en las Bahamas, y descubre La Española.	Segundo viaje de Colón: descubre Guadalupe, Puerto Rico y Jamaica, y establece un asentamiento en La Española.	El tratado de Tordesillas divide el Nuevo Mundo entre España y Portugal.

« Vuestra Alteza ... convertirá muy pronto a nuestra santa fe a una multitud de pueblos, adquirirá grandes dominios y grandes riquezas para España. Porque sin duda en estas tierras hay gran cantidad de oro. »

Cristóbal Colón, carta a su patrón, el rey Fernando el Católico, octubre de 1492

nocía desde hacía tiempo que la Tierra era redonda, pero Colón, pensando que la Tierra era más pequeña de lo que es, creía que al navegar hacia el oste alcanzaría las Indias con mayor rapidez que circunnavegando África. De hecho, sus tres barcos tardaron treinta y tres días en llegar a las Bahamas y tal era su convicción de que había alcanzados las Indias que se refirió a sus habitantes como *indios*.

Los orígenes de Colón son controvertidos, pero sus patronos eran Fernando e Isabel, rey y reina de una España que acababa de terminar la reconquista. Fernando e Isabel eran católicos fervientes y Colón informó que las Indias estaban llenas de paganos que se podrían convertir a la fe verdadera, y también llenas de oro. La pretensión de la Corona de Castilla sobre las nuevas tierras en el oeste se vio contestada por Portugal, de manera que mediante el tratado de Tordesillas de 1494, propiciado por el papa, América se dividió entre los dos países, con Portugal ganando Brasil y quedando el resto para España. Los ingleses también tuvieron interés en el Nuevo Mundo y en 1496 el rey Enrique VII patrocinó a un navegante italiano, Juan Caboto, que al año siguiente llegó al noreste de América del Norte.

Colonización y dominio   Pasarían otros noventa años antes de que los ingleses intentaran establecer asentamientos en América del Norte, pero más al sur españoles y portugueses aprovecharon su superioridad tecnológica frente a los nativos. Los poderosos imperios de aztecas e incas fueron pronto derrotados, su oro y plata saqueados, y los pueblos indígenas esclavizados y convertidos a la fuerza. Millones murieron a causa de enfermedades europeas contra las que no estaban inmunizados. Aunque pronto surgieron voces, como la de Bartolomé de las Casas, a favor de la protección de

Cronología

1497-1498	1498-1500	1500	1502-1504	1510	1519-1521
Vasco de Gama navega hasta la India por la ruta del cabo de Buena Esperanza.	Tercer viaje de Colón: llega hasta Trinidad y el sur del continente americano.	Pedro Álvares Cabral desembarca en Brasil y toma posesión en nombre de Portugal.	Cuatro viaje de Colón: explora la costa caribeña de América Central.	Los portugueses establecen asentamientos permanentes en Goa, en la costa occidental de la India.	Conquista española del imperio azteca en México.

los indígenas, y desde el principio se inició un fuerte proceso de mestizaje entre españoles e indígenas que no se daría en la colonización inglesa de América del Norte.

Había empezado el dominio europeo del mundo. Pero también tendría sus consecuencias. A medida que las potencias atlánticas europeas —España y Portugal, y después los Países Bajos, Gran Bretaña y Francia— crecían con la riqueza de las tierras recién encontradas, el Mediterráneo se convirtió en un escenario secundario, y las grandes ciudades comerciales italianas de Venecia y Génova entraron en decadencia. Sin embargo, no todas las importaciones del Nuevo Mundo fueron beneficiosas. Las grandes cantidades de plata que llegaron a España sirvieron para extender por toda Europa una inflación económica durante el siglo XVI. Otras importaciones, como el tabaco y la sífilis, tuvieron un efecto más insidioso sobre el bienestar europeo, provocando la muerte de varios millones de personas en los siglos siguientes.

Dar nombre a América

Por un golpe del destino, América no recibió su nombre de Cristóbal Colón, sino de un aventurero y mercader florentino, Américo Vespucio, que en 1499 navegó por la costa noreste de América del Sur y exploró la desembocadura del Amazonas. Colón tuvo que conformarse con dar nombre a una república suramericana, un río norteamericano, una serie de ciudades en EE.UU., un distrito federal y una provincia canadiense.

La idea en síntesis: los viajes de descubrimiento abrieron el escenario para la colonización europea y su dominio del mundo

1519-1522	1532-1535	1597	1611
Magallanes dirige la primera circunnavegación del globo, estableciendo una nueva ruta hacia Asia alrededor de la punta meridional de América del Sur y a través del Pacífico. Muere en 1521 y Juan Sebastián Elcano completará el viaje de regreso a España.	Conquista española del imperio inca en Perú.	William Barents, muere en el regreso de su tercer intento para encontrar un pasaje del noroeste hacia las Indias a lo largo de la costa septentrional de Rusia.	Henry Hudson, es dejado a la deriva por su tripulación amotinada tras el primer intento fracasado de encontrar un paso del noroeste hacia Asia a través del Ártico canadiense.

20 La monarquía hispánica

1492 fue un año crucial en la historia de España, de Europa y de América. Las coronas de Castilla y Aragón, unidas desde el matrimonio de Isabel y Fernando, culminaban la reconquista con la rendición del reino de Granada, último reducto musulmán en la Península, y ordenaban la conversión forzosa o la expulsión de la población judía de la Península para garantizar la unidad religiosa de sus reinos.

Pero todos estos acontecimientos quedarían eclipsados por el regreso de Cristóbal Colón con la noticia de que habían llegado a las Indias, abriendo una ruta occidental hacia las Islas de las Especias, aunque con el tiempo se demostró que se trataba de un nuevo continente que ofreció a los españoles recursos que explotar, tierras que conquistar y colonizar, pueblos que someter y, sobre todo, oro y plata para financiar los planes políticos de la monarquía.

Matrimonio, diplomacia y guerra   Isabel I de Castilla y Fernando II de Aragón se habían casado el 19 de octubre de 1469, siendo aún príncipes. El apoyo de Fernando y de la Corona de Aragón fue esencial para que Isabel consiguiera imponerse en la incierta guerra de sucesión castellana, y una vez controlado el reino, fijaron su objetivo en completar la reconquista con la eliminación del reino nazarí de Granada y del último reino cristiano independiente de la Península, Navarra, cuya alianza con Francia incomodaba la política en Europa de los Reyes Católicos.

Pero sus ambiciones no se limitaban a la Península sino que Fernando aportó a la unión dinástica todas las posesiones mediterráneas de la Corona de Aragón, con posesiones importantes en la península italiana e intereses en el comercio de especias y productos de lujo a través del Mediterráneo. Fernando e Isabel desarrolla-

Cronología

1475	1479	1492
Sube al trono de Castilla Isabel I.	Sube al trono de Aragón Fernando II.	**Enero** Rendición del reino nazarí de Granada **Marzo** Expulsión de los judíos de los reinos hispanos **Agosto** Nebrija publica su *Gramática castellana* **Octubre** Colón descubre tierras americanas.

ron una astuta política matrimonial, tejiendo con los matrimonios de sus hijos y allegados una red de influencias que cubría buena parte de Europa, teniendo especial importancia la boda de la princesa Juana (la Loca) con el príncipe Felipe (el Hermoso), heredero de la dinastía que ostentaba el cetro imperial en el Sacro Imperio Romano-Germánico. Esta unión convertiría años más tarde a Carlos V en emperador y rey de las coronas hispánicas.

Esta política matrimonial se completó con la acción diplomática y militar en Italia para reforzar y ampliar las posesiones y la influencia aragonesa, frenar la expansión territorial y la influencia de Francia en la península italiana y en el resto de Europa. Sin olvidar el enfrentamiento constante con el imperio otomano, que no dejaba de hostigar a la Europa cristiana de forma directa o indirecta, a través de la piratería berberisca del norte de África.

A este entramado de relaciones e intereses se unió el descubrimiento de un nuevo continente, América, que iba a dar salida al excedente de población del reino de Castilla y proporcionaría los recursos para financiar las ambiciones europeas de los reyes españoles.

Carlos V y Felipe II

A la muerte de sus abuelos, los Reyes Católicos, el joven Carlos de Gante, hijo de Juana la Loca y Felipe el Hermoso, recibió en herencia un imperio que cubría buena parte de las tierras conocidas. A las coronas de Castilla y Aragón, las posesiones aragonesas en Italia, el continente americano y los Países Bajos, se unió muy pronto la dignidad imperial que lo convertía en cabeza de la principal potencia mundial, con intereses en cuatro continentes, y enfrentado a la rivalidad de Francia en Occidente y del imperio otomano en Oriente.

El oro y la plata de América atravesaban España e iban a parar a los banqueros italianos y alemanes que financiaban la diplomacia y las guerras del emperador, que se vieron agravadas y complicadas con la Reforma, que convirtió Alemania en campo de batalla entre católicos y protestantes, y entre el emperador y el rey de Francia, Francisco I, sin olvidar las guerras entre los señoríos italianos y el papel del papa en la política internacional.

1504	1516	1519-1522	1520
Muerte de Isabel la Católica. Acceden al trono de Castilla Felipe I el Hermoso (†1506) y Juana I la Loca (†1555).	Muerte de Fernando el Católico, que es sucedido por Carlos I.	Guerra de las Germanías en el Reino de Valencia.	Carlos I es elegido emperador del Sacro Imperio como Carlos V.

《 Yo envié a mis naves a pelear contra los hombres, no contra los elementos. 》

Felipe II, comentario apócrifo al conocer el desastre de la Armada Invencible

Agotado, Carlos V abdicó en sus dos hijos: Fernando obtuvo la dignidad imperial y se convirtió en cabeza de los Habsburgo alemanes, mientras que Felipe heredó las coronas hispanas, el avispero italiano, los cada vez más conflictivos Países Bajos y América. A estas posesiones se unieron muy pronto las Filipinas y otras islas del Pacífico, de manera que en su reino nunca se ponía el sol.

Cénit y ocaso   El reinado de Felipe II marca la culminación de la influencia española en el mundo y también el punto de inflexión que conduciría a la larga decadencia del siglo XVII. Felipe siguió la política procatólica y antifrancesa de su padre, empeñándose en continuas guerras en Italia, Alemania y los Países Bajos, mientras asentaba el dominio español sobre América. Pero los reinos hispanos, en especial Castilla, se desangraban en las guerras europeas, sin que la plata americana causara un impacto real sobre la economía, anclada en conceptos anticuados de honor y privilegio, que despreciaban el trabajo manual y el comercio. Además, la sociedad se ahogaba en el rigorismo religioso impuesto por el control de la Inquisición, atenta a cualquier desviación doctrinal que pusiera en peligro la unidad religiosa de la monarquía.

La fallida invasión de Inglaterra por parte de la Armada Invencible marcó el punto de inflexión de la influencia española, que desde ese momento inició una decadencia lenta y continuada que se iba a prolongar durante todo el siglo XVII con los reinados de Felipe III y Felipe IV, que culminarían en el esperpento del reinado de Carlos II el Hechizado. La monarquía intentó conservar las posesiones en Europa y la influencia en la política internacional, cada vez más acosada por Francia, contando con las reticencias y la animadversión del papado, a pesar de su papel como defensora del catolicismo, y con un apoyo cada vez menor de los Habsburgo alemanes que tenían sus propios problemas internos.

Cronología

1520-1521	1556	1568	1580	1588
Guerra de los Comuneros en el reino de Castilla.	Carlos V abdica en su hijo Felipe II.	Se inicia el conflicto en los Países Bajos que no se resolvería hasta 1648.	Felipe II se convierte en rey de Portugal.	Desastre de la Armada Invencible.

A pesar del vigor infundido a la política española por el conde-duque de Olivares, su fracaso en modernizar el país y su derrota ante el cardenal Richelieu marcan el final de la monarquía hispánica, que culminaría a principios del siglo XVIII.

El Siglo de Oro

El auge y la decadencia de la monarquía coincidió con un apogeo sin precedentes de la cultura española. Desde la publicación de la *Gramática castellana* de Nebrija en 1492 hasta la muerte de Calderón de la Barca en 1681, se produjo una eclosión de creatividad, que abarca el Renacimiento y el Barroco, y que tuvo especial importancia en la literatura y la pintura. El punto de inflexión entre ambas etapas se puede situar en el concilio de Trento y la extensión de la Contrarreforma.

En literatura se produjeron cambios estéticos, como la introducción del realismo frente al idealismo de la Edad Media, y se crearon géneros como la novela picaresca; las misceláneas que sirvieron para divulgar los saberes más comunes; la comedia nueva, en la que destacaron Lope de Vega y Calderón de la Barca; y la novela, con la obra cumbre del *Quijote* de Miguel de Cervantes. En el ámbito de la poesía, los romanceros fueron sustituidos por la influencia italiana presente en Garcilaso de la Vega, que daría paso al enfrentamiento entre el conceptismo de Francisco de Quevedo y el culteranismo de Luis de Góngora; sin olvidar la poesía mística de santa Teresa de Jesús y san Juan de la Cruz.

En pintura sobresale la figura de Diego de Velázquez, que recoge el testigo del manierismo renacentista de El Greco y alcanza la perfección barroca que lo coloca entre los grandes maestros universales con grandes composiciones complejas como *Las meninas*. Sin olvidar a un maestro del tenebrismo como Zurbarán y otros maestros como José de Ribera o Murillo.

La idea en síntesis: el primer imperio mundial se hunde por exceso de ambición

1598	1621	1624	1664	1700
Muerte de Felipe II, que es sucedido por su hijo Felipe III.	Muerte de Felipe III, que es sucedido por su hijo Felipe IV.	Implantación de la Unión de Armas, que provocará las revueltas de Cataluña y Portugal en 1640.	Muerte de Felipe IV, que es sucedido por su hijo Carlos II. Regencia de Mariana de Austria hasta1675.	Muerte de Carlos II y final de la dinastía de los Austria. El trono pasa a manos de Felipe de Borbón (Felipe V).

21 La Reforma

Hasta finales de la Edad Media, la Iglesia católica había tenido la supremacía espiritual en Europa occidental. Es cierto que se habían producido estallidos de herejía —como el catarismo en el sur de Francia a principios del siglo XIII— pero habían sido aplastados de forma eficiente y violenta. También habían existido enfrentamientos con los gobernantes seculares cuando los intereses de la Iglesia y el estado habían entrado en conflicto, como sobre quién tenía el poder de nombrar a los obispos, o si el rey tenía derecho a exigir impuestos a los clérigos.

La Iglesia había sufrido períodos de laxitud y de abusos en sus filas, pero en líneas generales había conseguido reformarse, por ejemplo con la creación de nuevas órdenes monásticas más estrictas, a medida que las antiguas se volvía más ricas e indulgentes.

Pero la riqueza y la mundanidad crecientes de la Iglesia condujo en el siglo XIV a un nuevo ambiente de anticlericalismo, y la pretensión de la Iglesia de que sólo los sacerdotes podían mediar entre Dios y los hombres y mujeres laicos tenía cada vez más opositores. Uno de estos retos contra su poder lo planteó el teólogo inglés John Wycliffe (1300?-1384), que criticó la doctrina de la transubstanciación (la creencia en que el pan y el vino de la eucaristía se convierten literalmente en el cuerpo y la sangre de Cristo) e hizo hincapié en el papel de las acciones individuales frente a la mediación sacerdotal. Wycliffe también supervisó la primera traducción de la Biblia al inglés. Hasta entonces, la Biblia sólo había estado disponible en latín, de manera que sus enseñanzas quedaban ocultas para la mayor parte del pueblo, que estaba obligado a confiar en lo que les enseñaban los clérigos. Las ideas de Wycliffe influyeron en el reformador bohemio (checo) Jan Hus, que fue quemado en la hoguera en 1415 al negarse a retractarse de sus ideas. Sin embargo, sus seguidores en Bohemia lo consideraron un

Cronología

1377	Década de 1380	1414	1415	1517	1520
El papa condena la crítica de John Wycliffe contra la doctrina católica.	Se completa la traducción de Wycliffe de la Biblia al inglés.	Supresión de los lolardos, seguidores ingleses de Wycliffe.	Jan Hus es quemado en la hoguera por sus críticas contra la Iglesia.	Lutero inicia la Reforma con sus noventa y cinco tesis contra las indulgencias.	Ulrico Zuinglio inicia la Reforma en Suiza.

héroe nacional y rechazaron con éxito una cruzada enviada para aplastarlos.

Llamamientos a la Reforma   A finales del siglo xv, los papas en Roma se comportaban con toda la ostentación, crueldad y materialismo de los príncipes del Renacimiento, despilfarrando dinero en grandes proyectos artísticos, teniendo amantes y nombrando a sus hijos ilegítimos para posiciones de poder dentro de la Iglesia. Para financiar estas extravagancias vendían los altos oficios eclesiásticos y animaban la práctica de la venta de indulgencias, garantizando la remisión de los pecados para aquellos que se confesasen, a condición de pagar por el privilegio. Esta práctica causaba un rechazo especial en Alemania, donde uno de sus principales defensores era Johann Tetzel que, según un contemporáneo, decía que se perdonaría a un hombre aunque hubiese dormido con su propia madre.

Estos abusos fueron criticados por los eruditos humanistas como Erasmo (véase p. 74). En 1516 Erasmo tradujo al latín el Nuevo Testamento a partir del original griego, y demostró los errores en la Vulgata, la versión latina oficial de la Iglesia. Este regreso al texto original de la Biblia también mostró la disparidad entre la austeridad de la Iglesia primitiva y el lujo y la corrupción de la institución en la época de Erasmo. Erasmo, en contra de la práctica de la Iglesia, también quería la Biblia traducida a las lenguas vernáculas, de manera que cualquiera pudiera comprender la Palabra de Dios.

Luteranismo   Erasmo quería reformar la Iglesia desde dentro, pero otros llegaron a la conclusión que eso iba a ser imposible. En Alemania, un monje agustino y sacerdote lla-

¿Por qué «protestantismo»?

La palabra «protestantismo» deriva de la «protesta» presentada por una minoría de delegados en la dieta de Espira, una asamblea convocada por el emperador Carlos V en abril de 1529. La «protesta» era contra una resolución que llamaba a terminar con las «innovaciones en religión», en otras palabras, las enseñanzas de los reformadores como Lutero. Los «protestantes» declararon que la conciencia individual era decisiva en este tema.

1521	1524-1525	1527	1530	1533	1536
Lutero es excomulgado y después proscrito en la dieta de Worms.	Guerra de los campesinos en Alemania.	Suecia adopta el luteranismo.	La confesión de Augsburgo establece una Iglesia luterana separada.	Enrique VIII rompe con Roma y se convierte en cabeza suprema de la Iglesia de Inglaterra.	Juan Calvino esboza su teología reformada en la obra *Institución de la religión cristiana*.

《 Mi conciencia está cautiva de la Palabra de Dios... Aquí estoy. No puedo hacer otra cosa. Que Dios me ayude. Amén. 》

Martín Lutero **desafía la autoridad papal en la dieta de Worms, 18 de abril de 1521**

mado Martín Lutero (1483-1546) también quería que el texto de la Biblia estuviera a disposición de todo el mundo, no sólo de los que leían latín, y por eso tradujo el Nuevo Testamento al alemán. Lutero creía que la verdad religiosa se encontraba sólo en las Escrituras, y que la salvación sólo se podía conseguir mediante la fe. Esto lo llevó a rechazar la venta de indulgencias y a enfrentarse a Johann Tetzel con sus famosas noventa y cinco tesis, que clavó a la puerta de la iglesia del castillo de Wittenberg el 31 de octubre de 1517. Lutero también negaba el papel especial de los sacerdotes, afirmando que todo hombre y mujer era igual ante Dios.

Los ataques de Lutero contra el clero y el papa condujeron a su excomunión en 1521, seguida por una convocatoria ante la dieta (asamblea) imperial en la ciudad de Worms. Lutero era súbdito de Carlos V, que como sacro emperador romano germánico apoyaba al papado, pero en la dieta Lutero se negó a retractarse, y en consecuencia fue proscrito por el emperador.

El nuevo medio de la imprenta ayudó a difundir con rapidez las ideas de Lutero a una audiencia amplia, y encontró mucho apoyo en Alemania, tanto entre los príncipes (Alemania estaba compuesta por numerosos estados pequeños, todos ellos bajo el emperador) como entre el pueblo llano. Este último tomó el rechazo de Lutero al papa y al emperador como la señal para liberarse de la opresión, provocando la guerra de los campesinos de 1524-1525. Pero Lutero quedó sorprendido por esta revuelta contra la autoridad temporal y se dio cuenta de que necesitaba el apoyo de los príncipes contra los intentos de Carlos V de aplastar la Reforma que había iniciado. Por eso animó «a todo el mundo que pueda, que evite a los campesinos como si fueran el mismo Diablo» y apoyó la brutal represión de la revuelta.

La extensión del protestantismo Con la confesión de Augsburgo de 1530, que resumía el credo básico del luteranismo,

Cronología

1536-1540	1541	1541	1546	1547	1553-1558	1555
Disolución de los monasterios en Inglaterra.	Calvino establece una teocracia protestante en Ginebra.	Inicio de la Contrarreforma en el concilio de Trento.	Dinamarca adopta el luteranismo.	Eduardo VI accede al trono de Inglaterra e introduce el protestantismo.	María Tudor restaura el catolicismo en Inglaterra.	La paz de Augsburgo termina con las guerras de religión en Alemania.

la ruptura con Roma resultó definitiva. Se desencadenaron una serie de guerras de religión en Alemania, que terminaron con la paz de Augsburgo en 1555, mediante la cual se acordó que cada príncipe tendría el derecho a determinar la fe de sus súbditos. Para entonces Suecia y Dinamarca también habían adoptado el luteranismo, y la cismática Iglesia de Inglaterra, cuya cabeza era el monarca, también asumía elementos luteranos. En todas partes el estado se aprovechó de la confiscación de las propiedades de la Iglesia y se fortaleció con el control de los nombramientos eclesiásticos.

《Un hombre con Dios siempre tiene la mayoría.》

John Knox, c. 1505-1572, reformador escocés, inscripción en el monumento de la Reforma en Ginebra

El luteranismo no era la única opción de la religión reformada. La alternativa más significativa, el calvinismo, derivaba de las enseñanzas del teólogo francés Juan Calvino (1509-1564). Calvino enseñaba que la salvación estaba predestinada: no importaba lo que uno hiciese en su vida, sólo los elegidos por Dios se salvarían. Al mismo tiempo, Calvino exigió a las autoridades que supervisasen estrechamente la moralidad de los miembros de la Iglesia, dando a sus enseñanzas un giro austero y teocrático. Se establecieron iglesias calvinistas en Ginebra, Francia, los Países Bajos y Escocia, y más tarde en Nueva Inglaterra. Como en Alemania, los reformadores se encontraron a menudo con una oposición violenta, en especial cuando la Iglesia católica empezó el proceso conocido como Contrarreforma (véase p.92).

La idea en síntesis: el monopolio espiritual de la Iglesia católica se rompió para siempre

1559	1560	1562-1598	1588	1598
Isabel I reintroduce el protestantismo en Inglaterra.	El parlamento escocés adopta la *Confesión de fe* calvinista de John Knox, separando de Roma a la Iglesia en Escocia.	Guerras de religión en Francia entre los hugonotes (calvinistas) y los católicos.	Fracasa la Armada Invencible española contra Inglaterra.	El edicto de Nantes garantiza la tolerancia religiosa de los hugonotes (protestantes franceses) y termina con las guerras de religión en Francia.

22 La Contrarreforma

La Reforma produjo un impacto profundo en la Iglesia católica y la impulsó a reformarse y fortalecerse. Ahora la Iglesia militante pasó a la ofensiva, purgándose de abusos, laxitudes y un clero mal formado, y enviando a sus soldados, tanto espirituales como temporales, para luchar contra los herejes cismáticos que habían levantado su bandera contra la autoridad del papa en Roma.

Iba a ser un negocio sangriento, marcado por el fanatismo inmisericorde por todas partes, que se iba complicando cada vez más por la política secular y la *realpolitik* internacional. El conflicto entre protestantes y católicos culminó en la sangría horrorosa que fue la guerra de los Treinta Años, que devastó la mayor parte de Europa central. Al final de la guerra, la lucha ya no era tanto entre protestantes y católicos, como entre el poder (católico) en ascenso de Francia y el poder (católico) en decadencia de los Habsburgo, gobernantes de España, Austria y el sacro imperio romano germánico, que entonces incluía a Alemania.

Renovación católica La rápida extensión por toda Europa de las ideas reformistas de Lutero y Calvino amenazó la misma existencia de la Iglesia católica. Mientras que del lado del papa el emperador Carlos V combatió a los príncipes protestantes alemanes, la Iglesia se dio cuenta de lo lejos que se encontraba de su ideal e intentó renovarse. El agente principal de la reforma dentro de la Iglesia católica fue el concilio de Trento, una asamblea que se reunió en tres sesiones entre 1541 y 1563 en la ciudad de Trento en el norte de Italia, convenientemente cerca de la frontera lingüística entre la Europa de habla italiana y la de lengua alemana. El concilio publicó numerosos decretos sobre doctrina y práctica, y estableció medidas para asegurar que todos los sacerdotes recibieran una educación adecuada, por no mencionar el celibato. Se estableció un control más firme sobre las órdenes religiosas exis-

Cronología

1521	1534	1541	1542	1553-1558	1555
Excomunión de Martín Lutero.	Fundación de la Compañía de Jesús (los jesuitas).	Inicio de la Contrarreforma en el concilio de Trento.	El papa Paulo III establece el Santo Oficio con poderes inquisitoriales sobre todos los católicos.	Restauración del catolicismo en Inglaterra bajo María Tudor.	La paz de Augsburgo termina con la primera oleada de guerras religiosas en Alemania.

> **«Bajo la invocación de los santos, la veneración de las reliquias y el sagrado uso de las imágenes, se deberá eliminar toda superstición, se eliminará toda sucia búsqueda de ganancia y se evitará toda lascivia... »**
>
> **Decreto de la vigesimoquinta sesión del concilio de Trento,**
> **3-4 de diciembre de 1563**

tentes, cuya decadencia moral había ofrecido muchos argumentos a los reformadores. Se crearon una serie de órdenes nuevas, tanto seculares como monásticas.

La más notables de las órdenes nuevas fue la Compañía de Jesús, cuyos miembros, los jesuitas, juraban un voto especial de obediencia al papa. Esta orden muy disciplinada y efectiva fue fundada en 1534 por el antiguo soldado español, Ignacio de Loyola. Su tarea, según palabras de Loyola, era «combatir por Dios bajo la enseña de la cruz» y «hacer crecer las almas en la vida y la doctrina cristianas, y propagar la fe mediante el ministerio de la palabra, los ejercicios espirituales, las obras de caridad y expresamente mediante la educación de los niños y las personas iletradas en los principios cristianos». La Compañía de Jesús se convirtió en una de las instituciones más poderosas de la Europa católica, y fue la principal orden misionera por todo el mundo.

En 1542 la Santa Sede estableció su Santo Oficio: la Suprema y Sagrada Congregación de la Inquisición Romana y Universal, que tenía la responsabilidad de imponer la doctrina católica, y disponía de poderes inquisitoriales sobre todos los países católicos. En algunos ya existía una Inquisición permanente, y en otros se introdujo ahora. La Inquisición española había estado activa desde 1478 contra los conversos judíos sospechosos de judaizar, y con la Reforma trabajó para erradicar el protestantismo en los reinos hispanos y América. Estos organismos juzgaban a los sospechosos de herejía en tribunales eclesiásticos, y después los entregaban a las autoridades seculares para su castigo «no... para la corrección y el bien de la persona castigada», según un manual de inquisidores de 1578,

1559	1562	1564	1566	1567	1572
El papa Pío IV establece el Índice de libros que los católicos tienen prohibido leer.	Inicio de las guerras de religión en Francia entre hugonotes (calvinistas) y católicos.	Felipe II ordena que todos los decretos del concilio de Trento sean de obligado cumplimiento en los territorios españoles.	Los holandeses se resisten a las imposiciones españolas y exigen libertad religiosa.	Estallido de la revuelta holandesa (la guerra de los Ocho Años).	Matanza de la Noche de San Bartolomé de hugonotes en Francia.

El Índice

En 1559, conscientes del efecto que la imprenta había tenido en la extensión de las ideas de los reformadores protestantes, el papa introdujo un «Índice» de libros que los católicos tenían prohibido leer, provocando que muchos revisasen sus estanterías con ansiedad para ver si tenían algo prohibido. Un estudioso en Roma lo describió como «un holocausto de la literatura». También dañó el desarrollo científico: por ejemplo, *Sobre la revolución de los cuerpos celestes* de Copérnico, en el que se concluía que la Tierra gira alrededor del Sol y no al revés, permaneció en el Índice hasta 1835.

«sino para el bien público de manera que los demás se sientan aterrorizados y se aparten de los males que puedan cometer». Los culpables de herejía en sus diferentes grados eran condenados normalmente en un gran espectáculo público llamado auto de fe. El castigo más grave era la pena de muerte en la hoguera, que sufrieron varios miles de españoles, principalmente sospechosos de judaizar.

Europa polarizada Como en otras épocas, cuando se enfrentan las certidumbres de dos religiones opuestas, se desencadena la violencia. El hijo del emperador Carlos V, Felipe II de España, aunque ansioso por limitar el poder de la Iglesia en sus reinos, se alzó como el defensor más celoso de la Europa católica. Su intento de extirpar la herejía protestante en los Países Bajos españoles contribuyó al estallido de la revuelta holandesa en 1567. El apoyo inglés a los rebeldes holandeses provocó que Felipe enviase la Armada Invencible contra Inglaterra en 1588, que acabó en un fracaso vergonzoso. Felipe también intervino en las guerras de religión en Francia (1562-1598), en las que los hugonotes (calvinistas) franceses lucharon por la libertad de culto, mientras que la nobleza católica y protestante compitió por controlar la corona. El peor exceso ocurrió en 1572 cuando unos 13.000 protestantes fueron asesinados en la Matanza de la Noche de San Bartolomé. La guerra terminó en 1598 con el edicto de Nantes, que garantizaba a los hugonotes la libertad religiosa.

La guerra de los Treinta Años Aunque para entonces Francia había resuelto sus diferencias religiosas internas, Europa se vio envuelta muy pronto en un conflicto religioso más amplio: la guerra de los Treinta Años. En realidad se trató de una mezcla compleja de conflictos, empezando con una revuelta dentro del

Cronología

1588	1598	1609	1618	1620	1621
La Armada Invencible española es derrotada por una flota inglesa y por las tormentas.	El edicto de Nantes garantiza la tolerancia religiosa a los hugonotes, terminando con las guerras de religión francesas.	Tregua en la guerra entre españoles y holandeses.	La revuelta en Bohemia marca el inicio de la guerra de los Treinta Años.	La revuelta bohemia es aplastada en la batalla de la Montaña Blanca. Tropas españolas ocupan el Palatinado renano al oeste de Alemania.	Se reinician las hostilidades entre españoles y holandeses.

sacro imperio de los protestantes bohemios contra el gobierno imperial de los Habsburgo austríacos. Aunque la revuelta fue aplastada, en 1620 los Habsburgo españoles enviaron un ejército para ayudar al emperador Fernando II contra los príncipes protestantes en Alemania. Alarmado por esta situación, Gustavo Adolfo, el poderoso rey de la Suecia protestante, intervino en 1630 y consiguió una serie de victorias hasta que murió en la batalla de Lützen en 1632. Tres años después, Francia se implicó al lado de los protestantes alemanes. A partir de entonces la guerra fue más política que religiosa: Francia era una potencia católica, pero había sido enemiga de los Habsburgo desde principios del siglo XVI, y ahora consideró que su lugar en Europa dependía de contener el poder de España y del imperio. La guerra siguió hasta 1648, cuando la paz de Westfalia reconoció la independencia holandesa, y fijó el mapa religioso de Europa más o menos hasta la actualidad.

El coste fue terrible: sólo en Alemania, la guerra y sus compañeras constantes, las enfermedades y el hambre, costaron la vida de unos siete millones de hombres, mujeres y niños: las dos terceras partes de la población. Fue un desastre del que Alemania tardó muchas generaciones en recuperarse.

> 《 **Fue la mejor y más alegre de las noticias que podía recibir.** 》
>
> **Felipe II,** agosto de 1572, al recibir la noticia de la matanza de protestantes franceses durante la Noche de San Bartolomé

La idea en síntesis:
el mapa religioso de Europa no se fijó hasta después de un siglo de conflicto violento

1629	1630	1632	1635	1643	1648
El emperador Fernando II intenta imponer en Alemania los términos de la paz de Augsburgo de 1555.	Gustavo Adolfo de Suecia interviene en Alemania del lado protestante.	Gustavo Adolfo muere en batalla.	La Francia católica interviene del lado de los protestantes alemanes contra los Habsburgo en la guerra de los Treinta Años.	Francia obtiene una victoria decisiva sobre España en Rocroi.	La paz de Westfalia termina con la guerra de los Treinta Años; se reconoce la independencia holandesa de España.

23 La revolución científica

La ciencia es el método que usamos para comprender y predecir los mecanismos del mundo físico. Sus reglas son rigurosas, sus teorías comprobables mediante la experimentación, y sus leyes, una vez establecidas, son inmutables, hasta que nuevas evidencias demuestren que son falsas.

Aunque en la actualidad la ciencia y la religión son vistas por los no fundamentalistas como actividades diferenciadas que se refieren a esferas separadas de la experiencia humana, en el pasado las dos estuvieron en conflicto cuando la investigación científica del mundo físico contradijo a las Escrituras o a otras autoridades religiosas aceptadas.

En la Europa cristiana durante la Edad Media, los logros científicos de los antiguos griegos eran prácticamente desconocidos, y se avanzó poco en lo que podríamos llamar ciencia. Los escritos de los griegos fueron conservados y estudiados en el mundo islámico y sólo a partir del siglo XII empezaron a aparecer en Europa las traducciones al latín de Aristóteles y otros. Santo Tomás de Aquino transformó la filosofía de Aristóteles en teología cristiana, mientras que las enseñanzas de los antiguos sobre la naturaleza del mundo físico —desde la esfera celeste al cuerpo humano— se consideraron inmutables.

Cosmología copernicana   Aunque en el siglo III a. C. el filósofo griego Aristarco había concluido que la Tierra giraba sobre su propio eje y orbitaba alrededor del Sol, este estudio de un universo heliocéntrico (centrado en el Sol) había quedado relegado en el siglo II d. C. ante Ptolomeo de Alejandría, que sostenía que era la Tierra, y no el Sol, el centro del universo. El sistema ptolemaico se incorporó más tarde a la doctrina cristiana, en la que la Tierra y la vida humana eran la culminación de la creación de Dios.

Cronología

1543	1551-1556	1556	1561	1572
Publicación de *De las revoluciones de las esferas celestes* de Copérnico y de *Sobre la estructura del cuerpo humano* de Vesalio.	El médico suizo Conrad Gesner publica *Historia de los animales*, base de la zoología moderna.	Publicación póstuma de *Sobre la naturaleza de los metales* de Georgius Agricola, fundador alemán de la mineralogía.	Publicación de las *Observaciones anatómicas* de Gabriel Falopio, que descubrió las trompas que reciben su nombre.	El astrónomo danés Tycho Brahe observa una supernova, indicando que los objetos celestes no son inmutables.

La versión geocéntrica fue aceptada universalmente en Europa hasta que el astrónomo y matemático polaco Nicolás Copérnico (1473-1543) intentó calcular las posiciones futuras de los planetas, y descubrió que el cálculo era mucho más fácil si asumía que todos (incluida la Tierra) orbitaban alrededor del Sol. Entonces descubrió que esto explicaba el hecho observable de que en algunos momentos los planetas parecían que cambiaban de dirección y giraban en dirección contraria respecto a la Tierra.

> **《 Afirmar que el Sol es en realidad el centro del universo... es una actitud muy peligrosa... 》**
>
> **Cardenal Roberto Bellarmino** de la **Inquisición romana, 12 de abril de 1615**

Consciente de que se arriesgaba a la crítica o a algo peor por parte de la Iglesia, Copérnico esperó hasta 1543, el año de su muerte, antes de publicar *De las revoluciones de las esferas celestes*, que recibió la desaprobación de católicos y protestantes. Pero después de su muerte, la teoría de Copérnico recibió el respaldo de observaciones astronómicas detalladas. Esto condujo a Johannes Kepler (1571-1630) a plantear que los planetas trazaban elipses alrededor del Sol, en lugar de círculos, que según la sabiduría tradicional era una figura matemática mucho más perfecta. Más evidencias en apoyo del sistema copernicano fueron aportadas por Galileo Galilei (1564-1642), que usó el telescopio que fabricó personalmente para observar las manchas solares (lo que convirtió el Sol en un cuerpo mucho menos perfecto de lo que se suponía hasta entonces) y las lunas de Júpiter. El copernicanismo fue condenado formalmente por la Iglesia católica en 1616, y en 1633 Galileo, enfrentado a la acusación de herejía, cuyo castigo era la hoguera, se vio forzado a retractarse de su apoyo a la teoría heliocéntrica. Permaneció bajo arresto domiciliario durante el resto de su vida.

El método científico Copérnico había estado ansioso por descubrir pruebas de que los autores antiguos habían propuesto un universo heliocéntrico, y se sintió aliviado al encontrar referencias a dichas teorías en los textos de Cicerón y Plutarco. Pero la autoridad de los antiguos no quedó incuestionada. Los viajes europeos de descubrimiento de los siglos XV y XVI contribuyeron a alte-

1584	1600	1609-1619	1610	1616	1620
Giordano Bruno supera a Copérnico al sugerir que el Sol es sólo uno de los muchos cuerpos en el universo.	Bruno es quemado en la hoguera por herejía. El médico inglés William Gilbert publica sus experimentos sobre magnetismo.	Kepler publica sus leyes del movimiento planetario.	Galileo publica las observaciones astronómicas realizadas con el telescopio.	La Iglesia católica condena el copernicanismo como herético, y prohíbe a Galileo que siga con sus investigaciones.	Francis Bacon esboza el método científico en *Novum organum*.

rar la perspectiva: como señaló el científico irlandés Robert Boyle en 1690, incluso un marinero ordinario que viajase con Colón al Nuevo Mundo «fue capaz a su regreso de informar a los hombres de cientos de cosas que no habrían aprendido nunca con la filosofía de Aristóteles o la geografía de Ptolomeo». A principios del mismo siglo, el filósofo y estadista inglés Francis Bacon, a la luz de los nuevos descubrimientos, había rechazado el viejo dogma de que «los límites del globo intelectual se debían limitar a lo que era conocido por los antiguos». Bacon fue más allá al afirmar que la reciente invención de la pólvora, la imprenta y el compás magnético venía a demostrar que los modernos ya habían superado a los antiguos.

Bacon fue el pionero del proceso de inducción: la formulación de las teorías generales derivaba de las observaciones de lo que ocurre realmente en el mundo físico. Esto contrasta con la deducción, en

Descubriendo el mundo interior

En la Edad Media, la autoridad suprema en medicina y anatomía humana era el médico de la Grecia antigua Galeno. En la época de Galeno estaba prohibida la disección humana y había llegado a sus conclusiones sobre la anatomía humana a través de la disección de animales. Cuando el anatomista flamenco Andrés Vesalio (1514-1564) empezó a diseccionar cadáveres de criminales recién ejecutados, descubrió que Galeno se había equivocado con frecuencia. La respuesta de los tradicionalistas fue que la anatomía humana debía haber cambiado desde la época de Galeno.

Galeno había tenido una idea de la circulación de la sangre que sugería que la sangre se filtraba a través de pequeños poros en la pared que separaba los dos ventrículos del corazón. Por eso, cuando el físico y anatomista inglés William Harvey (1578-1657), retomando las teorías del médico y teólogo español Miguel Servet (1511-1553), contradijo a Galeno al publicar su investigación sobre la circulación de la sangre en 1628, causó bastante controversia. Pero a la muerte de Harvey, su descripción detallada, basada en la disección y la experimentación con animales, era ampliamente aceptada.

Cronología

1621	1628	1632	1655	1660
El médico holandés Willebrod Snell descubre las leyes de la refracción.	Harvey publica *Sobre el movimiento del corazón y la sangre en animales*.	Galileo publica el *Diálogo sobre los dos sistemas del mundo*, que provoca su enjuiciamiento por la Inquisición.	Christiaan Huygens empieza a trabajar en el campo de la óptica, dando origen a su teoría sobre las ondas de luz.	Fundación de la Royal Society, la institución científica británica más importante. Robert Hooke publica sus leyes sobre los cuerpos elásticos.

la que las conclusiones particulares se derivan de principios generales, sin referencia a observaciones o experimentos. La deducción sólo es válida en ciencia si se fundamenta en las matemáticas. El propio Galileo lo había constatado, y fue el primero en insistir en el uso del análisis matemático en física.

El nuevo método científico, basado en observación y experimentación, y anclado en la lógica implacable de las matemáticas, fue reivindicado triunfalmente en la obra de sir Isaac Newton (1642-1727). El descubrimiento por parte de Newton de las tres leyes del movimiento y de la ley de la gravitación proporcionaron una explicación mecánica completa del universo, cuyos movimientos demostraron ser tan predecibles como un reloj. La mecánica newtoniana fundamentó los grandes avances tecnológicos que la siguieron —desde las máquinas de vapor a los cohetes espaciales— y, a pesar de las conclusiones de la relatividad y de la física cuántica, sus leyes siguen siendo válidas en la mayor parte de las escalas y para la mayoría de los propósitos prácticos. Fue la ruptura intelectual de Newton más que cualquier otro elemento lo que estableció las bases de la Ilustración del siglo XVIII.

La idea en síntesis: nuestra comprensión del mundo físico se liberó de las autoridades antiguas y del dogma religioso

1661	1663	1684	1686-1687	1992
Robert Boyle publica *El químico escéptico*.	Boyle publica su ley sobre la relación entre presión y volumen de un gas.	Gottfried Leibniz publica su ensayo sobre cálculo infinitesimal, empezando su polémica con Newton, que aseguraba que lo había inventado en 1666.	Newton esboza sus leyes del movimiento y la gravitación (descubiertas a mediados de la década de 1660) en sus *Principia matemática*.	Una comisión del Vaticano rehabilita a Galileo.

24 La era de los imperios

Los viajes de descubrimiento de los siglos XV y XVI desvelaron nuevos mundos ante los ojos europeos, mundos llenos de animales nuevos, nuevas plantas, nuevas gentes. «No debería quedar en nada», escribía Francis Bacon en 1607, «que a través de los largos viajes que son la marca de nuestro tiempo, se han revelado muchas cosas de la naturaleza que deben arrojar luz sobre la filosofía natural.»

Pero para muchos, el descubrimiento de los nuevos mundos fue más una oportunidad comercial que intelectual. Estas nuevas tierras eran ricas en materias primas, que se podían intercambiar por bienes manufacturados europeos. También ofrecían posibilidades de colonización y una serie de países europeos empezó a plantar sus banderas y sus nacionales en lugares distantes del globo, con frecuencia luchando entre ellos por el derecho a hacerlo.

Guerra y comercio   Las rivalidades coloniales fueron evidentes desde el principio. Mientras España explotaba el oro y la plata de sus posesiones recién conquistadas en México y Perú, los piratas ingleses como Francis Drake atacaban las flotas de galeones que transportaban los metales preciosos por el Atlántico. América y las Indias (el sur y el sureste de Asia) contenían riquezas por las que valía la pena luchar: pieles, maderas, tabaco y pescado de América del Norte; café, azúcar y tabaco de América Central y del Sur y de las Indias occidentales (básicamente las islas del Caribe); especias, seda, algodón, té y café de las Indias orientales. Los siglos XVII y XVIII se vieron plagados de guerras frecuentes entre británicos, franceses, españoles, holandeses y portugueses por los derechos comerciales y las posesiones coloniales. Los holandeses expulsaron en su mayor parte a los portugueses de su imperio diseminado por las Indias orientales en el siglo XVII, y al final de la

Cronología

1492	1494	1497-1499	1500	1510	1519-1521
Colón llega a América.	El tratado de Tordesillas divide el Nuevo Mundo entre España y Portugal.	Vasco de Gama abre la ruta marítima hacia la India.	Los portugueses reclaman Brasil.	Establecimiento de un asentamiento portugués en Goa, en la costa occidental de la India.	Conquista española del imperio azteca en México.

《 Para los nativos … todos los beneficios comerciales que podrían haber surgido de estos acontecimientos se hundieron y perdieron en las terribles desgracias que habían provocado. 》

Adam Smith, *La riqueza de las naciones*, 1776, en referencia al «descubrimiento de América, y del pasaje hacia las Indias orientales por el cabo de Buena Esperanza»

guerra de los Siete Años en 1763, los británicos surgieron como la potencia dominante en América del Norte y la India. Los portugueses mantuvieron Brasil y los españoles sus colonias en México y América Central y del Sur, mientras que las Indias occidentales terminaron como un mosaico de asentamientos coloniales.

El cultivo de azúcar, tabaco y otros productos en las plantaciones americanas dependía del trabajo esclavo. Al principio los españoles trataron de esclavizar a los indígenas de las Indias occidentales, pero la población se vio rápidamente mermada en unas pocas décadas por la combinación de un trato brutal y de las enfermedades europeas ante las que no estaban inmunizados. Esto disparó una gran demanda de esclavos africanos, iniciando el comercio atlántico triangular, mediante el cual se llevaban esclavos de África occidental a las plantaciones americanas, las materias primas americanas eran transportadas a Europa, y los bienes manufacturados europeos se enviaban tanto a las colonias americanas como a África occidental para comprar más esclavos.

Durante los siglos XVII y XVIII, la mayor parte de la colonización estuvo a cargo de compañías comerciales con autorización gubernamental como la británica Compañía de las Indias Orientales, fundada en 1600, y sus equivalentes holandés y francés. Una patente «para la colonización y plantación de nuestra gente en América» fue concedida por la reina Isabel I de Inglaterra a sir Walter Raleigh en 1584, y se realizaron varios intentos de colonizar la costa oriental hasta que se estableció el primer asentamiento permanente por parte de la Compañía de Virginia en 1607.

1532-1535	1600	1602	1607	1652	1652-1674
Conquista española del imperio inca en Perú.	Fundación de la Compañía de las Indias Orientales británica.	Fundación de la Compañía de las Indias Orientales holandesa.	La Compañía de Virginia funda el primer asentamiento permanente en América.	Los holandeses establecen una colonia en Ciudad del Cabo.	Guerras anglo-holandesas por el comercio: los ingleses expulsan a los holandeses de América del Norte y África occidental

Un uso nuevo para las colonias

Los primeros europeos establecidos en Australia —reclamada para Gran Bretaña por el capitán James Cook en 1770— fueron criminales convictos. Desde principios del siglo XVIII, ante la ausencia de un sistema penitenciario, Gran Bretaña había enviado a las colonias americanas para trabajar en las plantaciones a los convictos que no ahorcaba. Pero con la independencia americana, tuvo que mirar hacia otros sitios, y en 1788 la «Primera Flota», con cientos de presos a bordo, llegó a Nueva Gales del Sur para establecer una colonia penitenciaria. Este transporte prosiguió durante muchas décadas, y los convictos liberados iban a desempeñar un papel importante en la construcción de los fundamentos de la economía de Australia.

Los gobierno europeos de este período veían la creación de dichos asentamientos como una forma de beneficiar al país de origen. Esta teoría, conocida como «mercantilismo», fue esbozada en la gran *Encyclopédie* francesa de 1751-1768, que afirmaba que las colonias se establecían «sólo para el uso de la metrópolis», de manera que «dependían de ella de forma inmediata y, en consecuencia, debían ser protegidas por ella», y que las colonias «debían comerciar únicamente con sus fundadores». Lo que no reconocían los mercantilistas era el coste de defender por las armas el monopolio comercial de la madre patria hacia y desde sus colonias. Fue Adam Smith, en su innovadora obra económica *La riqueza de las naciones* (1776), quien reconoció la realidad: «Bajo el sistema actual de gestión ... Gran Bretaña no obtiene más que pérdidas del dominio que asume sobre sus colonias».

La misión imperial En el siglo XIX, empezó a surgir una actitud nueva. La colonización no se debía emprender sólo por razones comerciales, sino por el alto propósito moral de extender los beneficios de las civilización occidental a pueblos que se consideraban como salvajes sin Dios o como niños que necesitaban disciplina y dirección. En Gran Bretaña, esta actitud surgió del avivamiento evangélico de finales del siglo XVIII, y en el siglo XIX se mezcló con teorías raciales pseudocientíficas como la superioridad de la raza blanca sobre las de otros colores. En el siglo XVIII los «nabobs» de la Compañía de las Indias Orientales británica, que

Cronología

1664	Década de 1740	1754	1763	1776	1788
Fundación de la Compañía de las Indias Orientales francesa.	Gran Bretaña y Francia empiezan a combatirse en la India.	Inicio de la guerra india y francesa en América del Norte.	Gran Bretaña sale victoriosa de la guerra de los Siete Años, incorporando Canadá y la India.	Declaración de la Independencia por parte de las colonias británicas de América del Norte.	Gran Bretaña establece asentamientos penitenciarios en Nueva Gales del Sur.

sólo buscaban dinero y una vida lujosa y regalada, habían adoptado las formas de vida nativas y se habían casado con mujeres nativas, e incluso, en algunos casos, se habían convertido a las religiones nativas. Por el contrario, los administradores coloniales y los misioneros de la época victoriana mantenían una separación estricta entre gobernantes y gobernados, mientras que al mismo tiempo desplegaban grandes esfuerzos por construir iglesias, escuelas, tribunales, ferrocarriles y otros pilares de la civilización occidental. Para los colonizados, se trataba en parte de una bendición, pero por debajo de las intenciones piadosas, los colonizadores seguían allí por el poder y el beneficio, y cualquier disensión se solventaba con las fuerzas armadas.

> **« Es una tarea noble plantar el pie de Inglaterra y extender su cetro en las orillas de ríos sin nombre y sobre regiones aún desconocidas... »**
>
> *The Edinburgh Review,* vol. 41, 1850

Los imperios se seguían extendiendo mediante la fuerza. En la pelea por repartirse África a finales del siglo XIX, los europeos usaron en masa sus adelantos tecnológicos para aplastar toda resistencia por parte de los pueblos indígenas, al igual que hicieron los americanos blancos cuando se extendieron hacia el oeste a través del norte del continente americano. Entre las potencias europeas surgió un nuevo espíritu competitivo: más colonias significaban más materias primas, y más mercados para los bienes manufacturados. Muchas hablaban en términos casi darwinianos de «la supervivencia de los más fuertes». Estas ansias de dominio imperial contribuyeron a la desconfianza y a la hostilidad que culminó en el estallido de la primera guerra mundial.

La idea en síntesis:
desde el siglo XVI las potencias europeas empezaron a ocupar el resto del mundo

1853	1857	1875-1900	1898	1899-1902	1918
La flota de EE. UU. obliga al Japón a abrirse al comercio exterior.	Motín de la India contra el gobierno británico.	«Reparto de África»: el continente se divide entre las potencias coloniales europeas.	EE. UU. toma las Filipinas, Guam y Puerto Rico de manos españolas, y se anexiona las Hawai.	Los británicos derrotan a los boers (colonos holandeses) en África austral, y ocupan las repúblicas boers.	Derrota de Turquía y Alemania en la primera guerra mundial; sus imperios se dividen entre los vencedores.

25 La Ilustración

La Ilustración es el nombre que recibe la época de efervescencia intelectual y crítica que se inició en Europa y América a finales del siglo XVII y continuó durante todo el siglo siguiente. Durante este período una variedad de pensadores —conocidos como los *philosophes* en Francia— intentaron reemplazar las creencias del pasado aceptadas a ciegas por el pensamiento y la práctica racionales en todo, desde la economía política al trato a los criminales.

Los pensadores de la Ilustración no compartían un programa coherente, y de hecho muchas veces estaban en desacuerdo entre ellos, pero todos pretendían poner en cuestión las creencias hasta entonces incuestionables de la tradición y el prejuicio, y aspiraban a alejar la humanidad de la superstición y adentrarla en la luz de la razón. En líneas generales eran liberales y humanitarios, y normalmente críticos con la represión y el dogmatismo de la Iglesia, y condenaban a aquellos gobernantes que no se preocupaban por el bienestar de sus súbditos.

La primacía de la razón Los pensadores de la Ilustración veían la revolución científica de los siglos XVI y XVII como su inspiración. Copérnico, Kepler, Galileo y los demás habían demostrado la falsedad de la enseñanza de que la Tierra era el centro del universo, y Newton, a través de inferencias a partir de la observación, había elaborado una explicación completa del movimiento, desde el vuelo de una bala de cañón al de un planeta orbitando el Sol. Este y otros adelantos en las ciencias experimentales a finales del siglo XVII —que tenían un poder tanto explicativo como predictivo— condujeron al triunfo del empirismo sobre el cartesianismo, el sistema del filósofo francés René Descartes (1596-1650). Descartes sostenía que todo conocimiento adquirido a través de los sentidos era poco fiable, y todo lo que podemos conocer como cierto se debe deducir a partir de la premisa básica irrefutable:

Cronología

1637	1686-1687	1688-1689	1690	1734	1740
Descartes esboza su sistema de duda metódica en *El discurso del método*.	Newton establece sus leyes del movimiento y la gravitación en los *Principia matemática*.	Establecimiento de la monarquía constitucional en Inglaterra.	Locke publica el *Ensayo sobre el entendimiento humano*, y *Dos tratados sobre el gobierno*.	Voltaire defiende los valores e ideas ingleses en sus *Cartas filosóficas*.	Hume desarrolla la filosofía empirista en su *Tratado de la naturaleza humana*.

«Pienso, luego existo». Los principios del empirismo, que contradicen los del cartesianismo, fueron enunciados por el filósofo inglés John Locke en su *Ensayo sobre el entendimiento humano* (1690). En él, Locke argumenta que los seres humanos no tienen ideas innatas, sino que obtienen todos los conocimientos de la experiencia, a través de la «sensación» y la «reflexión». Según él, esto es lo que constituye la razón «como algo diferente de la fe».

《 Écrasez l'infâme (aplastad los abusos). 》

Voltaire, carta a M. d'Alembert, 28 de noviembre de 1762

Pocos de los pensadores de la Ilustración eran realmente ateos, pero muchos eran deístas. El deísmo rechaza la revelación y los milagros divinos del cristianismo, proponiendo un Dios cuya existencia se puede establecer mediante la razón, más que por las conjeturas de la fe. Este Dios era necesario como «causa primera» que dio existencia al universo, y fue Dios el que dispuso que las estrellas y los planetas se movieran como un mecanismo de relojería de la manera que había descrito Newton. Este Dios había dotado al ser humano de razón y libre albedrío, pero por otra parte se mantenía alejado de su creación.

La influencia de la Ilustración   Las ideas de la Ilustración se extendieron entre las élites intelectuales de Europa y América a través de obras como las *Cartas filosóficas* de Voltaire (1734), que analizaban las ideas de Newton y Locke, y expresaban admiración por las libertades británicas, en contraste con la autocracia del *Ancien Régime* en su Francia natal. Sin embargo, la recopilación más importante del pensamiento ilustrado fueron los 28 volúmenes de la *Encyclopédie* francesa, compilados bajo la dirección de Denis Diderot entre 1751 y 1772, que contenía todos los adelantos científicos y filosóficos.

Entre los que adoptaron las ideas de moda de los *philosophes* se encontraba una serie de monarcas autocráticos de Europa, entre ellos Catalina la Grande de Rusia, Federico el Grande de Prusia y José II de Austria. Todos estos «déspotas ilustrados» querían imponer reformas «racionales» en sus países. Sin embargo, su ilustración

1740-1786	1748	1751-1772	1759	1762
Reinado de Federico el Grande de Prusia.	Montesquieu publica *El espíritu de las leyes*.	Publicación de los 28 volúmenes de la *Encyclopédie*.	Voltaire publica *Cándido*, una fábula satírica.	En *El contrato social*, Rousseau afirma que la soberanía reside en el conjunto del pueblo, mientras que en *Emilio*, su novela sobre la educación, expone su idea de que es la sociedad la que corrompe la bondad innata del ser humano.

Algunas de las figuras principales de la Ilustración

John Locke (1632-1704), filósofo inglés: popularizó la idea del «contrato social» entre gobierno y gobernados, y promocionó el empirismo: la idea de que el conocimiento deriva en última instancia de los sentidos.

Voltaire (François-Marie Arouet, 1694-1778), escritor y filósofo francés: popularizó las ideas de Locke y Newton; adalid de la libertad y la tolerancia; conocido en especial por su novela satírica *Cándido*.

Denis Diderot (1713-1784), filósofo francés: editor y contribuidor principal de la *Encyclopédie* (1751-1772); opuesto al cristianismo y defensor del materialismo.

Montesquieu (Charles Louis de Secondat, barón de Montesquieu, 1689-1755), escritor y filósofo francés: su *Esprit des lois* (*Del espíritu de las leyes*, 1748), mostró cómo los sistemas legales y de gobierno variaban de una sociedad a otra, dando lugar al concepto de relativismo cultural.

Cesare Beccaria (1738-1794), teórico legal italiano: en sus *Crímenes y castigos* (1764) expuso los principios que fundamentaban la legislación penal, abogó por la abolición de la tortura y la pena capital, y fue la inspiración para que muchos países reformaran sus códigos penales.

David Hume (1711-1776), filósofo e historiador escocés: seguidor de la tradición empírica, rechazó la existencia de ideas innatas, examinó la base psicológica de la naturaleza humana, y aplicó un escepticismo extremo a todo, desde supuestos milagros al concepto de causa y efecto, que consideraba una «conjunción constante» más que una inevitabilidad lógica.

Adam Smith (1723-1790), filósofo y economista escocés: en *La riqueza de las naciones* (1776) defendió el libre comercio frente al monopolio y la regulación, confirmó el papel del interés propio en la creación de una sociedad más rica, y demostró las ventajas económicas de la división del trabajo.

Jean-Jacques Rousseau (1712-1778), filósofo y escritor francés: sostuvo que la naturaleza humana es innatamente buena, pero que se malogra a causa de la sociedad corrupta. Se opuso cada vez más al racionalismo, defendiendo la primacía de los sentimientos individuales.

Cronología

1762-1796	1764	1769	1773	1775-1783	1776
Reinado de Catalina la Grande de Rusia.	Publicación del *Diccionario filosófico* de Voltaire, y de *Crímenes y castigos* de Beccaria.	Disolución de cientos de monasterios en Austria.	Supresión de los jesuitas.	Guerra de independencia americana.	Declaración de Independencia americana. Adam Smith defiende la libertad de mercado en *La riqueza de las naciones*.

tenía un límite. Federico liberalizó el código legal prusiano e introdujo reformas sociales y económicas, pero también desencadenó despiadadas guerras de conquista. Catalina también libró guerras de expansión territorial y abandonó su idea de emancipar a los siervos de Rusia ante la oposición de los propietarios de siervos. José tuvo éxito al emancipar a los siervos dentro del sacro imperio, pero a continuación les gravó con impuestos. También introdujo la tolerancia religiosa y reformas en educación, el sistema legal y la administración, algunas de las cuales tuvo que retirar ante la oposición de ciertos grupos que veían amenazados sus privilegios.

Una consecuencia política de mayor duración fue el impacto que el lenguaje y las ideas de los pensadores ilustrados tuvieron en algunos de los documentos clave de las revoluciones americana y francesa: la Declaración de Independencia y la Declaración de Derechos. Estos documentos incorporaron ideas que siguieron dominando el discurso político en las democracias liberales occidentales: igualdad, derechos individuales, la idea de que el gobierno sólo gobierna con el consentimiento de los gobernados, la tolerancia religiosa y el estado de derecho.

La idea en síntesis: la Ilustración ayudó a establecer los valores de las democracias liberales modernas

1780-1790	1788	1789	1791
Reinado de José II de Austria.	Aprobación de la Constitución de EE. UU.	Inicio de la Revolución Francesa y redacción de la Declaración de Derechos del Hombre y del Ciudadano.	Aprobación de la Carta de Derechos de EE. UU. (las primeras diez enmiendas a la Constitución).

26 La revolución americana

La revolución americana fue algo más que una simple guerra de independencia que libraron los colonos americanos contra el gobierno británico entre 1775 y 1783. Se inició con las quejas expresadas por los colonos contra los impuestos y las restricciones que les imponía los británicos, y continuó a lo largo del propio conflicto hasta los debates posteriores a la guerra en los que Estados Unidos independiente decidió qué tipo de país iba a ser.

La antipatía mutua que surgió entre los colonos y sus gobernantes en Londres tuvo sus orígenes en dos visiones diferentes sobre la finalidad de las colonias. Para el gobierno británico, las colonias existían exclusivamente para el beneficio de la madre patria, y debían contribuir financieramente a su propia defensa. Para los colonos, que no tenían voz en el Parlamento de Westminster, esto era una negación de la justicia natural. La falta de voluntad del rey Jorge III y de sus ministros en Londres para llegar a un compromiso hizo que el conflicto fuera inevitable.

Ecos de descontento   Durante la guerra contra franceses e indios (el componente norteamericano de la guerra de los Siete Años, véase p. 101), en su gran mayoría, los colonos americanos se consideraron súbditos leales de la corona, y muchos —entre ellos George Washington— lucharon con los británicos en contra de los franceses. Aunque la guerra terminó en 1763 con la victoria británica, había resultado enormemente costosa, y el Parlamento decidió que los colonos debían pagar a partir de entonces por su propia defensa a través de los impuestos. Así se introdujeron una serie de medidas en tal sentido y también se prohibieron los asentamientos al oeste de los Appalaches, para prevenir cualquier conflicto costoso con los pueblos nativos americanos. Esta prohibi-

Cronología

1754-1763	1763	1764	1765	1766
Guerra contra franceses e indios.	Los británicos prohíben los asentamientos más allá de los Appalaches.	Los británicos prohíben que sus colonias emitan su propio papel moneda.	La Ley de Acuartelamiento exigía que las colonias aprovisionaran a las guarniciones británicas. La Ley del Timbre introducía la obligación de timbres en los documentos legales.	El Parlamento retira la Ley del Timbre y aprueba la Ley Declaratoria, que proclama su derecho a recaudar impuestos en las colonias.

ción y la Ley del Timbre de 1765 —introduciendo la obligatoriedad de un timbre en todos los documentos legales y otras transacciones— provocaron un malestar particular entre los colonos, que se habían acostumbrado a un sistema de autogobierno a través de las asambleas coloniales. Consideraban que, dado que no estaban representados en el Parlamento británico, sólo sus propias asambleas debían tener el poder de recaudar impuestos, de ahí su lema: «No a los impuestos sin representación». Ante la extensión de la agitación, el Parlamento retiró la Ley del Timbre, pero siguió proclamando su derecho a fijar impuestos sobre los súbditos americanos de la corona, y procedió a imponer aranceles sobre una variedad de bienes importados a las colonias.

> **《 La revolución estaba en la mente del pueblo... antes que se derramase una gota de sangre en Lexington. 》**
>
> **El ex presidente John Adams,** carta a Thomas Jefferson, 24 de agosto de 1815

Al aumentar la temperatura política, muchos americanos empezaron a adoptar una nueva ideología radical en la que declaraban que sus libertades como «ingleses nacidos libres» estaban siendo amenazadas por una tiranía corrupta. En 1770 el Parlamento retiró todos los aranceles excepto los del té, y en 1773, con el fin de ayudar a la Compañía de las Indias Orientales, destinó una gran cantidad de té —aún con el arancel controvertido— al mercado americano. Esto provocó el famoso motín del Té en Boston, en el que un grupo de «patriotas», como se solían llamar ahora, disfrazados de nativos americanos, abordaron el barco que transportaba el té y tiraron la carga al mar.

La guerra revolucionaria Cuando los británicos impusieron medidas represivas contra Massachusetts (la colonia en la que había tenido lugar el motín del Té), los delegados de las colonias se reunieron en el primer Congreso Continental y aprobaron la prohibición de todas las importaciones desde Gran Bretaña. El enfrentamiento se convirtió en un conflicto militar el 19 de abril de 1775 cuando las tropas británicas que buscaban un escondite de armas fueron atacadas en Lexington, cerca de Boston, por granjeros armados, y se intercambiaron disparos.

1767	1770	1773	1774	1775
La Ley Townshend impone aranceles sobre varias importaciones a las colonias.	El Parlamento retira todos los aranceles Townshend excepto el del té. Masacre de Boston.	La inundación del mercado americano de té indio provoca el motín del Té de Boston.	Las Leyes Intolerables introducen medidas represivas contra Massachusetts. Primer Congreso Continental.	Estalla la lucha en Lexington y Concord. George Washington se convierte en comandante del Ejército Continental.

> **« El árbol de la libertad se debe regar de vez en cuando con la sangre de los patriotas y de los tiranos. Es su abono natural. »**
>
> **Thomas Jefferson,** carta a W. S. Smith, 13 de noviembre de 1787

Desde el punto de vista del rey Jorge y de su gobierno, los colonos eran ahora traidores y enviaron una gran fuerza de tropas británicas y mercenarios alemanes al otro lado del Atlántico para aplastar la rebelión. Al iniciarse la guerra abierta, se reunió el segundo Congreso Continental en septiembre de 1775. Al verano siguiente alcanzó una decisión trascendental y el 4 de julio de 1776 aprobó la Declaración de Independencia.

Declarar la independencia no era lo mismo que conseguirla. Los británicos tenían bajo su mando una fuerza disciplinada y bien armada, y un gran número de americanos siguieron leales a la corona. Sin embargo, las milicias patriotas tenían la ventaja de conocer el terreno, y se convirtieron en una fuerza de combate efectiva de la mano de su comandante en jefe, George Washington. También se mantenían sobre el terreno, mientras que los británicos dependían de líneas de suministros mucho más largas. La victoria decisiva de los americanos en Saratoga en 1777 animó a los franceses a unirse a ellos contra su antiguo enemigo, los británicos, y en 1781 una gran fuerza británica, asediada por el ejército de Washington y por una flota francesa en Yorktown, se vio obligada a rendirse. Dos años después, Gran Bretaña reconoció la independencia de EE. UU. en el tratado de París, terminando formalmente con la guerra.

Crear un país nuevo Después de conseguir la independencia de Estados Unidos, que integraba a las trece antiguas colonias británicas, surgió el problema de qué tipo de país iba a ser. Al principio no existió un gobierno central fuerte, porque los estados eran reticentes a cambiar una tiranía por otra. El segundo Congreso Continental había esbozado los Artículos de la Confederación destinados a una unión entre estados, pero no fueron adoptados hasta 1781, cuando se reunió el Congreso de la Confederación. Los estados seguían siendo reticentes a entregar cualquier poder a un gobierno central, y el Congreso de la Confederación no tuvo poder para recaudar impuestos. Surgieron dos facciones enfrentadas: los federalistas, que veían la necesidad de un gobierno central

Cronología

1776	1777	1780	1781	1783	1786
El Congreso aprueba la Declaración de Independencia.	Los americanos consiguen una victoria decisiva en Saratoga.	Pennsylvania abole la esclavitud y le siguen numerosos estados del norte.	Los británicos se rinden en Yorktown.	El tratado de París finaliza la guerra; Gran Bretaña reconoce la independencia de EE. UU.	Rebelión de Shays en Massachusetts contra los impuestos altos y las ejecuciones hipotecarias.

fuerte que se pudiera enfrentar a las amenazas externas y al desorden interno, y los antifederalistas, que consideraban el gobierno central como una amenaza a los derechos de los estados y a las libertades de los ciudadanos individuales. Para resolver estas dificultades, se reunión una Convención Constitucional en Philadephia en 1787 para elaborar una nueva constitución federal.

El resultado fue un gobierno central fuerte, pero con sus poderes separados entre el ejecutivo (el presidente), el legislativo (el Congreso) y el judicial, equilibrados y contenidos por los poderes de los estados y del pueblo. La Constitución de EE. UU. fue ratificada en 1788 y para contentar a los antifederalistas fue adoptada la Declaración de Derechos, que recoge las primeras diez enmiendas. Entre otros derechos garantiza la libertad de religión, de palabra y de prensa, sostiene la corrección de los procesos legales y reserva a los estados todos los poderes que no se asignan específicamente al gobierno federal. Sin embargo, ni la Constitución ni la Declaración de Derechos resolvieron el problema que iba a dividir al país durante las décadas siguientes: si se iba a permitir que la esclavitud estuviera legalizada en cualquier parte de la Unión.

La Declaración de Independencia

La tarea de redactar la Declaración de Independencia fue encargada por el Congreso a un joven hacendado de Virginia llamado Thomas Jefferson, que se convertiría más tarde en el tercer presidente de EE. UU. Sus sentimientos, justificando la rebelión contra la tiranía, siguen resonando a lo largo de los siglos: «Sostenemos como evidentes por sí mismas dichas verdades: que todos los hombres son creados iguales; que son dotados por su Creador de ciertos derechos inalienables; que entre éstos están la vida, la libertad y la búsqueda de la felicidad...».

La idea en síntesis: un experimento novedoso en la formación de una nación

1787	1787-1788	1788	1789	1791
Inicia sus reuniones la Convención Constitucional.	James Madison, Alexander Hamilton y John Jay defienden las posiciones federalistas en *Federalist Papers*.	Ratificación de la Constitución de EE. UU.	George Washington se convierte en el primer presidente de EE. UU.	Ratificación de la Declaración de Derechos.

27 La Revolución Francesa

Los disparos en Lexington y Concord que inflamaron la guerra revolucionaria americana en 1775 —en palabras de Ralph Waldo Emerson— es posible que «se oyeran por todo el mundo», pero fue la caída de la Bastilla en París en 1789, y los disturbios que la siguieron, lo que iba a incendiar toda Europa. La Revolución Francesa no acabó sólo con la monarquía de Francia, sino que amenazó a todas las monarquías del *Ancien Régime* en Europa y provocó una década de guerras cuando las fuerzas de la reacción intentaron derrotar a lo que veían como un monstruo entre ellos.

Las raíces de la Revolución Francesa se remontan a la época de Luis XIV, cuyo largo reinado duró de 1643 a 1715. Durante la minoría de edad del rey, Francia se vio sacudida por guerras civiles entre facciones aristocráticas, y cuando se inició su gobierno personal en 1661 estaba decidido a acabar con el poder de la nobleza y centralizar todo el poder en su persona, con su famoso declaración de «*L'État c'est moi*» («El estado soy yo»). Obligó a la aristocracia a pasar la mayor parte del tiempo en la corte, viviendo en el magnífico palacio nuevo de Luis XIV en Versalles, a las afueras de París. Aquí, lejos de sus bases de poder provinciales, no estaban en disposición de fomentar rebeliones contra el rey. Sin embargo, arropados en su lujoso aislamiento, tanto la nobleza como la familia real se distanciaron del pueblo llano y sus crecientes quejas.

Mala gestión económica y descontento creciente   Luis XIV también había querido neutralizar el malestar aristocrático haciendo que la nobleza estuviera exenta de pagar impuestos, cuya carga recayó sobre el campesinado y la burguesía. Esta carga aumentó constantemente a lo largo del siglo XVIII a medida que Francia intervenía más en el panorama mundial, librando una se-

Cronología

1776	1777	1781	1788	1789
Anne-Robert-Jacques Turgot, ministro de Finanzas de Luis XVI, es cesado después de intentar reformas.	Francia se une a los colonos americanos en la guerra contra Gran Bretaña.	Jacques Necker, sucesor de Turgot, dimite después de que se rechazase su propuesta de reformas.	La crisis económica provoca que se vuelva a llamar a Necker.	**Mayo** Se reunen los Estados Generales. **Junio** El tercer estado se constituye en Asamblea Nacional. **Julio** Las masas asaltan la Bastilla. **Agosto** La Asamblea Nacional publica la Declaración de los Derechos del Hombre. **Junio** Luis XVI y su familia intentan huir de Francia.

rie de guerras para mantener su posición en Europa y para formar y defender un imperio en ultramar. Esta última ambición fue en líneas generales un fracaso, perdiendo Canadá y la India ante los británicos en la guerra de los Siete Años, que terminó en 1763. La economía también se vio debilitada por la extensión del sistema, establecido por la corona, de patronazgos y monopolios, que dificultaban el comercio y la industria.

El sucesor de Luis XIV, Luis XV, resultó ser un gobernante débil e indeciso, dominado por sus amantes; y, en consecuencia, las facciones, las intrigas y la corrupción que se

María Antonieta

La esposa de Luis XVI, la princesa austriaca María Antonieta, fue ampliamente criticada por los antimonárquicos por su extravagancia y su falta de simpatía por sus súbditos empobrecidos (aunque no es probable que dijera nunca «Que coman galletas» cuando se le explicó que la gente no tenía pan para comer). Se extendieron rumores insidiosos, en especial los relacionados con su supuesto apetito sexual insaciable, porque al igual que en América, los de tendencias republicanas adoptaron el lenguaje de la «virtud» para recalcar la decadencia y depravación de sus opresores.

movían alrededor de la corte provocaron una continua pérdida de prestigio de la monarquía. Las cosas empeoraron bajo el inepto y mediocre Luis XVI, que subió al trono en 1774. Su decisión de proporcionar ayuda militar a los americanos en su lucha por la independencia contra los británicos, aunque tuvo éxito, llevó a Francia al borde de la bancarrota. Los intentos del ministro de Finanzas del rey de introducir reformas económicas fracasaron por la oposición de la aristocracia y de la propia esposa de Luis XVI, María Antonieta.

Los acontecimientos de 1789 La situación llegó a su punto álgido en mayo de 1789, cuando, con el fin de resolver la crisis económica, convencieron a Luis XVI para que reuniera —por primera vez desde 1614— los Estados Generales, la asamblea representativa de los tres estados: el clero, la nobleza y la burguesía. El segundo estado, la nobleza, se mostró contraria a considerar cualquier tipo de cambio, cediendo la iniciativa al tercer estado, la burguesía, la clase media, cuyas ambiciones comerciales se habían visto perjudicadas por impuestos injustos, restricciones en el co-

1791

Agosto Prusia y Austria amenazan con intervenir en apoyo de Luis XVI. **Septiembre** Luis XVI acepta la nueva constitución. **Octubre** La Asamblea Nacional es sustituida por la Asamblea Legislativa, que apoyó la guerra contra Austria.

1792

Septiembre Derrota de la invasión austro-prusiana en Valmy. La nueva Convención Nacional declara Francia como una República. **Noviembre** Los jacobinos radicales dirigidos por Dantón expulsan el gobierno de los moderados girondinos. **Diciembre** Juicio contra Luis XVI.

> **«La fuente fundamental de toda soberanía reside en la nación ... La ley es una expresión de la voluntad general. »**
>
> **Declaración de los Derechos del Hombre y del Ciudadano,** agosto de 1789

mercio y mala gestión económica. El tercer estado se erigió en Asamblea Nacional, y cuando el rey envió tropas a París, aparentemente en una acción contra la asamblea rebelde, las masas asaltaron la Bastilla (una fortaleza que tenía la función de prisión política) para apoderarse de armas para su defensa. La Revolución Francesa había empezado.

Los revolucionarios de París y de otras partes establecieron una Guardia Nacional para defender la Asamblea Nacional. Mientras tanto, el ejército estaba dividido y no hizo nada. La Asamblea Nacional abolió los privilegios de la aristocracia y en agosto publicó la Declaración de los Derechos del Hombre y del Ciudadano, que afirmaba la libertad e igualdad de todos los hombres. En octubre, Luis XVI y su familia fueron obligados a abandonar Versalles y a residir en París, donde estarían más cerca del pueblo ante el cual eran ahora responsables.

El baño de sangre   Después de un intento fallido de huir del país en 1791, Luis XVI fue llevado de regreso a París y forzado a dar su aprobación a la nueva Constitución, que limitaba mucho sus poderes. Estos acontecimientos no pasaron desapercibidos en los demás países de Europa, que, en su mayoría, seguían siendo monarquías absolutas. En agosto de 1791 Leopoldo II de Austria y el rey de Prusia declararon que no descartaban una intervención militar en apoyo del rey francés, y en diciembre el propio Luis XVI escribió a una serie de cabezas coronadas sugiriendo una acción militar concertada «como el mejor medio para poner fin a las facciones».

En agosto de 1792, austríacos y prusianos invadieron Francia con el propósito de restaurar a Luis XVI en todos sus poderes. Los invasores fueron rechazados en Valmy y los revolucionarios se volvieron entonces contra sus compatriotas, masacrando a cientos de sospechosos de ser contrarrevolucionarios. En noviembre, Francia fue declarada una República y al año siguiente Luis XVI y la reina fueron condenados por traición y enviados a la guillotina.

Cronología

1793

Enero Ejecución de Luis XVI. **Febrero** Francia se anexiona los Países Bajos austríacos. Gran Bretaña, Austria, Prusia, los Países Bajos, España y Cerdeña forman una coalición contra Francia. **Marzo** Estalla una revuelta antirrevolucionaria en la región de la Vendée. **Julio** Inicio del Reinado del Terror. **Octubre** Ejecución de María Antonieta. **Diciembre** Aplastada la revuelta de la Vendée.

1794

Abril Ejecución de Dantón. **Julio** Derrocamiento y ejecución de Robespierre, finalizando el Reinado del Terror.

Esto sólo era el principio. Ante la amenaza de más intervenciones extranjeras y revueltas internas, los jacobinos —la facción radical— eclipsaron al partido girondino y establecieron una dictadura virtual bajo el Comité de Salud Pública, dominado por Maximilien Robespierre. En el consiguiente «Reinado del Terror», decenas de miles de sospechosos de ser contrarrevolucionarios fueron guillotinados. Este baño de sangre sólo llegó a su fin cuando el propio Robespierre fue derrocado por un golpe de estado en julio de 1794 y ejecutado.

> **« Cuando se cuelgue al último rey con las tripas del último cura, la raza humana tendrá esperanzas de alcanzar la felicidad. »**
>
> *La Bouche de fer* («La Boca de hierro»), un periódico revolucionario, 11 de julio de 1791

Los excesos del Terror alarmaron tanto a los gobiernos de los demás países europeos, que cualquier llamamiento a la reforma política o social se consideraba peligroso y una traición, y se aplastaba sin piedad. El espíritu progresista de la Ilustración, que había ayudado a alimentar las revoluciones en Francia y América, fue arrinconado por un ambiente renovado de temor y reacción. En Francia, el caos político continuó durante la década de 1790, hasta que un oficial del ejército, joven y muy ambicioso, llamado Napoleón Bonaparte, restauró un gobierno estable.

La idea en síntesis: establecimiento de los principios de *liberté*, *égalité* y *fraternité*, pero a costa de un gran baño de sangre

1795	1796-1797	1798	1799
Los radicales locales establecen la República Bátava en los Países Bajos con la ayuda de la Francia revolucionaria. La Convención Nacional es sustituida por el Directorio de los Cinco.	Napoleón Bonaparte derrota a los austríacos en Italia. Francia establece repúblicas «hermanas» en el norte de Italia.	Establecimiento de repúblicas en Roma y Suiza.	Bonaparte toma el poder en Francia como «primer cónsul».

28 La época napoleónica

«¿Qué dirá la historia?», preguntó en su momento Napoleón. «¿Qué pensará la posteridad?» Tanto sus contemporáneos como los que vinieron después están divididos en su juicio sobre Napoleón Bonaparte, el joven oficial de artillería corso que se convirtió en Napoleón I, emperador de los franceses, y gobernante del mayor imperio en Europa desde los días de los romanos.

En Francia, Napoleón sigue siendo muy respetado y su tumba en Les Invalides en París se ha convertido en un santuario del más sagrado de los sentimientos franceses: *la gloire*. Más allá de las fronteras de Francia, muchos —en especial en el siglo XIX— lo consideraron un coloso, el arquetipo del «gran hombre», que a través de la pura energía y la fuerza de voluntad puso el mundo a sus pies. Otros lo denigran como un tirano vanaglorioso que en nombre de la libertad habría reducido todo el mundo a la esclavitud.

De brigadier a emperador Las dos décadas y media de conflicto europeo que se conoce como las guerras revolucionarias y napoleónicas tuvieron su inicio en agosto de 1792, cuando Austria y Prusia atacaron a la Francia revolucionaria. Gran Bretaña y otros aliados europeos se unieron al año siguiente, y fue en diciembre de 1793 cuando Napoleón Bonaparte saltó por primera vez a la luz pública, al tener un papel destacado en la reconquista del centro naval de Toulon que estaba en manos británicas. Bonaparte fue ascendido al grado de general de brigada con sólo veinticuatro años.

A partir de ahí, Bonaparte se vio envuelto en levantamientos internos al aplastar una muchedumbre realista en París en octubre de 1795 con su famoso «tufillo a metralla». Condujo una campaña brillante contra los austríacos en Italia en 1796-1797, obligándoles a entregar a Francia los Países Bajos austríacos (la Bélgica mo-

Cronología

1792	1793	1796	1797	1798
La invasión austro-prusiana de la Francia revolucionaria es repelida en Valmy.	Francia se anexiona los Países Bajos austríacos (la Bélgica moderna). Los británicos son derrotados en Toulon.	Bonaparte derrota a los austríacos en Italia. Saboya y Niza cedidos a Francia. Los franceses establecen la República Lombarda.	Bonaparte consigue más victorias en el norte de Italia, donde los franceses proclaman la República Cisalpina y la República Ligur.	Establecimiento de repúblicas «hermanas» en Roma y Suiza (República Helvética). La flota británica derrota a la francesa en la batalla del Nilo.

《 Así que no es más que un hombre. Ahora también pisoteará todos los derechos humanos y sólo servirá a su propia ambición; se situará por encima de todos los demás y se convertirá en un tirano. 》

Ludwig van Beethoven, al oír que el héroe y defensor de la República francesa se había proclamado emperador, mayo de 1814. Beethoven rompió la portada de su tercera sinfonía, con su dedicatoria a Napoleón, y la rebautizó como *Heroica.*

derna). Aunque su campaña en Egipto en 1798 terminó en fracaso ante los británicos, su estrella siguió en ascenso en Francia, y en noviembre de 1799 ocupó el poder como «primer cónsul» con potestades prácticamente dictatoriales. Tras un breve período de paz en 1802-1803, siguió la guerra, y en 1804 Bonaparte horrorizó a muchos de los admiradores republicanos de todo el mundo al proclamarse emperador como Napoleón I. Había calculado con exactitud que sus éxitos militares contra los enemigos de Francia le habían ganado suficiente popularidad interna, y no sólo en el ejército, para dar un paso tan atrevido.

Aunque su plan de invadir Gran Bretaña se vio frustrado por la flota de Nelson en Trafalgar en 1805, Napoleón triunfó en el continente europeo, infligiendo derrota tras derrota a austríacos, rusos y prusianos. En 1809 todos ellos habían firmado la paz con Francia, dejando a Gran Bretaña sola en la lucha. La mayor parte de Europa occidental, meridional y central estaba bajo el control de Napoleón, como parte del imperio francés, como reinos gobernados por miembros de su familia (como España y Nápoles), o como estados dependientes, que era el caso de la Confederación del Rin, establecida por Napoleón en Alemania para reemplazar al sacro imperio.

Folie de grandeur La imposición por parte de Napoleón de su hermano José como rey de España en 1808 resultó ser un error muy caro, implicando a un gran número de tropas francesas en una guerra brutal contra las fuerzas guerrilleras españolas. Napoleón se equivocó aún más en 1812, cuando decidió invadir Rusia. La *Grande Armée* francesa, aunque derrotó a los rusos en Borodi-

1799	1800	1802	1803	1804	1805
Bonaparte toma el poder en Francia como primer cónsul.	Bonaparte derrota a los austríacos en Marengo, estableciendo el dominio francés en Italia.	Francia firma la paz con Gran Bretaña y sus aliados.	Reanudación de las hostilidades en Europa.	Bonaparte se convierte en el emperador Napoleón I.	Napoleón derrota a los austríacos en Ulm y ocupa Viena, y a los austríacos y rusos en Austerlitz. Nelson derrota a la flota franco-española en Trafalgar.

Napoleón como comandante

La efectividad de Napoleón como general radica en una combinación de factores. Entre ellos se incluye su habilidad para mantener al enemigo dubitativo sobre sus intenciones, seguido de un golpe concentrado en el punto débil del enemigo. Dicha táctica requería una maestría en la maniobra y un despliegue rápido, combinado con una logística flexible. Francia había respondido al estallido de las guerras revolucionarias con el reclutamiento masivo de un ejército de ciudadanos, y con una gran reserva de soldados a su disposición, Napoleón podía permitirse el gasto de hombres: «No me pueden parar», había fanfarroneado ante el ministro de Exteriores de Austria, el conde Metternich, «gasto 30.000 hombres al mes». A pesar de esta dureza sus tropas adoraban a *l'Empereur,* entre otra cosas porque reconocía el talento por encima del privilegio, y promocionaba a muchos hombres de la tropa, siendo el más famoso de ellos el mariscal Ney.

no, estaba mal equipada para enfrentarse al invierno ruso, y descubrió que no podía vivir sobre el terreno como era su costumbre, porque los rusos habían desplegado una política despiadada de tierra quemada en su retirada hacia Moscú. Cerca de medio millón de soldados franceses habían iniciado la campaña; menos de la décima parte regresó.

El desastre ruso persuadió de nuevo a Prusia y Austria para que se aliasen con Gran Bretaña contra Napoleón. Consiguieron una gran victoria en Leipzig en 1813 y al año siguiente el duque de Wellington, que había estado combatiendo a los franceses durante años en la península Ibérica, condujo a las fuerzas británicas que atravesaron la frontera de Francia. Con París en manos de los Aliados, Napoleón abdicó y fue exiliado en la isla de Elba, frente a las costas de Italia. Sin embargo, la restauración de la monarquía francesa no fue popular y Napoleón regresó del exilio para probar suerte de nuevo. El ejército francés se unió a su alrededor y en junio de 1815 se enfrentó a británicos y prusianos en Waterloo. Fue, en palabras de Wellington, «una lucha ajustada», pero Napoleón fue derrotado, capturado y enviado al exilio a la remota isla de Santa Helena en el Atlántico Sur. Nunca regresó.

El impacto de Napoleón Maximilien Robespierre, antes de instaurar el Gran Terror, había advertido a sus conciudadanos que alguno de sus generales victoriosos podía establecer una «dictadu-

Cronología

1806	1807	1808	1809
Creación de la Confederación del Rin, dominada por Francia. Los franceses derrotan a los prusianos en Jena y Auerstädt. Napoleón convierte a su hermano José en rey de Nápoles y a su otro hermano Luis en rey de las Provincias Unidas.	Rusos y prusianos firman la paz con Napoleón. Los franceses invaden Portugal.	Los franceses ocupan España; el hermano de Napoleón, José, se instala como rey. Inicio de la guerra de Independencia.	Napoleón derrota a los austríacos en Wagram. Los franceses se anexionan los Estados Pontificios. Wellington derrota a los franceses en Talavera.

ra legal». Esto es precisamente lo que hizo Napoleón en 1799, aunque declaró en el momento de ocupar el poder que «la Revolución se ha establecido sobre sus principios originales: está consumada». Si bien el gobierno de Napoleón estuvo lejos de ser liberal —creía, por ejemplo, que la libertad de prensa hacía que la tarea de gobierno fuera imposible, y actuó sin piedad contra sus oponentes políticos domésticos— preservó algunos de los valores de la Revolución Francesa, que temía que estaba degenerando en una anarquía. Su legado más duradero fue el Código Napoleónico, un sistema de derecho civil que se extendió por todo su imperio y los estados dependientes y aliados. Recogía muchos de los valores de la Revolución y de la Ilustración, entre ellos la igualdad (aunque, en la versión de Napoleón, no para la mujer), la libertad individual, la separación de Iglesia y estado, y la tolerancia religiosa. Hasta la actualidad, el Código Napoleónico proporciona el modelo para muchos códigos civiles en Europa y en todo el mundo.

> **《 Las conquistas me han hecho lo que soy; sólo las conquistas me pueden mantener. 》**
>
> **Napoleón Bonaparte,** 30 de diciembre de 1802

Tras la derrota de Napoleón, los Aliados victoriosos intentaron deshacer la nueva administración, restaurando las antiguas monarquías absolutas y los imperios que pasaban por encima de las fronteras étnicas. Después de 1815, las fuerzas de la reacción que ocupaban el poder en toda Europa hicieron todo lo posible para aplastar las aspiraciones radicales y nacionalistas que habían surgido con la Revolución Francesa. Pero tras décadas de represión, de nuevo iban a estallar en llamas en 1848.

La idea en síntesis: ya fuera un tirano o un liberador, Napoleón transformó Europa

1812	1813	1814	1815
Desastrosa campaña rusa de Napoleón. Estallido de la guerra de 1812 entre Gran Bretaña y EE. UU.	Las tropas anglo-españolas vencen a los franceses en Vitoria. Napoleón es derrotado en la «batalla de las Naciones» en Leipzig. Los británicos entran en Francia. Las fuerzas americanas ganan la batalla del Támesis.	Los Aliados ocupan Francia; Napoleón es exiliado en Elba. El congreso de Viena se reúne. Los británicos incendian Washington DC.	Los americanos derrotan a los británicos en Nueva Orleans, sin saber que ya se había firmado la paz. Napoleón regresa a Francia, pero cae en Waterloo.

29 La independencia de las colonias españolas

La Revolución Francesa y las guerras napoleónicas provocaron un profundo impacto en España, que llegaba a los últimos años del siglo XVIII en plena decadencia como potencia internacional e inmersa en una crisis económica, social y política que la convirtió en presa fácil para las ambiciones de Napoleón Bonaparte.

Tras la primera conmoción provocada por la Revolución y, sobre todo, por la ejecución del rey Luis XVI en 1796, España, representada por el primer ministro Manuel Godoy, favorito del rey Carlos IV, volvió a la alianza tradicional con Francia, que había marcado las relaciones internacionales de España desde la instauración de la dinastía borbónica a principios del siglo XVIII. El ejército y la armada españoles se pusieron a disposición de Francia en su intento por neutralizar la influencia británica en Portugal y en el Mediterráneo, lo que condujo a la dolorosa derrota en la batalla naval de Trafalgar en 1805, que marcó el fin del sueño napoleónico de invadir Gran Bretaña.

Ocupación y revuelta popular   La corrupción e incompetencia de la corte de Carlos IV, convencieron a Napoleón de convertir España en un estado satélite, colocando en el trono a su hermano José. Con este objetivo, en 1807 se firmó el tratado de Fontainebleau, que contemplaba la entrada en España de un ejército francés con el fin de lanzar una invasión conjunta contra Portugal. Pero poco a poco las tropas francesas fueron ocupando las ciudades españolas más importantes, hasta alcanzar la cifra de más de sesenta mil hombres, sin mostrar la más mínima intención de atacar a Portugal.

Cronología

1788	1793-1794	1796	1797	1800
Sube al trono Carlos IV.	Guerra de los Pirineos contra Francia.	España se alía con Francia en el tratado de San Ildefonso en contra de Gran Bretaña y pierde el monopolio del comercio con América.	La flota hispano-francesa es derrotada por la inglesa en la batalla del Cabo de San Vicente. Nelson ataca Tenerife.	España cede a Francia Luisiana.

Cuba y Filipinas

Tras la independencia de los virreinatos del sur y el centro de América, el imperio español había quedado reducido a Cuba y Puerto Rico en el Caribe, y a Filipinas y algunos archipiélagos dispersos en el océano Pacífico. Pero en estos enclaves también había arraigado el ansia de independencia y a lo largo de todo el siglo XIX se vivieron una sucesión de intentos para alcanzar dicho objetivo, que desencadenaron tres guerras en Cuba durante la segunda mitad del siglo y culminaron en la breve y desastrosa guerra hispano-norteamericana de 1898, que supuso el punto y final de las aspiraciones coloniales de España. La doctrina Monroe de «América para los americanos» había marcado la política anticolonial de EE. UU. en el continente y su auge como potencia neocolonial contraria a los intereses europeos, pero ansiosa por controlar la economía y la política exterior de los nuevos países americanos. En consecuencia, habían apoyado activamente al movimiento independentista cubano, y también al filipino como estrategia para conseguir una base estable en el Lejano Oriente, aprovechando la explosión accidental del acorazado *Maine* en la bahía de La Habana para declararle la guerra a España, que no tenía los recursos militares ni económicos para enfrentarse a la nueva potencia mundial. La derrota de 1898 dejó en manos de EE. UU. las últimas posesiones españolas en ultramar y provocó en España la aparición del regeneracionismo, un movimiento intelectual preocupado por los derroteros que estaba tomando el país y que abogaba por su modernización.

Los franceses actuaban más como conquistadores que como aliados y el malestar popular no hacía más que crecer, hasta que el 2 de mayo de 1808 estalló en Madrid una revuelta popular ante el rumor de que los franceses intentaban sacar a la familia real de la ciudad. La revuelta provocó numerosas bajas entre los franceses, pero finalmente fue sofocada y a continuación se desencadenó una gran represión con el fusilamiento sumarísimo de numerosos supervivientes de las refriegas callejeras, como recoge el famoso cuadro de Goya. Pero la mecha ya había prendido y la noticia de la revuelta madrileña provocó levantamientos en otras muchas ciudades que consiguieron resistir.

1801	1802	1805	1807	1808
Guerra de las Naranjas contra Portugal.	Por la paz de Amiens, Menorca vuelve a España.	Derrota hispano-francesa en la batalla naval de Trafalgar. Muerte del almirante Nelson.	Tratado de Fontainebleau que autoriza la entrada de tropas francesas en España.	Levantamiento de la población contra la presencia francesa. Inicio de la guerra de independencia.

> **« Esta maldita guerra fue la causa de todas las desgracias ... Todas las circunstancias de mis desastres se relacionan con este nudo fatal: destruyó mi autoridad moral en Europa, complicó mis dificultades, abrió una escuela a los soldados ingleses ... esta maldita guerra me ha perdido. »**
>
> Napoleón I, refiriéndose a la guerra en España

Mientras Napoleón reunía en Bayona una asamblea de notables españoles afrancesados para proclamar como rey de España a su hermano José, en Sevilla se constituía una Junta Suprema, que iba a dirigir la resistencia en nombre de Fernando VII, en quien había abdicado su padre Carlos IV. A partir de ese momento se iba a desencadenar una feroz guerra de guerrillas, punteada con sitios famosos como los de Zaragoza y Gerona, y batallas campales.

La primera derrota   El enquistamiento del conflicto en España, provocó la intervención del emperador en persona, al frente de su *Grande Armée*, en diciembre de 1808. Napoleón arrolló sin demasiado esfuerzo la resistencia que ofrecía el ejército español y el cuerpo expedicionario británico del general John Moore, pero los acontecimientos en Europa le obligaron a regresar a Francia en enero de 1809, dejando el mando de las operaciones a sus subordinados, que acabaron ocupando todo el país.

Con la Junta Suprema sitiada en Cádiz y el ejército prácticamente en desbandada, la resistencia se centró en los grupos guerrilleros. Esta situación se mantuvo hasta el verano de 1812 cuando las tropas británicas, españolas y portuguesas pudieron derrotar al ejército francés en la batalla de los Arapiles, iniciándose su retirada que culminaría tras la derrota en la batalla de Vitoria en 1813.

Las consecuencias de la guerra   La expulsión de los franceses devolvió el trono a Fernando VII que, ajeno a los anhelos populares que se habían reflejado en la Constitución de Cádiz de 1812, reinstauró una monarquía absoluta y reprimió cualquier intento de

Cronología

1811	1812	1813	1814	1816
Independencia de Paraguay y Venezuela.	Las Cortes de Cádiz redactan y aprueban la Constitución de 1812.	La derrota francesa en la batalla de Vitoria marca el final de la presencia francesa en territorio español.	Fernando VII suspende la Constitución de Cádiz y restaura el absolutismo.	Independencia de Argentina.

liberalización de la monarquía, con lo que sumió al país en un largo reinado de conflictos políticos y sociales, y de crisis económica.

La guerra en América   En las colonias españolas en América, la influencia de las ideas de la Ilustración y la decadencia del poder de España había provocado un aumento de las ansias independentistas. El ejemplo de la independencia de las colonias británicas junto con los problemas de comunicación con la metrópolis que había provocado la guerra contra Francia habían confirmado su capacidad de autogestión. Las Juntas que se formaron a partir de 1808 en los diferentes virreinatos y que tuvieron el objetivo inicial de garantizar la continuidad del gobierno español, derivaron poco a poco hasta convertirse en asambleas independentistas.

《《 Me ruborizo al decirlo: la independencia es el único bien que hemos adquirido a costa de los demás. 》》

Simón Bolívar, 1830

Cuando quedó claro que Fernando VII adoptaba una posición absolutista y reacia a cualquier cesión, el conflicto fue inevitable. A partir de 1811 se fueron sucediendo las declaraciones de independencia y los enfrentamientos con las tropas españolas y los criollos que siguieron leales a la corona. En este proceso destacaron diversos jefes políticos y militares, como Simón Bolívar, José de San Martín, que consiguieron expulsar a las tropas españolas, pero fracasaron en el intento de mantener la unidad política de América Central y del Sur.

La idea en síntesis: el sueño de una confederación de la América del Sur no pudo materializarse

1818	1821	1824	1825	1898
Independencia de Chile.	Independencia de México, Panamá y Costa Rica.	Independencia de Perú.	Independencia de Bolivia.	Independencia de Cuba, Puerto Rico y Filipinas.

30 La revolución industrial

En el siglo y medio después de 1750, las economías y las sociedades de la mayor parte de Europa y América del Norte se vieron completamente transformadas. Donde la riqueza se había basado predominantemente en la posesión de la tierra, empezó a surgir cada vez más de la industria, ya fuera la minería o la manufactura, que sufrieron una gran revolución a causa de las nuevas tecnologías.

Los pueblos y las ciudades crecieron de forma extraordinaria cuando empezaron a llegar personas desde el campo para trabajar en las nuevas fábricas. Al hacerlo, muchos cambiaron la pobreza rural por la degradación y la miseria urbanas, un fenómeno que aún se puede comprobar en los países de industrialización reciente de todo el mundo. Pero la transformación también creó una nueva clase media de gestores y emprendedores, que ganaron cada vez más poder político a expensas de la antigua aristocracia terrateniente.

La revolución industrial empezó en Gran Bretaña y se extendió a otras partes de Europa y a EE. UU. Varios factores contribuyeron a que Gran Bretaña se convirtiera en el primer país en producirse una extensión de la industrialización. En primer lugar, existía una gran acumulación de capital para invertir en empresas nuevas. Éste procedía tanto de los terratenientes ricos que habían mejorado sus propiedades y así habían aumentado sus beneficios, como del creciente dominio británico del comercio mundial, en especial el comercio atlántico, en el que las fortunas se basaban en los esclavos, el azúcar, el tabaco y otras materias primas. A mediados del siglo XVIII, Gran Bretaña había adquirido un gran imperio comercial de ultramar, que no sólo proporcionaba esas materias primas, sino también un mercado creciente para bienes manufacturados. También tuvo importancia en el crecimiento industrial de Gran

Cronología

1709	1712	1730	1760	1768	1769
Abraham Darby construye el primer alto horno alimentado por coque.	Thomas Newcomen inventa el primer motor de vapor práctico.	Jethro Tull inventa la sembradora, una máquina para plantar semillas de forma eficiente.	Inicio de la explosión de construcción de canales en Gran Bretaña.	Richard Arkwright patenta el «marco giratorio movido por agua», la primera máquina de hilar movida por agua.	James Watt mejora el motor de vapor de Newcomen.

Bretaña su geografía física, con sus extensas costas plagadas de puertos naturales que permitían el acceso a los mercados de ultramar, sus muchos ríos navegables y las reservas de carbón y mineral de hierro en las cercanías.

La mecanización y el sistema fabril La mecanización fue la clave que desencadenó la revolución industrial. En la época preindustrial, las manufacturas se realizaban en casa de individuos autoempleados, o en talleres pequeños en los que un maestro artesano supervisaba el trabajo de jornaleros y aprendices. Habitualmente, una persona realizaba todas las tareas necesarias para la producción de un objeto, desde el principio hasta el fin. Sin embargo, en *La riqueza de las naciones* (1776) el precursor de la economía Adam Smith señalaba las ineficiencias de este enfoque artesanal. Tomando el ejemplo de una fábrica de alfileres, Smith decía que un hombre trabajando solo debía afanarse para completar un alfiler al día, mientras que si diez trabajadores diferentes se encargaban cada uno de una fase del proceso, la fábrica podía producir 48.000 alfileres al día. Esta división del trabajo, argumentaba Smith, también animó el desarrollo de maquinaria nueva.

En Gran Bretaña la industria textil (basada en la lana local y el algodón importado de América) fue testigo de una serie de innovaciones que mecanizaron el hilado y el tejido. Los tejedores manuales autoempleados no podían competir con las nuevas fábricas con su maquinaria nueva, y se vieron obligados a renunciar a su independencia para ir a trabajar para propietarios de fabricantes a cambio de un sueldo mísero. En algunos lugares, tejedores descon-

> **《 La raza que vive en estas chabolas ruinosas... o en sótanos oscuros y húmedos, entre la mugre y el hedor insoportables ... esta raza realmente debe haber alcanzado el nivel más bajo de la humanidad. 》**
>
> **Friedrich Engels, en *La condición de la clase obrera en Inglaterra*, 1845, describe la vida de muchos en Manchester, una de las grandes ciudades industriales de Gran Bretaña**

1776	1779	1781	1785	1793	1804
Adam Smith esboza el capitalismo de libre mercado en *La riqueza de las naciones*.	Samuel Crompton inventa la *spinning mule*, la máquina de hilar usada durante más de un siglo.	Watts añade el movimiento rotatorio al motor de vapor.	Edmund Cartwright patenta su telar mecánico. Se usa por primera vez el vapor en el tejido de algodón.	Eli Whitney mejora el desgranado del algodón, para separar las semillas de las fibras.	Richard Trevithick construye la primera locomotora de vapor que funciona.

La revolución agrícola

Otro tipo de revolución estuvo en marcha junto con la revolución industrial. En el siglo XVIII se empezaron a organizar de una forma más racional todos los métodos para la producción de alimentos, en parte por la influencia del pensamiento ilustrado.

Sin embargo, la mejora de la agricultura tuvo un coste humano. En Gran Bretaña grandes extensiones de tierras comunales fueron «cercadas» por los terratenientes ricos, que obtuvieron el derecho para hacerlo a través de sus amigos en el Parlamento. Las personas que habían trabajado estas tierras comunales fueron expulsadas, provocando sufrimientos terribles en regiones como las Highlands escocesas, donde la gente fue echada de la tierra para dejar sitio a un animal más provechoso: la oveja. Situaciones similares a ésta se produjeron por toda Europa.

Ahora con grandes extensiones de terreno bajo su control, los terratenientes ricos pudieron introducir mejoras científicas, como la rotación de cultivos, la cría selectiva (en especial de animales) y la implantación de cultivos nuevos como los nabos para alimentar a los animales durante el invierno, en lugar de sacrificar a la mayoría a finales de otoño. La tecnología, en especial la mecanización, también desempeñó un papel clave: las innovaciones más notables fueron desde la sembradora de Jethro Tull en 1730 al arado de acero de John Deere en 1837, que hizo posible por primera vez el cultivo de los suelos duros del Medio Oeste de EE. UU. El aumento en la producción de alimentos que fue el resultado de estas mejoras hizo posible alimentar a un número creciente de personas, en Europa y América del Norte, que trabajaban en fábricas en lugar del campo.

tentos, conocidos como luditas, destruyeron las nuevas máquinas. Cuando detenían a los líderes de estos disturbios, eran ejecutados o enviados a Australia.

La era del vapor   Al principio, la maquinaria nueva se movía con molinos de agua, pero con la mejora del motor de vapor, el carbón se convirtió en la principal fuente de energía. El carbón (en la forma de coque) también proporcionaba el calor necesario para fundir el mineral de hierro, y la demanda creciente de carbón condujo a la explotación de vetas cada vez más profundas.

Cronología

1811-1812	1812	1821	1823	1825	1829
Estallido de destrucción de máquinas en Inglaterra.	Henry Bell construye el *Comet*, el primer barco de vapor de ruedas con paletas.	Michael Faraday presenta el motor eléctrico.	El gobierno británico adopta la técnica de construcción de carreteras de John McAdam.	Obertura de la primera línea de ferrocarril pública entre Stockton y Darlington. Thomas Telford completa el puente sobre el estrecho de Menai.	La locomotora *Rocket* de Robert Stephenson alcanza los 58 km/h, animando al desarrollo del ferrocarril.

Uno de los efectos más importantes del carbón y el vapor se produjo en el transporte. Durante siglos, los bienes más grandes se habían movido en barco por ríos y aguas costeras más que por carreteras, que tenían un mantenimiento muy deficiente y con frecuencia, en especial en invierno, eran intransitables. El siglo XVIII presenció una extensión del transporte naval, en la forma de una red nueva de canales enlazados con las vías de agua naturales ya existentes. Aunque al mismo tiempo se implantó también un gran programa de mejora de carreteras, la revolución más significativa en el transporte iba a ser el ferrocarril, iniciado con la inauguración de la línea entre Stockton y Darlington en 1825. Muy pronto las redes de ferrocarriles se extendieron por toda Europa, América del Norte y otros lugares. El ferrocarril hacia posible el transporte barato de grandes volúmenes no sólo de bienes, sino también de pasajeros, dando origen a la posibilidad de desplazarse al ir creciendo las ciudades, y a ampliar los horizontes, a medida que la gente pudo viajar cada vez más lejos. Un efecto similar se produjo cuando se aplicó el vapor a los barcos, haciendo que, por ejemplo, los viajes transatlánticos se convirtieran casi en una rutina.

A su vez, el vapor empezó a ser sustituido por la electricidad y el motor de combustión interna. A finales del siglo XIX, los rivales económicos de Gran Bretaña, Alemania y EE. UU., fueron más efectivos a la hora de adoptar estas nuevas tecnologías, permitiéndoles tomar la delantera. A principios del siglo XX, EE. UU. se habían convertido en la primera potencia industrial del mundo.

> **« Aplanamos montañas y convertimos los mares en nuestras carreteras; nada se nos puede resistir. »**
>
> **Thomas Carlyle,** dando un giro positivo a los adelantos tecnológicos en *Signs of the Times*, 1829

La idea en síntesis:
la revolución industrial creó una prosperidad nueva, pero con un gran coste humano

1839	Década de 1840	1843	1844	1857	1869	1908
Charles Goodyear inventa el proceso de vulcanización del caucho.	*Boom* del ferrocarril en Europa.	Isambard Kingdom Brunel construye el *Great Britain*, el primer barco grande impulsado por hélices.	Samuel Morse transmite el primer mensaje telegráfico.	El proceso Bessemer permite la producción barata de acero templado.	Se completa el ferrocarril de la Union Pacific, primer enlace transcontinental que atraviesa EE. UU.	Henry Ford inicia la producción masiva de su modelo «T».

31 Nacionalismo en Europa

El siglo xix presenció grandes cambios en el mapa político de Europa, de significado comparable a la transformación económica y social provocada por la revolución industrial. En el sureste del continente, surgieron una serie de países nuevos a medida que se desintegraba el imperio de los turcos otomanos (véase pp. 78-79), mientras que en Europa central y meridional se creaban dos estados nuevos y poderosos: Italia y Alemania.

Estos nuevos estados se basaban en fundamentos étnicos, y en el siglo xix cada vez más pueblos se definieron en función de su identidad étnica o nacional, principalmente en la lengua que hablaban. Con el objetivo de delimitar esta identidad, muchos artistas de este período recuperaron un pasado con frecuencia mitificado y estudiaron en profundidad la música y los cuentos populares, de manera que ayudaron a crear lo que con frecuencia fueron nuevas «tradiciones» nacionales.

Aunque en Europa occidental naciones-estado como Gran Bretaña y Francia llevaban largo tiempo establecidas, en otras partes del continente, al finalizar las guerras napoleónicas en 1815, la imagen era muy diferente. Alemania era un conglomerado de principados en su mayoría pequeños y dominados en gran parte por Austria. El propio imperio de Austria incluía a polacos, checos, eslovacos, húngaros, eslovenos, croatas e italianos, así como súbditos de habla alemana. Italia, como Alemania, no disfrutaba de unidad política, siendo simplemente —en palabras del príncipe Metternich, ministro de Asuntos Exteriores austríaco— «una expresión geográfica».

Las revoluciones de 1848 La derrota de Napoleón en 1815, y la restauración de las antiguas monarquías e imperios absolutos,

Cronología

1798	1804-1813	1814-1815	1820	1821-1829	1825
Revuelta de los Irlandeses Unidos contra el gobierno británico en Irlanda.	Triunfa la revuelta serbia contra el gobierno turco.	El congreso de Viena restaura los *anciens régimes* por toda Europa.	Revueltas liberales y nacionalistas en España, Portugal y Nápoles.	Guerra de independencia griega contra Turquía.	Revuelta decembrista en Rusia.

puso fin a las esperanzas que habían nacido de la Revolución Francesa. La clase media creciente, cuya riqueza procedía del comercio y la industria, había esperado mayor poder político a expensas de la antigua aristocracia terrateniente, y por eso muchos abrazaron la causa del liberalismo, mediante el cual el poder de los monarcas absolutos sería sustituido por una constitución y una asamblea legislativa en la que tendrían representación. En aquellas partes de Europa en las que el pueblo se encontraba bajo un gobierno extranjero, las llamadas a la reforma constitucional coincidieron a menudo con demandas del derecho a la autodeterminación nacional.

Después del fracaso de una serie de levantamientos en la década precedente, en 1848 estallaron revoluciones en muchas partes de Europa. El malestar estalló en Francia, donde, como en todas partes, también estuvo implicado un elemento socialista, a medida que el campesinado y la clase obrera urbana no sólo se encontró privada de representación, sino sufriendo hambre y desempleo. El rey francés fue depuesto y se declaró la Segunda República.

Siguieron levantamientos en Alemania, en la Bohemia de lengua checa, Polonia, Italia, Hungría, Sicilia e incluso en la propia Viena. En la Confederación Alemana dominada por Austria, los nacionalistas formaron el Parlamento de Frankfurt, que exigió reformas liberales y la unificación de Alemania. En Prusia, el rey Federico Guillermo IV se vio obligado a aceptar la creación de una constitución y de una asamblea nacional, y a apoyar el objetivo de la unificación alemana, mientras que en el imperio austríaco, los bohemios y los húngaros consiguieron una cierta independencia. También se aprobaron constituciones en una serie de estados italianos. Muchas creyeron que se trataba de «la primavera de los pueblos».

Pero muchos de estos logros tuvieron una vida muy breve. En Francia, la Segunda República fue derribada en 1851 por un golpe del nieto de Napoleón I, Luis Napoleón Bonaparte, que se declaró emperador como Napoleón III. Federico Guillermo rechazó el ofrecimiento de la corona de una Alemania unidad, y se restauró

1830	1831, 1834	1832-1834	1848-1849	1859	1860
Francia instaura una monarquía constitucional conservadora bajo Luis Felipe. Independencia de los Países Bajos.	Fracasan las revueltas del movimiento radical democrático de la «Joven Italia», dirigido por Giuseppe Manzini.	Aplastamiento de las revueltas izquierdistas en Francia.	Revoluciones por toda Europa.	Los austríacos, derrotados en Magenta y Solferino, son expulsados de Lombardía.	Garibaldi libera Sicilia y Nápoles.

el dominio de Austria sobre la Confederación Alemana. Austria también aplastó las revueltas en Bohemia, Hungría y el norte de Italia, y restauró el gobierno imperial absolutista.

Unificaciones italiana y alemana   Después de 1848, los dos hechos más significativos del nacionalismo europeo del siglo XIX, las unificaciones de Italia y Alemania, fueron en gran parte consecuencia de las políticas de los primeros ministros de dos reinos, Piamonte y Prusia.

Las guerras de Bismarck

La primera adquisición territorial de Bismarck para Prusia fue Schleswig-Holstein, cuyo control se disputaba desde hacía mucho tiempo con Dinamarca. En 1864 cerró una alianza temporal con Austria y entonces atacó y derrotó a Dinamarca. Dos años después provocó la guerra de las Siete Semanas con Austria, y la derrota de ésta dejó a Prusia como la potencia principal en el norte de Alemania. El movimiento final de Bismarck fue jugar con la inseguridad sobre la independencia de los estados meridionales de Alemania, que temían caer víctimas de las correrías militares de Napoleón III. Para conseguir su apoyo, Bismarck empujó a Francia para que declarase la guerra franco-prusiana de 1870-1871, que terminó con la derrota francesa y selló la unificación alemana.

Piamonte, una monarquía constitucional del noroeste de Italia, estaba más desarrollado económica e industrialmente que los demás estados italianos, y su primer ministro desde 1852, Camillo di Cavour, se propuso unificar Italia bajo su liderazgo con una mezcla de diplomacia y guerra. En 1859, después de prometer la cesión de Niza y Saboya a Francia, Cavour se aseguró el apoyo militar francés para expulsar a los austríacos de Lombardía. En 1860, el jefe de la guerrilla italiana radical, Giuseppe Garibaldi, emprendió una campaña en la que sus 1.000 camisas rojas y él barrieron a la dinastía española que gobernaba en Sicilia y Nápoles. Decidido a mantener el control piamontés sobre el proceso de liberación nacional, Cavour envió tropas a las Estados Pontificios, para coartar las ambiciones de Garibaldi sobre los mismos. En 1861 se estableció el reino de Italia y Garibaldi reconoció a Víctor Manuel II de Piamonte como rey del país unificado. Las piezas restantes del rompecabezas se acabaron de incorporar con rapidez.

Cronología

1861	1863	1864	1866	1867	1870
Se establece el reino de Italia.	Polacos y lituanos se rebelan contra el gobierno ruso.	Prusia derrota a Dinamarca y ocupa Schleswig, mientras que Austria toma Holstein.	Prusia derrota a Austria y se anexiona Hannover, Nassau y Hesse-Cassel. Italia arrebata Venecia a Austria.	Formación de la Confederación Alemana del Norte, dominada por Prusia. Creación de la monarquía dual de Austria-Hungría.	Guerra franco-prusiana. Italia arrebata Roma al papa. Formación del movimiento del Home Rule en Irlanda.

Después de apoyar a Prusia en su guerra victoriosa contra Austria en 1866, ésta se vio obligada a entregar Venecia en el noreste, mientras que la capital histórica de Italia, Roma, fue incorporada finalmente en 1870.

Diplomacia, guerra y *realpolitik* también marcaron la ruta hacia la unificación alemana, que fue pilotada por Otto von Bismarck, primer ministro de Prusia. Bismarck fue —a diferencia de los revolucionarios de 1848— un conservador militarista, que desplegó una estrategia de «sangre y hierro» y desencadenó tres guerras con el fin de que todos los estados alemanes cayeran bajo el dominio de Prusia. En 1871 el rey Guillermo de Prusia fue proclamado káiser del nuevo imperio alemán, que ahora incluía las antiguas provincias franceses de Alsacia y Lorena, muy ricas en recursos naturales.

> **《Hemos hecho Italia. Ahora tenemos que hacer italianos.》**
>
> **Massimo d'Azeglio,** durante la primera reunión del Parlamento de la Italia unificada en 1861

El nacimiento de un estado alemán nuevo y poderoso —el más poblado y uno de los industrialmente más avanzados de Europa— dio lugar a tres cuartos de siglo de amarga enemistad franco-alemana, que contribuyó al estallido de dos guerra mundiales devastadoras. Sin embargo, la chispa que prendió el primero de dichos conflictos se produjo muy lejos de la frontera franco-alemana. Ocurrió en junio de 1914 al otro lado de Europa, en Sarajevo.

La idea en síntesis: el crecimiento del nacionalismo contribuyó al estallido de la primera guerra mundial

1871	1878	1905	1908	1919
Proclamación del imperio alemán.	Congreso de Berlín: Rumanía, Serbia y Montenegro consiguen la independencia de Turquía; Bulgaria gana autonomía.	Noruega consigue la independencia de Suecia.	Austria se anexiona Bosnia-Herzegovina.	En la conferencia de paz de París, se crean o reviven diversas naciones-estado, entre ellas Polonia y Checoslovaquia. Alsacia y Lorena vuelven a Francia.

32 Esclavitud

«¿No soy un hombre y un hermano?» Este lema del Comité para la Abolición del Tráfico de Esclavos, establecido en Gran Bretaña en 1787, resume la objeción moral fundamental e irrefutable contra la esclavitud. Los movimientos abolicionistas británico y americano surgieron en su mayor parte del avivamiento evangélico que tuvo lugar a finales del siglo XVIII, mientras que en lugares como la Francia revolucionaria, el abolicionismo emergió del humanitarismo de la Ilustración, y su concepción de los derechos humanos fundamentales.

Los oponentes a la abolición creyeron conveniente negar la fraternidad del hombre negro, y argumentaron que al ser propiedad de un hombre blanco el esclavo quedaba expuesto a los valores civilizados de los que carecían en África. Pero aún más fundamental era que estos defensores de la esclavitud argumentaban —en una época en la que los derechos de propiedad eran considerados por algunos como superiores a cualquier otro derecho— que la abolición quedaría reducida a un simple robo.

El comercio atlántico La esclavitud había existido como institución desde hacía miles de años. Las economías de Grecia, Roma y otras civilizaciones antiguas dependían del trabajo esclavo, y parece que la esclavitud quedaba sancionada en la Biblia. En la Europa medieval la esclavitud como tal fue rara; aunque es verdad que existían siervos, campesinos que estaban atados a la tierra de su señor, pero los siervos tenían ciertos derechos que los diferenciaban de los esclavos. A principios de la Edad Moderna incluso la servidumbre había desaparecido de la mayor parte de Europa occidental.

Los árabes y después los otomanos poseyeron y comerciaron con esclavos, muchos de ellos africanos; junto con el marfil y el oro, los esclavos eran uno de los productos de exportación más importantes del continente. Los árabes tenían puestos comerciales a lo

Cronología

Década de 1440	Siglo XVI	1772	1780	1781
Los portugueses inician las expediciones a África en busca de esclavos.	Aventureros ingleses, como Francis Drake, se implican en el comercio de esclavos del Atlántico.	La esclavitud queda ilegalizada en Inglaterra.	Pennsylvania aprueba la Ley para la Abolición gradual de la esclavitud.	Siguiendo órdenes del capitán, la tripulación del barco esclavista *Zong* lanza al mar a 183 africanos enfermos; su seguro no cubre la muerte por enfermedad, pero cubre la muerte por ahogamiento.

largo de la costa oriental de África, mientras que los esclavos de África occidental eran enviados hacia el norte por las rutas de las caravanas transaharianas. Los corsarios de berbería del norte de África también asaltaban las rutas marítimas y las costas de Europa en busca de esclavos (véase p. 79).

El comercio europeo de esclavos desde África fue iniciado por los portugueses en el siglo xv, y la demanda de trabajo esclavo aumentó de forma impresionante después del establecimiento de las plantaciones de azúcar y tabaco en el Nuevo Mundo. Esto dio lugar al famoso y muy rentable «comercio triangular» (véase p. 101), en el que a mediados del siglo XVIII Gran Bretaña era el actor principal, forzando a la esclavitud a unos 3,5 millones de africanos en el Caribe y en las colonias del sur de América del Norte, como Georgia, Virginia y las Carolinas. Esta cifra iguala el transporte total de los rivales europeos de los británicos: portugueses, franceses y holandeses. Los propios africanos también estaban implicados en el comercio: reinos como los de Benín y Ashanti florecieron gracias al suministro de esclavos para los europeos insaciables. Las condiciones en las que transportaban a los esclavos por el Atlántico eran terribles: hacinados en el ambiente fétido de las bodegas, muchos de ellos —a veces hasta uno de cada cinco— morían a causa de las enfermedades. Sus cuerpos eran lanzados por la borda y devorados por los tiburones.

La campaña por la abolición   Desde el principio, algunos europeos vieron la crueldad de lo que los africanos llaman ahora el *Maafa*, una palabra swahili que significa «gran tragedia». «¿Qué corazón puede ser tan duro», preguntaba un portugués, testigo de la llegada de un contingente de cautivos africanos en 1445, «para no sentirse atravesado con sentimientos piadosos al ver semejante compañía? Porque algunos mantienen las cabezas bajas y sus rostros bañados en lágrimas, mirándose entre ellos; otros gimen...» Su

> **« La abolición [de la esclavitud] no sería sólo un robo a gran número de nuestros compatriotas, sino que también sería una crueldad extrema contra los salvajes africanos... »**
>
> **James Boswell**, 23 de septiembre de 1777, como recoge en *La vida de Samuel Johnson* (1791)

1787	1791	1794	1802	1807	1808	1831
Se forma en Gran Bretaña el Comité para la Abolición del Comercio de Esclavos.	Estalla la revuelta de esclavos en la colonia francesa de Haití.	La Convención Nacional abole la esclavitud en Francia y sus colonias.	Napoleón impone de nuevo la esclavitud en Francia y sus colonias.	Gran Bretaña prohíbe el comercio de esclavos en su imperio.	EE. UU. prohíbe la importación de esclavos, pero prosigue el comercio doméstico.	Aplastamiento de la Revuelta de Nat Turner.

angustia sólo aumentaba cuando «era necesario separar a los padres de los hijos, a los maridos de sus esposas, a los hermanos de los hermanos...».

Semejantes expresiones de horror fueron raras hasta mediados del siglo XVIII, cuando el discurso ilustrado de los derechos y las libertades empezó a confluir con una revitalización de la conciencia cristiana. En Inglaterra, esto se manifestó en la aparición del metodismo y de otros grupos evangélicos como la secta de Clapham, mientras que en América se produjo el llamado Gran Avivamiento. Para estos evangélicos, la esclavitud era una abominación ante el Señor.

Un momento clave se produjo en 1772, con el caso de James Somersett, un esclavo llevado por su amo a Inglaterra desde Massa-

Toussaint L'Ouverture

Algunos esclavos no se quedaron sentados y dejaron que los abolicionistas blancos trabajasen a su favor. Muchos huyeron, a veces estableciendo comunidades independientes en tierras inexploradas, pero unos pocos tomaron las armas contra sus opresores. Una excepción notable fue la insurrección de esclavos que estalló en la colonia francesa de Haití en 1791, dirigida por un esclavo africano liberado llamado Toussaint L'Ouverture. En 1794, después de una serie de éxitos militares, firmó la paz con los franceses, que ese año abolieron la esclavitud y nombraron a Toussaint vicegobernador. En 1801, contra los deseos de Napoleón, Toussaint asaltó la colonia española vecina de

Santo Domingo, liberó a los esclavos y se erigió en gobernador general de toda la isla de La Española.

En 1802 se produjo la invasión de las fuerzas napoleónicas. Toussaint entregó las armas a cambio de una promesa de que no se restablecería la esclavitud. Sin embargo, Napoleón retiró su palabra y Toussaint cayó prisionero, muriendo en cautividad al año siguiente. Aunque es una figura ambivalente, Toussaint fue para muchos un mártir de la libertad. «Tus amigos», escribió William Wordsworth en un poema que le dedicó, «son el júbilo y la angustia, / y el amor, y la mente inconquistable del hombre.»

Cronología

1833	1848	1861	1861-1865	1863	1865
Se prohíbe la esclavitud en todo el imperio británico.	Queda abolida la esclavitud en las colonias francesas.	Emancipación de los siervos en Rusia.	Guerra civil de EE. UU. entre los estados del norte y los estados esclavistas del sur.	Lincoln publica la Proclama de Emancipación, liberando a los esclavos en los estados confederados.	La decimotercera enmienda a la Constitución acaba con la esclavitud en EE. UU.

chusetts. Lord Mansfield, presidente del tribunal del King's Bench sentenció que la esclavitud atentaba contra las leyes de Inglaterra, y como consecuencia fueron liberados Somersett y miles de esclavos en Inglaterra. La sentencia se basaba más en argumentos legales que humanitarios, y no se extendió al imperio británico, pero animó mucho a los abolicionistas.

> **《 Arranca las cadenas de la descorazonadora esclavitud; da al hombre, de todo color y todo clima, la libertad, que lo convierte en imagen de su Dios. 》**
>
> **James Grainger**, *The Sugar Cane*, 1764, libro 4

En Gran Bretaña, el impulsor más decidido fue William Wilberforce, parlamentario por Hull y miembro de la secta de Clapham. Wilberforce decidió que lo primero era la abolición del comercio de esclavos, en lugar de la esclavitud en sí misma, y para ello trabajó incansablemente en el Parlamento, mientras se formaban comités por todo el país para promover la abolición. Al principio, Wilberforce se encontró con mucha oposición por motivos económicos, pero al decaer el comercio de las Indias occidentales, la resistencia se fue diluyendo, y en 1807 se aprobó una ley que prohibía la importación de esclavos a las colonias británicas. La Royal Navy recibió el encargo de imponer la prohibición, pero no fue hasta 1833 cuando se aprobó una ley que prohibía finalmente la esclavitud en todo el imperio británico. Francia siguió la senda en 1848 y España en 1886, pero la continuación de la esclavitud en los estados sureños de EE. UU. siguió siendo una llaga purulenta que no se pudo cerrar más que tras una sangrienta guerra civil (véase p. 136).

La idea en síntesis: el crecimiento espectacular de EE. UU. se produjo con frecuencia a expensas de sus habitantes indígenas

1869	1876	1886	1888	1962	2003
Portugal prohíbe la esclavitud en sus colonias africanas.	La esclavitud termina oficialmente en el imperio otomano.	España termina con la esclavitud en Cuba.	La esclavitud queda abolida en Brasil.	Arabia Saudita prohíbe la esclavitud.	Criminalización de la esclavitud en Níger.

33 La guerra de Secesión americana

Los padres fundadores de EE. UU. eran conscientes de la ambivalencia moral de sus posición: al mismo tiempo que luchaban por la libertad de sus compatriotas blancos contra la tiranía y la opresión, seguían poseyendo esclavos negros.

En EE. UU. la esclavitud quedaba en su mayor parte restringida a los estados del sur, donde gran cantidad de esclavos africanos trabajaban en grandes plantaciones de tabaco y algodón de las que dependía la economía del sur. Las economías de los estados del norte dependían mucho más de la industria y de la agricultura a pequeña escala, y fue en el norte donde se originaron los primeros llamamientos —a menudo de inspiración religiosa— para la abolición de la esclavitud. Empezando con Pennsylvania en 1780, los estados del norte aprobaron una legislación para la abolición gradual de la esclavitud. Pero los llamamientos para una prohibición federal por toda la Unión fueron rechazados por los que argumentaban que la Constitución de EE. UU. protegía la situación de la esclavitud: la quinta enmienda prohibía la expropiación de una propiedad sin compensación, mientras que la décima enmienda reservaba a los estados todos los poderes que no estuvieran delegados específicamente en el gobierno federal. En consecuencia, cada estado tenía derecho a determinar si permitía o no la esclavitud en su territorio. Incluso muchos abolicionistas moderados creían que el Congreso no tenía poder en este tema.

La extensión de la esclavitud Sin embargo, el conflicto surgió cuando se llegó a determinar la situación de la esclavitud en los territorios nuevos. El algodón tuvo mayor importancia económica después de 1793, cuando Eli Whitney mejoró el desgranado del algodón, un artefacto para separar la fibra de las semillas, y aumentó la presión para extender las plantaciones de algodón basa-

Cronología

1791	1803	1820	1850	1854
Se introduce la décima enmienda a la Constitución.	Compra de Luisiana.	Compromiso de Missouri.	Compromiso de 1850: se restringe la esclavitud a los nuevos territorios, pero se protege donde ya existe.	Acta de Esclavos Fugitivos: los estados del norte estarán obligados a devolver a sus propietarios a los esclavos huidos. Acta Kansas-Nebraska: los nuevos territorios podrán decidir por sí mismos si permiten o no la esclavitud. Formación del Partido Republicano.

das en el trabajo esclavo hacia los nuevos territorios del suroeste. El resultado fue el compromiso de Missouri de 1820, por el cual no se admitirían en la Unión nuevos estados esclavistas al norte del grado treinta y seis de latitud, con la excepción de Missouri. Las tensiones entre abolicionistas y esclavistas crecieron después de que EE. UU. adquiriera vastas áreas de tierras en el oeste después de la guerra con México de 1846-1848. El compromiso de 1850 intentó obviar la situación, restringiendo la esclavitud en los territorios nuevos mientras protegía la institución donde ya existía.

Sin embargo, el compromiso de 1850 fue revocado por el acta Kansas-Nebraska de 1854, que permitía a los habitantes de dichos territorios nuevos decidir por sí mismos si permitían o no la esclavitud. A esto siguió la violencia entre las fuerzas esclavistas y los abolicionistas radicales como John Brown, y en 1859 Brown y una serie de seguidores ocuparon el arsenal federal de Harpers Ferry, en lo que actualmente es Virginia occidental, en un intento fallido de iniciar un levantamiento general de los esclavos en el sur.

> **《Donde existe la esclavitud, no puede existir la libertad; y donde existe la libertad, no puede existir la esclavitud.》**
>
> **Charles Sumner**, senador, **5 de noviembre de 1864**

La Unión rota   John Brown fue ahorcado, pero su acción dio un mártir a los abolicionistas, y al mismo tiempo incrementó los temores del sur a las consecuencias de la emancipación. Esos temores aumentaron aún más en 1860 cuando el candidato republicano en las elecciones presidenciales, Abraham Lincoln, ganó las votaciones. El nuevo Partido Republicano era más favorable a la causa de la abolición que cualquier otro partido anterior, pero no era la principal prioridad de Lincoln que, aunque apoyaba la emancipación, insistía en que la Constitución protegía la esclavitud donde ya existía, y que había manifestado públicamente que no estaba a favor de «establecer por cualquier medio la igualdad social y política de las razas blanca y negra».

A pesar de estas seguridades, incluso antes de la toma de posesión de Lincoln, los estados del sur empezaron a separarse de la Unión,

1860	1861	1862
La elección del republicano Abraham Lincoln provoca la secesión de Alabama, Florida, Georgia, Louisiana, Mississippi y Carolina del Sur.	**Febrero** Formación de la Confederación. **Abril** Ataque a Fort Sumter. Arkansas, Carolina del Norte, Tennessee y Virginia se unen a la Confederación. **Julio** Victoria confederada en Bull Run.	**Febrero** Fuerzas de la Unión toman Fort Donnelson y Fort Henry. **Abril** Grant derrota la contraofensiva confederada en Shiloh. **Mayo** Batalla naval entre los acorazados *Monitor* y *Virginia*; la US Navy toma la base naval de Norfolk. **Septiembre** El avance hacia el norte queda detenido en Antietam. **Diciembre** Derrota de la Unión en Fredericksburg.

formando los Estados Confederados de América, con Jefferson Davis como presidente. En abril de 1861 las fuerzas confederadas abrieron fuego contra Fort Sumter, una fortaleza de la Unión en Carolina del Sur. Lincoln llamó a 75.000 voluntarios para aplastar la rebelión. Así se iniciaron cuatro años de una guerra civil feroz que iba a costar la vida de cerca de seiscientos mil hombres.

La «guerra entre los estados»   A pesar de las grandes ventajas económicas y demográficas del norte industrial, Lincoln se vio al principio en dificultades por la ineptitud de sus generales, en comparación con el ímpetu de los comandantes rebeldes como Robert E. Lee y Thomas «Stonewall» Jackson. Inicialmente, Lincoln calló sobre el tema de la esclavitud por temor a perder a los estados esclavistas —como Maryland y Missouri— que seguían en la Unión. Pero la presión de los republicanos radicales le empujó a

Después de la guerra de Secesión

El sucesor de Lincoln, Andrew Johnson, siguió la política anterior de reconciliación con el sur, supervisando la rápida readmisión en la Unión de los estados secesionistas. Esto enfureció a los republicanos radicales en el Congreso que deseaban una «reconstrucción» de arriba hacia abajo de la sociedad y la política sureñas, y casi consiguieron la destitución de Johnson, que quedó muy debilitado.

Los radicales tomaron el control de la reconstrucción, colocando a los antiguos estados confederados bajo el control del ejército, y celebrando unas elecciones en las que pudieron votar los esclavos liberados, pero en las que se impidió participar a los antiguos líderes confederados. Esto dio como resultado el establecimiento de gobiernos estatales de republicanos radicales y una oposición violenta por parte de los grupos racistas y conservadores, como el Ku Klux Klan. Con el paso del tiempo, la gente del norte dio la espalda al sur, y los demócratas sureños volvieron gradualmente al poder, implantando las llamadas leyes de Jim Crow, que negaban los derechos civiles a la mayoría de los negros. Estos derechos no fueron restaurados hasta las grandes luchas —de Martin Luther King entre otros— en las décadas de 1950 y 1960.

Cronología

1863	1864	1865
Enero Proclama de Emancipación. **Mayo** Derrota de la Unión en Chancellorsville. **Julio** Victoria decisiva de la Unión en Gettysburg. Grant captura Vicksburg, Mississippi, cortando en dos la Confederación.	**Septiembre** Las fuerzas de la Unión inician una política de tierra quemada en el valle de Shenandoah y capturan Atlanta, Georgia. **Noviembre-diciembre** Georgia queda arrasada por la «Marcha hacia el Mar» de las fuerzas de la Unión. **Noviembre** Reelección de Lincoln.	**Abril** Rendición confederada. Asesinato de Lincoln; le sucede el vicepresidente Andrew Johnson.

publicar la Proclama de Emancipación, que tenía efectos a 1 de enero de 1863. Por ella se liberaba a todos los esclavos en los estados secesionistas (pero no en los estados esclavistas que seguían en la Unión); dichos esclavos liberados, si eran aptos, debían unirse a las fuerzas de la Unión. De esta forma Lincoln disfrazó esta abolición parcial como una «necesidad militar» y al mismo tiempo los negros del norte eran admitidos por primera vez en las fuerzas armadas, aunque fuera en regimientos segregados bajo el mando de oficiales blancos.

> **« Si pudiera salvar la Unión sin liberar a ningún esclavo, lo haría; y si la pudiera salvar liberando a todos los esclavos, lo haría... »**
>
> **Presidente Abraham Lincoln, 22 de agosto de 1862**

Ese año presenció un cambio de la marea a favor del norte. En julio, el general George Meade rechazó en Gettysburg el intento de invasión de Pennsylvania por parte de Lee, y las fuerzas de la Unión bajo Ulysses S. Grant tomaron la fortaleza rebelde de Vicksburg en Mississippi. Al año siguiente Grant fue nombrado comandante en jefe e inició una campaña de guerra total contra el sur, cuyos recursos quedaron exhaustos. El 9 de abril de 1865 el ejército de Lee se rindió a Grant en Appomattox Court House.

Lincoln había sido reelegido el otoño anterior, y en su segundo discurso de toma de posesión, el 4 de marzo de 1865, había expresado la promesa de reconciliación con los estados del sur, que estaban en ese momento al borde de la derrota. A los pocos días de la victoria, el 15 de abril, Lincoln era asesinado por un simpatizante del sur. La decimotercera enmienda de la Constitución abolía la esclavitud en toda la Unión, con efecto a partir del 18 de diciembre de 1865.

La idea en síntesis: la guerra de Secesión acabó con la esclavitud en EE. UU.

1866	1867	1868	1870	1872
Aprobación de leyes de derechos civiles para los esclavos liberados a pesar del veto de Johnson.	Actas de Reconstrucción colocando a los estados confederados bajo gobierno militar.	La decimocuarta enmienda iguala la protección de blancos y negros, e impide que los antiguos oficiales confederados ocupen cargos.	La decimoquinta enmienda garantiza el derecho al voto de los hombres afroamericanos.	El acta de Amnistía devuelve el derecho a votar y a ocupar cargos a los antiguos oficiales confederados.

34 El auge del socialismo

La revolución industrial creó una nueva clase dirigente de burgueses capitalistas industriales. También creó una creciente clase obrera urbana, que trabajaba con frecuencia en condiciones peligrosas por sueldos míseros y que se veía forzada a vivir en la pobreza y en condiciones extremadamente inseguras.

Se produjeron una serie de respuestas ante las condiciones de opresión y pobreza de la clase obrera. Algunos filántropos de clase media y alta lanzaron campañas para una legislación que mejorara las condiciones de trabajo. Muchos obreros intentaron unirse para formar sindicatos, con el fin de conseguir sueldos más altos y lugares de trabajo más saludables. Los intentos de limitar el poder del nuevo movimiento obrero, o para aplastarlo por completo, provocaron muchos llamamientos a la acción política, ya fuera a través de procesos democráticos o de revoluciones violentas.

Sindicalismo Los sindicatos tuvieron su origen en los gremios artesanales medievales, que eran asociaciones que regulaban el acceso —la calidad— de las diferentes actividades artesanales. Con la llegada de la revolución industrial muchos artesanos, incapaces de competir con las empresas más grandes, se vieron obligados a renunciar a su independencia e ir a trabajar a las fábricas. Cuando intentaron unirse para conseguir sueldos y condiciones mejores, se encontraron con la oposición vehemente de los industriales. Los gobiernos, alarmados por las revueltas sangrientas de la Revolución Francesa, interpretaron todas estas actividades de la clase obrera como una amenaza no sólo contra los derechos de propiedad, sino contra la seguridad de los reinos. En consecuencia, los sindicatos fueron prohibidos por todas partes: en Gran Bretaña, por ejemplo, por los Combination Acts de 1799 y 1800, y en Fran-

Cronología

1799-1800	1802	1804	1821	1824-1825	1838
Las Combination Acts prohíben los sindicatos en el Reino Unido.	Primera Ley de Fábricas en el Reino Unido.	El código napoleónico prohíbe los sindicatos en Francia.	Saint Simon esboza su visión del socialismo en *Du système industriel*.	Derogación de las Combination Acts del Reino Unido, permitiendo algunos sindicatos, aunque las huelgas siguen siendo ilegales.	«Cartas del Pueblo», llamamientos a favor de reformas parlamentarias en Gran Bretaña, incluido el sufragio universal masculino.

cia por los códigos penal y civil de Napoleón, que representaron un retroceso de los derechos humanos universales declarados por la Francia revolucionaria.

Sólo gradualmente a lo largo del siglo XIX se fue relajando la legislación contra los sindicatos en una serie de países, y la formación de sindicatos de oficios fue seguida de sindicatos nuevos que organizaban a grandes cantidades de obreros sin cualificación. Sin embargo, en sitios como Rusia los sindicatos debían operar en la clandestinidad, mientras que en EE. UU. los empresarios usaron toda la fuerza de la ley, respaldados por sicarios armados e incluso por tropas, para aplastar las huelgas.

> **« Una combinación política de las clases bajas como tales y para sus propios objetivos, es una maldad de primera magnitud. »**
> **Walter Bagehot,**
> *La constitución inglesa*, 1867

Socialismo democrático frente a socialismo revolucionario
A medida que los sindicatos luchaban por la defensa de los intereses de sus miembros, muchos sindicalistas empezaron a pensar que sólo una transformación completa de la sociedad traería consigo justicia e igualdad. Profundizaron en las ideas del socialismo, una palabra acuñada por el teórico francés Henri de Saint Simon (1760-1825), que imaginaba un estado industrial libre de pobreza, en el que la ciencia sustituiría a la religión. También influyó el filántropo británico Robert Owen (1771-1825), que estableció una comunidad industrial modelo en New Lanark en Escocia, con mejores alojamientos y la primera escuela infantil en Gran Bretaña, y siguió adelante con la formación de una serie de comunidades cooperativas autosuficientes, como la de New Harmony, en Indiana, fundada en 1825.

Para la visión socialista resultaba fundamental que la sociedad y la economía se ordenaran no para que el individuo fuera libre para seguir su propia voluntad, sino para el bien colectivo. Mientras que los liberales del mercado libre pensaban que cada ser humano tenía el poder para mejorar su suerte, los socialistas creían que el destino de los individuos quedaba en gran parte determinado por el ambiente y que el estado debía intervenir para asegurar, como

1844	**1848**	**1848-1849**	**1864**	**1868**
Fundación del movimiento cooperativo con la abertura de la primera tienda cooperativa en Rochdale, Inglaterra.	Marx y Engels publican el *Manifiesto comunista*.	Los socialistas se unen a las revoluciones liberales y nacionalistas en toda Europa, pero todas fracasan.	Formación de la Primera Internacional, cuyo líder será Marx.	Formación del Congreso de las Trade Unions en el Reino Unido. Se otorga a los obreros franceses un derecho limitado de sindicación.

Mejorar las condiciones de trabajo

A medida que el liberalismo económico —con sus conceptos clave de libre empresa y mercado libre— se extendió por la clase media comercial e industrial, cualquier intento por regular los negocios era considerado por muchos como una interferencia tiránica del gobierno. Aun así, en algunos países se aprobaron leyes para terminar con los peores abusos. En Gran Bretaña, por ejemplo, el Factory Act de 1802 consideró ilegal obligar a niños menores de catorce años a trabajar más de ocho horas al día. En Gran Bretaña siguieron más leyes sobre horarios de trabajo, salud y seguridad, que fueron seguidas después por otros países (un máximo de doce horas de trabajo diarias fue aprobado en Francia en 1848, por ejemplo), como consecuencia de las campañas de los sindicatos. En EE. UU., por el contrario, existía una fuerte resistencia ideológica a dichas regulaciones, resumidas en el año 1905 por un juez del Tribunal Supremo que afirmó que «limitar las horas que debían trabajar los hombres adultos e inteligentes para ganarse la vida» eran «meras interferencias entrometidas» con los derechos individuales.

Hubo excepciones: el industrial del automóvil Henry Ford redujo voluntariamente las horas de trabajo en sus fábricas, argumentando que si los obreros no tenían tiempo libre no iban a comprar sus productos.

mínimo, la igualdad de oportunidades y una calidad de vida razonable, a través de la provisión de educación, sanidad, salarios mínimos, pensiones, seguros de desempleo, etc.

Socialistas más radicales, siguiendo a Karl Marx (1818-1883) y Friedrich Engels (1820-1895), los fundadores del comunismo moderno, creían que la justicia social sólo se podía conseguir colocando la totalidad de los medios de producción —industria, tierra, carreteras, ferrocarriles— bajo propiedad colectiva. Marx y Engels, que publicaron su *Manifiesto comunista* en 1848, sostenían que la historia está determinada por las fuerzas económicas y por la lucha entre las clases. La revolución industrial había logrado la desaparición del feudalismo y del poder de la aristocracia terrateniente. A su vez, predecían, la nueva burguesía capitalista que había conseguido el poder sería derrocada de forma violenta por el proletaria-

Cronología

1871	1878	1884	1886	1889
Revolucionarios anarquistas y socialistas establecen la Comuna de París, que es aplastada con brutalidad, obligándoles a pasar a la clandestinidad. Se legalizan los sindicatos en el Reino Unido.	Prohibición del Partido Social-demócrata alemán.	Se legaliza la actividad sindical en Francia.	Formación de la American Federation of Labor no socialista, la única federación de sindicatos de EE. UU. que sobrevivió a la primera guerra mundial.	Formación de la Segunda Internacional de partidos socialdemócratas, que se divide en facciones a favor y en contra de la guerra en 1914.

do urbano oprimido, que establecería el socialismo como una etapa anterior a la «disolución» del estado, que sería reemplazado por el comunismo perfecto. Esta sociedad ideal, donde todo el mundo viviría en armonía, se basaría en la premisa: «De cada uno según su capacidad, a cada uno según sus necesidades».

La forma en la que el movimiento socialista se desarrolló en los diferentes países dependió en gran parte de la actitud de los gobiernos. En lugares como Gran Bretaña, donde la actividad sindical fue cada vez más tolerada y donde a finales del siglo XIX el voto se había extendido a la mayoría de la población masculina, los partidos socialistas —como el Partido Laborista británico (que le debe más al metodismo que a Marx)— consiguieron representación parlamentaria para el movimiento obrero. Pero en países más represivos, como la Rusia zarista y la Alemania imperial, muchos pensaban que el enfoque revolucionario marxista era la única opción.

En la actualidad, aunque la ideología comunista ha sido abandonada hace tiempo en Rusia y en todas partes, los principios del socialismo democrático siguen teniendo influencia en el mundo. Incluso en países con gobiernos de centroderecha, el estado sigue teniendo una gran influencia en la economía y en la sociedad —desde el mantenimiento de carreteras a la regulación de los precios de los servicios y la gestión del sistema educativo— que habría sido inimaginable hace sólo dos siglos.

La idea en síntesis: las ideas del socialismo han transformado incluso las sociedades capitalistas

1890	1900	1905	1917	1918-1919	1919	1924
Se retira la prohibición contra el Partido Socialdemócrata alemán.	Formación del Comité de Representación Laboral en el Reino Unido (Partido Laborista en 1906).	Revolución fracasada en Rusia.	Triunfa la revolución bolchevique en Rusia.	Fracasan los levantamientos comunistas en Alemania.	Formación de la Tercera Internacional (Comintern) de partidos comunistas de todo el mundo.	Primer gobierno laborista en el Reino Unido.

35 Los derechos de la mujer

En la primera convención por los derechos de la mujer en EE. UU., celebrada en Seneca Falls, Nueva, York, en julio de 1848, Elizabeth Cady Stanton presentó una enmienda necesaria desde hacía tiempo a la Declaración de Independencia americana. «Sostenemos como evidentes dichas verdades», atronó, «que todos los hombres y mujeres son creados iguales.»

A lo largo de la historia se han levantado ocasionalmente voces pidiendo más poder para la mujer, pero el movimiento feminista moderno tuvo su origen a finales del siglo XVIII. En 1789, al inicio de la Revolución Francesa, la Asamblea Nacional proclamó la Declaración de los Derechos del Hombre y del Ciudadano, pero rechazó la extensión de los derechos civiles y políticos a las mujeres. En respuesta, en 1791, la dramaturga Olympe de Gouges publicó una «Declaración de los Derechos de la Mujer y de la Ciudadana». Al año siguiente en Inglaterra, Mary Wollstonecraft publicó *Vindicación de los derechos de la mujer*, un libro que defendía una mejora en la educación de las niñas para permitir que desarrollaran todo su potencial como seres humanos.

La batalla por el sufragio femenino En la época que escribían Mary Wollstonecraft y Olympe de Gouges, las niñas de clase media y alta recibían una formación que les permitía poco más que leer, escribir, coser, dibujar y cantar, y las mujeres se consideraban como simples adornos, suministradoras de herederos, propiedad de sus padres y esposos, a los que se tenían que someter en todo. Las mujeres solteras podían tener propiedades y gestionar sus negocios, pero en Gran Bretaña, por ejemplo, en cuanto se casaban sus propiedades pasaban al marido. Y en Francia el código napoleónico de 1804 reafirmaba los derechos de maridos y padres a expensas de los de las mujeres.

Cronología

1791	1792	1848	1865	1869
Olympe de Gouges publica una «Declaración de los Derechos de la Mujer y de la Ciudadana».	Mary Wollstonecraft publica *Vindicación de los derechos de la mujer*.	Se inicia en EE. UU. la campaña por el sufragio femenino en la convención de Seneca Falls.	Elizabeth Garrett Anderson se convierte en la primera mujer en el Reino Unido en obtener el título de doctor.	Formación de la Asociación Nacional para el Sufragio Femenino en EE. UU. John Stuart Mill publica *El sometimiento de las mujeres*. Lanzamiento del *Droit des femmes*.

Como consecuencia del dominio masculino en casi todas las esferas de la sociedad, las mujeres tenían prohibido el acceso a cualquier profesión, a la educación superior y al voto o a ocupar puestos políticos. Para las feministas, había que dar un primer paso importante. Susan B. Anthony, colega desde hacía tiempo de Stanton en el movimiento a favor de los derechos femeninos en EE. UU., lo resumió al escribir: «Nunca existirá una igualdad completa hasta que las mujeres ayuden a redactar las leyes y elijan a los legisladores».

Las mujeres debían votar, antes de que se pudiera realizar cualquier cambio, y en 1869 Anthony y Stanton fundaron la Asociación Sufragista Nacional. Se sentían especialmente vejadas porque la decimoquinta enmienda de la Constitución sólo había afirmado que «El derecho de los ciudadanos de Estados Unidos a votar no se puede negar... por razones de raza, color o la condición previa de servidumbre». No se había mencionado el género. En esa época mucho menos ilustrada, una de las seguidoras de Anthony y Stanton se quejaba de que la enmienda otorgaba el voto a «Patrick, Sambo, Hans y Ung Tung» (es decir, trabajadores irlandeses, negros, alemanes y orientales, considerados todos ellos como analfabetos), pero se lo negaba a las mujeres educadas de clase media.

> **«Si las mujeres son educadas para la dependencia ... y la sumisión al poder, sea bueno o malo, ¿dónde deberemos parar?»**
>
> **Mary Wollstonecraft,** *Vindicación de los derechos de la mujer,* 1792

Casi al mismo tiempo, se estaba desarrollando en Gran Bretaña la campaña por el sufragio femenino. En 1866 el filósofo y parlamentario liberal John Stuart Mill presentaba una petición en el Parlamento pidiendo el derecho al voto para la mujer, y al año siguiente se formó la Sociedad Nacional para el Sufragio Femenino, posteriormente sustituida por la Unión Nacional de Sociedades para el Sufragio Femenino, dirigida por Millicent Fawcett. Estas «sufragistas» realizaron campañas pacíficas, en contraste con la Unión Social y Política Femenina de Emmeline Pankhurst, formada en 1903. Para Pankhurst, «el argumento de los cristales rotos es el argumento más importante en la política moderna». Estas sufragistas —que lanzaban piedras contra las ventanas, se encade-

1878	1882	1890	1893	1897	1900
La Universidad de Londres es la primera en el Reino Unido en otorgar títulos a las mujeres.	Parlamento del Reino Unido concede a las mujeres casadas plenos poderes sobre sus propiedades.	Formación en EE. UU. de la Asociación Nacional Americana para el Sufragio Femenino.	Nueva Zelanda primer país del mundo en conceder el derecho al voto a la mujer en las elecciones nacionales.	Formación de la Unión Nacional de Sociedades Sufragistas Femeninas en el Reino Unido.	Las mujeres consiguen en Francia el derecho a acceder a la profesión legal.

naban a las verjas y emprendían huelgas de hambre cuando las arrestaban— provocaron el rechazo de muchas, pero dieron una publicidad enorme a la causa.

El primer país en conceder el voto a la mujer fue Nueva Zelanda, en 1893. Le siguieron país tras país: Australia en 1902, Alemania y Gran Bretaña en 1918, EE. UU. en 1920, España en 1931 (aunque después fue revocado por el franquismo y no se restableció hasta 1977). Francia e Italia esperaron hasta 1945, Suiza hasta 1971, Omán hasta 2003. En las primeras elecciones locales celebradas en Arabia Saudita en 2005, no se permitió votar a las mujeres.

Hacia la igualdad plena En 1949 la filósofa francesa Simone de Beauvoir publicó *El segundo sexo*, donde afirmaba que «Una no

Mujer y esfuerzo de guerra

Las mujeres de la clase obrera siempre habían trabajado en los campos y en el servicio doméstico, y desde finales del siglo XVIII muchas estaban empleadas en fábricas. Mujeres solteras de clase media podían trabajar como maestras, pero no fue hasta finales del siglo XIX cuando una pocas mujeres pudieron acceder a la educación superior y a profesiones como la medicina. Durante la primera guerra mundial, y de nuevo durante la segunda, millones de mujeres en Gran Bretaña y América fueron reclutadas para trabajar en sectores tradicionalmente reservados a los hombres, como la ingeniería pesada e incluso las fuerzas armadas. En la segunda guerra mundial, los nazis se negaron a adoptar dicha política, manteniendo que el papel de la mujer se debía limitar a *Kinder, Küche und Kirche* («niños, cocina e iglesia»); esta política dificultó la productividad industrial, minando de forma significativa el esfuerzo de guerra alemán. Incluso en Gran Bretaña y América, después de la guerra se animó a las mujeres a que dejasen sus empleos a los hombres que regresaban del frente. Se produjo un inmenso «baby boom» y millones de mujeres se encontraron atadas de nuevo a su papel doméstico y maternal. Parecía que se había vuelto a la situación anterior, pero a muchas mujeres la guerra les había permitido vislumbrar la libertad y el poder.

Cronología

1903	1904	1918	1920	1931	1949	1960
Formación de la Unión Social y Política Femenina.	En EE. UU., Alice Paul forma el radical Partido Nacional de las Mujeres.	Las mujeres mayores de 30 años consiguen el voto en Gran Bretaña y Alemania.	Las mujeres consiguen el voto en EE. UU. y Canadá.	En España, la Segunda República concede el derecho al voto a la mujer, que será retirado por el franquismo.	Simone de Beauvoir publica *El segundo sexo*.	En Sri Lanka, Sirimavo Bandaranaike se convierte en la primera mujer que es nombrada primera ministra.

nace mujer, se convierte en una», en otras palabras, gran parte de lo que la gente piensa sobre la «feminidad» es en realidad una construcción cultural más que un hecho biológico. El libro de Beauvoir tuvo poca repercusión hasta que empezó a surgir la segunda gran oleada de feminismo en la década de 1960, iniciada con el libro de Betty Friedan *La mística de la feminidad* (1963). En consonancia con el radicalismo de la política juvenil de la época, el nuevo feminismo se unió bajo la bandera del «movimiento de liberación de la mujer». Las nuevas feministas actuaban no sólo por la igualdad de sueldo y oportunidades en el trabajo, sino también por el acceso a la planificación familiar y a las guarderías, y contra la violencia machista y la explotación, y contra todas las formas de discriminación por razones de sexo. Algunas fueron más allá exigiendo un cambio completo en la relaciones entre hombres y mujeres. Unas pocas defendían una separación total del mundo masculino, adoptando un estilo de vida lésbico como gesto político.

> **« La falsa división de la naturaleza humana en "femenino" y "masculino" es el inicio de la jerarquía. »**
> **Gloria Steinem**, en el *Observer*, 15 de mayo de 1994

Aunque las mujeres han conseguido victorias como el Equal Pay Act del Reino Unido de 1970, los ingresos medios femeninos en el mundo occidental siguen siendo mucho menores que los de los hombres. Y aunque la representación de las mujeres en la política, el gobierno, los consejos de administración, las profesiones y las fuerzas armadas es mayor que antes, siguen siendo una pequeña minoría en los puestos de poder e influencia. Y fuera de Occidente, miles de millones de mujeres siguen siendo ciudadanas de segunda clase, y luchan para conseguir los derechos humanos más básicos.

La idea en síntesis: se han logrado muchas victorias, muchas más quedan por conquistar

1963	1968	1970	1972	1973	1975
Betty Friedan publica *La mística de la feminidad*.	Se legaliza el aborto en el Reino Unido.	Equal Pay Act en el Reino Unido.	EE. UU. aprueba la enmienda de Igualdad de Derechos, que nunca se ha ratificado por completo.	El Tribunal Supremo en su sentencia sobre el caso de Roe contra Wade legaliza el aborto en EE. UU.	El acta sobre Discriminación Sexual establece la Comisión de Igualdad de Oportunidades en el Reino Unido. Margaret Thatcher se convierte en la primera líder femenina de un gran partido político inglés.

36 La primera guerra mundial

La primera guerra mundial —«la Gran Guerra» como se conoció en su época— fue un cataclismo que destrozó el corazón de Europa, destruyendo una generación de hombres jóvenes y plantando la semilla de conflictos posteriores.

Hasta las razones del estallido de la guerra han sido tema de debate entre los historiadores. Algunos señalan las rivalidades imperiales e industriales, otros las contradicciones dentro del sistema capitalista, unos terceros el sistema polarizado de alianzas militares, y finalmente algunos más una sucesión de accidentes y consecuencias indeseados. Lo más probable es que fuera una combinación de todo eso.

El camino hacia la guerra   En 1914, las grandes potencias de Europa se habían alineado en dos grandes campos armados. Por un lado estaban Alemania, Austria-Hungría e Italia; por el otro Francia y Rusia, que también habían cerrado «ententes» informales con Gran Bretaña. Gran Bretaña, la potencia mundial dominante durante el siglo XIX, veía cada vez más a Alemania como su mayor rival industrial, imperial y militar, y desde 1903 estaban inmersos en una carrera de armamento naval.

En 1871 la recién unificada Alemania, después de derrotar a los franceses, se anexionó las provincias de Alsacia y Lorena. Lo que temía Alemania por encima de todo era verse rodeada por potencias hostiles. Ahora se enfrentaba a Francia en el oeste, ansiosa por recuperar las provincias perdidas, y a Rusia, aliada de Francia, en el este. Desde mediados del siglo XIX, Rusia había reclamado el liderazgo de los pueblos eslavos de Europa oriental, en especial de los volátiles Balcanes. Aquí, Rusia se enfrentaba a Austria, aliada de Alemania, que controlaba Eslovenia y Croacia, y que en 1908

Cronología

1879	1882	1894	1899	1902	1904	1907
Formación de la Doble Alianza entre Alemania y Austria-Hungría.	Italia se une a la Doble Alianza para formar la Triple Alianza.	Francia se alía a Rusia.	Ingenieros alemanes ayudan a los turcos a construir ferrocarriles.	Gran Bretaña se alía con Japón.	Gran Bretaña y Francia forman la Entente Cordiale.	Gran Bretaña acepta una entente informal con Rusia.

se anexionó Bosnia-Herzegovina. Rusia también se sentía alarmada por el apoyo material y militar que Alemania estaba dando a Turquía, su enemigo tradicional en los Balcanes.

Fueron los Balcanes donde se encendió la mecha. El 28 de junio de 1914 el archiduque Francisco Fernando, heredero del trono austríaco, fue asesinado por un nacionalista serbio en Sarajevo, la capital de Bosnia. Austria acusó a Serbia, el aliado más firme de Rusia en los Balcanes, y lanzó un ultimátum amenazador. Serbia apeló a Rusia que, siguiendo la declaración de guerra de Austria contra Serbia el 28 de julio, empezó a movilizar su gran ejército. La movilización de Rusia fue el detonante para que Alemania activase su Plan Schlieffen, una estrategia para evitar una guerra en dos frentes. El plan implicaba desencadenar un golpe demoledor contra Francia mediante un ataque sorpresa a través de la Bélgica neutral, antes de que Rusia pudiese completar su movilización. Por eso, de acuerdo con el Plan Schlieffen, el 1 de agosto Alemania declaró la guerra a Rusia, y el 3 de agosto le declaró la guerra a Francia. Al día siguiente las tropas alemanas entraron en Bélgica, provocando que Gran Bretaña —que había garantizado la neutralidad belga— declarase la guerra a Alemania.

> **« Si vuelve a estallar otra guerra en Europa, será el resultado de alguna condenada estupidez en los Balcanes. »**
> **Otto von Bismarck,** canciller de Alemania hasta 1890

Conflicto global Todos los participantes esperaban que la guerra hubiera acabado para las Navidades. No iba a ser así. La lucha en el frente occidental fue al principio relativamente móvil, y en el frente oriental siguió siéndolo. Pero después de detener franceses y británicos el avance alemán hacia París en el Marne en septiembre, las dos partes empezaron a atrincherarse, y en octubre se vigilaban desde líneas de trincheras enfrentadas que se extendían desde el mar del Norte a la frontera suiza, sin que ninguno de los contendientes fuera capaz de realizar una ruptura decisiva. Con el ejército ruso totalmente movilizado, los alemanes se enfrentaban ahora a su peor pesadilla: una guerra en dos frentes.

1908	**1911**	**1914**	**1915**
Austria se anexiona Bosnia-Herzegovina.	Alemania envía una cañonera a Agadir en un intento fallido para impedir la ocupación francesa de Marruecos.	**Junio** Asesinato en Sarajevo del heredero al trono austríaco. **Julio** Austria declara la guerra a Serbia. **Agosto** Alemania, Rusia, Francia, Gran Bretaña y Japón se unen a la guerra. Los alemanes detienen la invasión rusa de Prusia oriental.	**Enero** Primer uso a gran escala de gas venenoso. **Abril** Los Aliados desembarcan en Gallípoli. Italia se une a los Aliados. **Mayo** Un submarino alemán hunde el *Lusitania*. **Octubre** Bulgaria declara la guerra a Serbia.

Por supuesto, había más de dos frentes en el conflicto, justificando su consideración de «guerra mundial». En el frente occidental, los alemanes se enfrentaban a los ejércitos de Bélgica, Francia, Gran Bretaña y su imperio, y, hacia el final, EE. UU. En el frente oriental, los rusos combatían a los alemanes en el norte, y a los austríacos en Galitzia y en los Cárpatos. En los Balcanes, Serbia (con un apoyo limitado de Francia y Gran Bretaña) luchaba contra Austria y, desde 1915, Bulgaria. Italia, que se había mantenido al margen en 1914, se unió a los Aliados (Gran Bretaña, Francia, Rusia, etc.) en 1915 con la promesa secreta de recibir territorios austríacos en el norte, lo que abrió otro frente. Turquía se unió a las Potencias Centrales (Alemania y Austria) en octubre de 1914, y un intento aliado de sacarlo de la guerra con la invasión de la península de Gallípoli en 1915 fue un fracaso sangriento. También se luchó en

Punto muerto y matanza

Durante cuatro años las fuerzas enfrentadas estuvieron cara a cara en el frente occidental. Los generales soñaban con la gran ruptura, cuando la artillería abriera un gran pasillo en las defensas enemigas por el que pudiera cargar en masa la infantería —e incluso la caballería—, llevándoselo todo por delante. Los intentos para lograr semejante ruptura, en ofensivas que duraban semanas o meses, casi siempre acabaron en un fracaso o en el mejor de los casos en avances de uno o dos kilómetros, con el coste de cientos de miles de bajas. Sólo en el primer día de la batalla del Somme, el ejército británico perdió a 20.000 hombres.

La tecnología militar de la época favorecía a los defensores, que se podían proteger de los bombardeos de la artillería en trincheras profundas y búnkeres de hormigón, y después destrozar a los atacantes con ametralladoras de fuego rápido cuando quedaban atascados en el barro y las alambradas de espinos en tierra de nadie. Hacia el final de la guerra, tácticas y armas nuevas —como los blindados y la aviación— empezaron a romper el punto muerto. Pero la matanza había llegado a una escala inimaginable: en la lucha murieron unos 9,8 millones de hombres, más muertos en batalla que en cualquier otro conflicto anterior o posterior.

Cronología

1916

Enero Los Aliados se retiran de Gallípoli.
Febrero-diciembre La batalla de Verdún cuesta la vida a medio millón de franceses y alemanes.
Mayo Batalla de Jutlandia en el mar del Norte.
Julio-noviembre La ofensiva anglo-francesa en el Somme cuesta más de un millón de bajas.
Agosto Rumanía se une a los Aliados.

1917

Marzo La revolución en Rusia fuerza la abdicación del zar.
Abril EE. UU. declara la guerra a Alemania. Estallan motines en el ejército francés. **Julio** Los árabes capturan Aqaba de manos turcas. Gran ofensiva británica en Ypres. **Octubre** El ejército italiano derrotado en Caporetto. **Noviembre** Revolución bolchevique en Rusia. **Diciembre** Los británicos toman Jerusalén de manos turcas.

Oriente Medio, en el Cáucaso y en África. Uno de los teatros de operaciones más importantes fue el océano Atlántico y el mar del Norte, donde Gran Bretaña usó su superioridad naval para bloquear Alemania; por su parte, Alemania desarrolló con éxito una campaña submarina contra los barcos aliados.

《 Es más fácil hacer la guerra que hacer la paz. 》

Georges Clemenceau, primer ministro francés, en un discurso, julio de 1919

La extensión de la campaña submarina alemana contra barcos neutrales fue esencial para provocar la participación de EE. UU. en la guerra en 1917. Los americanos sentían una aversión tradicional a implicarse en problemas en el extranjero, pero cuando se unieron a los Aliados su enorme capacidad industrial y sus reservas humanas hicieron que la victoria aliada fuera casi inevitable. Ésta se produjo el 11 de noviembre de 1918, cuando se firmó un armisticio. Rusia, después de la revolución bolchevique de 1917, había cerrada una paz por separado con Alemania. Pero en 1918 esta última —con sus recursos exhaustos, su población muriendo de hambre y con el estallido de motines en las fuerzas armadas— estaba cerca del colapso.

Los vencedores no fueron magnánimos. Los términos del tratado de Versalles impuesto a Alemania en 1919 eran punitivos y crearon resentimientos que cimentaron el auge del nazismo. Lejos de ser «la guerra que terminase con todas las guerras» como esperaban muchos, la primera guerra mundial resultó ser simplemente el primer acto de un conflicto global que se reiniciaría veinte años después, con el coste de muchas más vidas.

La idea en síntesis: una guerra innecesaria, librada a una escala sin precedentes

1918

Enero El presidente de EE. UU., Wilson, anuncia su programa de paz de los Catorce Puntos. **Marzo** Tratado de Brest-Litvosk: los bolcheviques sacan a Rusia de la guerra. Alemania inicia la Ofensiva de Primavera en el frente occidental. **Agosto** Los Aliados inician la contraofensiva en el frente occidental. **Octubre** Fuerzas británicas y árabes ocupan Damasco. Motín naval alemán. **Noviembre** Revolución en Berlín. Armisticio en todos los frentes.

1919

Enero Se abre la conferencia de paz de París. **Junio** Alemania firma el tratado de Versalles.

37 Lenin y Stalin

Karl Marx había predicho que la revolución que preludiaría la victoria del comunismo se iniciaría en su Alemania natal. Con su gran proletariado industrial, Alemania cumplía las condiciones que consideraba necesarias para la siguiente gran fase en la lucha de clase: el derrocamiento de la burguesía.

Marx no habría creído nunca que la primera revolución comunista victoriosa tuviera lugar en Rusia, un país atrasado que estaba saliendo de siglos de feudalismo.

Lo que no había previsto Marx era la facilidad con que el nacionalismo podía seducir a la clase trabajadora. Cuando estalló la guerra en 1914, millones de hombres abandonaron su solidaridad obrera y se presentaron voluntarios para la matanza. En Rusia el régimen zarista gestionó la guerra con especial ineptitud, provocando sufrimientos a una escala inimaginable. Ésta fue la situación que aprovechó el revolucionario comunista Vladimir Ilich Lenin cuando regresó a Rusia desde el exilio en 1917.

El camino hacia la revolución Mientras muchos estados europeos avanzaban hacia la democracia durante el siglo XIX, la Rusia imperial siguió siendo una autocracia: «Cada país tiene su constitución», bromeaba un ruso, «la nuestra es el absolutismo moderado por el asesinato». La represión provocaba una oposición radial, como la revuelta decembrista de 1825 y el asesinato del zar Alejandro II en 1881. Alejandro II había intentado introducir una cierta modernización, por ejemplo con la emancipación de los siervos en 1861, pero sus sucesores, Alejandro III y Nicolás II, dieron la espalda a las reformas, considerándose como los padres de su pueblo por sanción divina.

Nicolás II intentó afirmar el poder ruso en el Lejano Oriente, conduciendo a la derrota humillante en la guerra ruso-japonesa de 1904-1905. La derrota y el descontento general provocaron la re-

Cronología

1902	1903	1904-1905	1905	1914	1915
Lenin publica ¿Qué hacer?	Los socialdemócratas rusos se dividen entre bolcheviques, bajo Lenin, y mencheviques.	Guerra ruso-japonesa.	Después del fracaso de la revolución de 1905, Lenin se exilia.	Estallido de la primera guerra mundial.	Nicolás II toma el mando de las fuerzas armadas rusas.

volución dc 1905, marcada por la masacre de manifestantes pacíficos, levantamientos, motines y huelgas generales. El zar aceptó la formación de una *duma*, o parlamento, y después de atraerse las opiniones moderadas, procedió a aplastar la revuelta. Siguieron algunas reformas, pero Nicolás II era indiferente a las terribles condiciones en que vivía y trabajaba el creciente proletariado urbano.

La vida de obreros y campesinos empeoró de forma insoportable a causa de la primera guerra mundial. Cuando Nicolás II tomó el mando directo de las fuerzas armadas, Rusia sufrió derrota tras derrota, y el gobierno interno quedó en las manos igualmente incapaces de la emperatriz Alejandra y su círculo derechista. En 1917, las bajas militares sobrepasaban los 8 millones de hombres y un millón más había desertado. Los campesinos dejaron de enviar productos a las ciudades, provocando la escasez de alimentos. El 8 de marzo de 1917 (febrero en el viejo calendario ruso) estalló la revolución en Petrogrado (San Petersburgo). Soldados y obreros formaron un soviet (consejo) y otros soviets aparecieron por todas partes. El zar ordenó a la guarnición de Petrogrado que aplastara la revuelta, pero la guarnición se amotinó, y el 15 de marzo Nicolás II abdicó. Se estableció un gobierno provisional moderado, pero los soviets representaban un centro de poder alternativo y significativo.

> **《 En un país así fue bastante fácil iniciar una revolución, tan fácil como levantar una pluma. 》**
>
> **V. I. Lenin**, dirigiéndose al séptimo congreso del Partido Bolchevique, **7 de marzo de 1918**

El golpe bolchevique El 16 de abril, Lenin llegó a Petrogrado desde el exilio en Suiza. Lenin era el líder de la facción bolchevique («mayoría») del Partido Obrero Socialdemócrata de Rusia, que se había dividido en 1903. Los bolcheviques creían que un grupo pequeño de revolucionarios profesionales podía y debía dirigir el triunfo de la revolución. La facción menchevique («minoría»), por el contrario, creía que se necesitaba formar un partido de masas antes de que pudiera estallar la revolución.

En cuanto llegó a Petrogrado, Lenin exigió la transferencia del poder desde el gobierno provisional a los soviets. El fracaso del go-

1917	1918	1919	1920	1921
Marzo Revolución en Petrogrado. Formación de los soviets. El zar abdica. **Abril** Lenin regresa a Rusia. **Noviembre** Los bolcheviques toman el poder.	Inicio de la guerra civil rusa. **Marzo** Tratado de Brest-Litvosk: los bolcheviques firman la paz con Alemania. **Junio** Introducción del «comunismo de guerra». **Julio** El zar y su familia son fusilados por los bolcheviques.	El Ejército Rojo toma Ucrania.	El Ejército Rojo ocupa la mayor parte de Siberia. Finaliza la guerra civil.	Motín naval de Kronstadt. Introducción de la Nueva Política Económica.

bierno provisional en terminar con la participación de Rusia en la guerra o para aplicar una reforma agraria o para terminar con la falta de alimentos, fomentaba el malestar. Los bolcheviques consiguieron la mayoría en el soviet de Petrogrado, y en noviembre (octubre en el viejo calendario ruso) iniciaron la revolución y tomaron el poder.

El establecimiento de la Unión Soviética   El nuevo gobierno cerró la paz con Alemania, firmando un tratado de paz en marzo de 1918. Los bolcheviques se enfrentaron entonces a una guerra civil interna, en la que el Ejército Rojo, dirigido por León Trotsky, combatió a los Blancos antibolcheviques. A pesar de la intervención militar a favor de los Blancos de varias potencias occidentales, el Ejército Rojo venció en 1920, y en 1922 los bolcheviques, después de reconquistar muchas partes no rusas del antiguo imperio ruso, que habían declarado su independencia, proclamaron la Unión de Repúblicas Socialistas Soviéticas.

Del Terror Rojo a la Gran Purga

En 1918 Lenin lanzó a la Checa (la policía secreta) contra sus oponentes políticos en un proceso llamado el Terror Rojo. Su uso de la detención, las ejecuciones y el confinamiento de los enemigos sospechosos en un «gulag» de campos de trabajo, donde muchos murieron en condiciones terribles, fue ampliado por Stalin. Durante la colectivización de la agricultura, toda la clase de los kulaks (campesinos ricos) fue eliminada, con millones de muertos; millones más murieron de hambre en Ucrania y Kazajstán en 1932-1934. Entonces Stalin volvió su atención hacia enemigos reales o sospechosos entre las minorías nacionales, el ejército y el propio Partido Comunista, incluidos muchos veteranos de la revolución bolchevique de 1917, que fueron torturados para que admitieran públicamente su «culpabilidad» en una serie de juicios falsos durante la Gran Purga de 1936-1938. En total, decenas de millones fueron fusilados, exiliados o enviados a campos de trabajo, mientras el propio Stalin era objeto de un culto a la personalidad y mantenía el poder con puño de hierro.

Cronología

1922	1924	1927	1928	1932-1933
Formación de la Unión de Repúblicas Socialistas Soviéticas. Lenin queda incapacitado por una serie de derrames cerebrales. Stalin se convierte en secretario general del Partido Comunista.	Muerte de Lenin.	Trotsky se exilia, dejando vía libre para que Stalin se convierta en el líder supremo.	Stalin ordena la confiscación de la tierra de los campesinos. Inicio del plan quinquenal para la industria pesada.	Hambre en Ucrania.

Como efecto de la revolución bolchevique, Lenin había ordenado la desaparición de los antiguos latifundios y la redistribución de la tierra entre los campesinos. Pero las exigencias de la guerra civil le obligaron en junio de 1918 a introducir el «comunismo de guerra», mediante el cual el estado nacionalizó la industria, se apropió de negocios privados y requisó alimentos de los campesinos. La productividad se colapsó y se produjeron escaseces muy serias de alimentos. Esto dio como resultado desafección y protestas, como el motín en 1921 de la base naval de Kronstadt. En respuesta, Lenin introdujo la «Nueva Política Económica»

> **«Una muerte es una tragedia, un millón de muertes es una estadística.»**
>
> **Iosif Stalin,** comentario atribuido

(NEP), que restauraba cierto grado de libre empresa y realizaba concesiones a los campesinos y a los consumidores. A medida que se recuperaba la economía, aumentaba el control del poder por parte del Partido Comunista (como se conocía ahora a los bolcheviques).

La muerte de Lenin en 1924 desencadenó una lucha por el poder, principalmente entre Trotsky y Iosif Stalin. Stalin resultó ser un manipulador mucho más despiadado, y en 1927 Trotsky —que quería extender la revolución por Europa— fue expulsado del partido y se fue al exilio. Stalin se embarcó en una política de «socialismo en un solo país», abandonando la NEP e introduciendo una serie de planes quinquenales, que implicaban la aceleración masiva de la industrialización y la reposesión de las tierras de los campesinos, que fueron forzados a trabajar en explotaciones colectivas. En el proceso, murieron millones de personas, a medida que Stalin se afianzaba como dictador absoluto de la URSS, posición que mantuvo hasta su muerte en 1953.

La idea en síntesis:
Rusia cambió una tiranía por otra

1936-1938	1939	1940	1941	1944-1945	1945	1953
Mueren millones de personas durante la Gran Purga.	Stalin firma el pacto de no agresión con Hitler. El Ejército Rojo ocupa Polonia oriental.	Asesinato de Trotsky quizá por orden de Stalin. La URSS se anexiona los estados bálticos.	Invasión nazi de la URSS.	El Ejército Rojo ocupa los países de Europa oriental, que se convierten en satélites soviéticos.	Inicio de la guerra fría.	Muerte de Stalin.

38 La sombra del fascismo

La primera guerra mundial dejó a los países europeos exhaustos, empobrecidos y amargados: un caldo de cultivo perfecto para el extremismo político. Muchos soldados de regreso del frente sentían que los políticos no sólo los habían abandonado, sino que también habían deshonrado a millones de sus compañeros muertos. La guerra había sido para nada, y con el regreso de la paz los políticos no ofrecían seguridad ni esperanza. La democracia había fracasado. Lo que se necesitaba para restaurar el orgullo nacional era un líder fuerte y carismático que pudiera someter a toda la sociedad bajo su voluntad.

Éste fue el ambiente que dio nacimiento al fascismo, una forma extrema de nacionalismo militarista que arraigó en una serie de países europeos en las décadas de 1920 y 1930, en especial en Italia, Alemania y España. El fascismo no es una ideología internacional coherente como el marxismo, sino que tienda a adoptar características locales: por ejemplo, los nazis alemanes eran mucho más antisemitas que los seguidores de Mussolini en Italia o de la Falange en España. Pero en general los fascistas se adhieren al autoritarismo violento, comparten el odio por los extranjeros, las minorías étnicas, los socialistas, los comunistas, los liberales y los demócratas, y ansían las conquistas militares.

El ascenso de Mussolini y Hitler   Después de la toma del poder por parte de los bolcheviques en Rusia en 1917, el temor a la revolución comunista empujó a la clase media europea en brazos de la extrema derecha. En Italia, el más importante de los partidos de extrema derecha era el *Fasci di Combattimento* —los fascistas—, que tomaba su nombre de las *fasces*, los haces de varas que envolvían el hacha que llevaban los magistrados en la antigua

Cronología

1918	1919	1920	1922	1923	1925
Noviembre Fin de la primera guerra mundial.	**Enero** Revuelta espartaquista (comunista) en Berlín, reprimida por los *Freikorps*. **Junio** Tratado de Versalles.	Fracaso del intento de golpe derechista, el «Putsch Kapp», en Alemania.	«Marcha sobre Roma» fascista; Mussolini primer ministro de Italia.	Fracasa el Putsch de la Cervecería nazi en Munich.	Hitler publica *Mein Kampf*.

Roma como símbolo de su autoridad. En 1922, bajo el liderazgo de Benito Mussolini, un periodista y orador brillante, 25.000 fascistas con camisas negras realizan su famosa «Marcha sobre Roma», donde el rey Víctor Manuel II fue persuadido para que pidiera a Mussolini la formación de gobierno. Mussolini fue más allá e impuso una dictadura de partido único, llamándose a sí mismo Il Duce («el líder»).

> **« La gran masa de la nación ... será más fácil que caiga víctima de una mentira grande que de una pequeña. »**
>
> **Adolf Hitler**, *Mein Kampf*, 1925

En Alemania, durante el caos que siguió al final de la primera guerra mundial, grupos tanto de la izquierda comunista como de la extrema derecha intentaron sin éxito hacerse con el poder. En 1923, uno de los partidos de extrema derecha, el Partido Nacional Socialista de los Trabajadores Alemanes —los nazis— intentó derrocar el gobierno de Baviera en el llamado «Putsch de la Cervecería». El líder nazi, un antiguo cabo llamado Adolf Hitler, pasó un corto período de tiempo en la cárcel como resultado de la acción, donde escribió *Mein Kampf* («Mi lucha»), en el que afirmaba la superioridad de la raza «aria» rubia y de ojos azules de los países germánicos y escandinavos, por encima de africanos, eslavos, gitanos, judíos y otros *Untermenschen* («subhumanos»). Hitler declaró que era el destino de la raza germánica crear un *Lebensraum* («espacio vital») en los ricos terrenos agrícolas de Rusia occidental. Además, Hitler jugó con el resentimiento de muchos alemanes ante la severidad del tratado de Versalles, y fomentó el mito popular de que el ejército alemán, lejos de estar derrotado en 1918, había sido «apuñalado por la espalda» por los políticos democráticos.

Con el inicio de la Gran Depresión —que Hitler atribuía a los banqueros judíos— los nazis experimentaron un aumento de su popularidad. En las elecciones de 1932 se convirtieron en el partido principal en el Reichstag (el Parlamento alemán) y en enero de 1933 Hitler se convirtió en canciller (primer ministro). Cuando el Reichstag sufrió un incendio en febrero, los nazis acusaron a los comunistas y procedieron a arrestar a los opositores políticos. En agosto de 1934 Alemania se había convertido en una dictadura de partido único, con Hitler conocido simplemente como el Führer

1926	1929	1930	1931	1932	1933
Mussolini se convierte en dictador.	Crac de Wall Street que provoca la Gran Depresión.	La crisis económica y política empuja a Hindenburg a gobernar Alemania por decreto.	El ejército japonés ocupa Manchuria.	Los nazis se convierten en el partido más importante del Reichstag.	Formación de Falange. **Enero** Hitler, canciller. **Febrero** Incendio del Reichstag. **Marzo** Los judíos son expulsados del servicio civil y boicoteados. **Octubre** Alemania abandona la Liga de las Naciones.

(líder). El Partido Nazi controlaba todos los aspectos de la vida alemana e imponía su voluntad por medio de la Gestapo (la policía secreta) y los paramilitares de las SS. Además de eliminar a sus enemigos políticos, los nazis iniciaron la persecución de la población judía del país.

Sueños imperiales Mientras Hitler declaraba el advenimiento del nuevo Reich alemán que iba a durar mil años, Mussolini quería crear un imperio para igualar al de la antigua Roma, y en 1935 ordenó a su ejército invadir el reino africano independiente de Abisinia (Etiopía). Una de las provisiones del tratado de Versalles había sido la creación de la Liga de las Naciones, un organismo internacional que se suponía que iba a prevenir agresiones futuras de un estado contra otro, y de esta forma pondría fin a todas las guerras. Sin embargo, la Liga no había hecho nada más que mostrar su desaprobación después que Japón ocupase Manchuria en 1931, y, tras la invasión italiana de Abisinia, no hizo nada excepto imponer unas sanciones económicas inefectivas.

El tratado de Versalles

Tras su derrota en la primera guerra mundial, Alemania se vio obligada a firmar el punitivo tratado de Versalles, en el que tuvo que reconocerse como iniciadora de la guerra. Alemania perdió todas sus posesiones de ultramar y mucho territorio en Europa, incluidas Alsacia y Lorena que volvían a Francia, y un corredor que daba a Polonia acceso al mar Báltico y dividía a Alemania en dos. Renania fue ocupada por las tropas aliadas. Se prohibió el servicio militar y las fuerzas armadas alemanas se limitaron a 100.000 hombres, sin blindados, aviación militar o buques de guerra grandes. Finalmente, Alemania se vio forzada a pagar grandes sumas en reparaciones a Gran Bretaña y Francia.

Alemania había seguido a Japón en su salida de la Liga en 1933. Al año siguiente Hitler desafió el tratado de Versalles al reintroducir el servicio militar e iniciar un programa de rearme masivo. Fue esto más que nada lo que devolvió el pleno empleo al país durante la Gran Depresión. En 1936 Hitler ordenó que el ejército alemán reocupara Renania y formó una alianza con Mussolini conocida como el Eje Roma-Berlín.

Hitler volvió entonces su atención a ampliar las fronteras del Reich alemán. Versalles había dejado a muchos alemanes

Cronología

1934	1935	1936
Junio El jefe paramilitar Ernst Röhm, rival de Hitler en el Partido Nazi, es asesinado junto con 150 de sus seguidores en la «Noche de los cuchillos largos». **Agosto** Tras la muerte de Hindenburg, Hitler se convierte en Führer.	**Enero** El pueblo del Sarre vota la reunificación con Alemania. **Marzo** Hitler reintroduce el servicio militar. **Septiembre** Leyes de Nuremberg. **Octubre** Invasión italiana de Abisinia.	**Marzo** Tropas alemanas reocupan Renania. **Julio** Empieza la guerra civil española. **Octubre** Formación del Eje Berlín-Roma. **Noviembre** Alemania y Japón firman el pacto anti-Comintern en contra de la URSS; Italia se unirá en 1937.

como minorías dentro de otros estados, y Hitler explotó esta situación. El *Anschluss* (unión) con Austria había estado prohibido por el tratado de Versalles, pero había muchos simpatizantes nazis en Austria, y cuando en marzo de 1938 las tropas alemanas entraron en el país, fueron muy bien recibidas. Gran Bretaña y Francia protestaron, pero, desesperados por evitar otra guerra, no hicieron nada, una política que se calificó de «apaciguamiento».

《Creo que es la paz para nuestro tiempo. 》

Neville Chamberlain, sobre el acuerdo de Munich, 30 de septiembre de 1938

Hitler presionó después por el caso de los alemanes en la zona de los Sudetes en Checoslovaquia, que pedían su unión al Reich. Al profundizarse la crisis, los primeros ministros británico y francés, Neville Chamberlain y Édouard Daladier, se reunieron con Hitler y Mussolini en Munich para encontrar una solución pacífica. El 30 de septiembre de 1938 firmaron el acuerdo de Munich, que —sin consultar al gobierno checoslovaco— transfería los Sudetes a Alemania.

Cuando Hitler procedió a la ocupación del resto de Checoslovaquia en marzo de 1939, Chamberlain se dio cuenta que el apaciguamiento no era la respuesta, y cuando Hitler empezó a pedir la devolución del Corredor polaco y la ciudad libre de Danzig (Gdansk), Gran Bretaña y Francia declararon que proporcionarían ayuda militar si se amenazaban las fronteras de Polonia. El 1 de septiembre de 1939, después de cerrar el pacto de no agresión con la Unión Soviética, Hitler descubrió su jugada y lanzó la invasión de Polonia. Dos días después, Gran Bretaña y Francia le declaraban la guerra.

La idea en síntesis: el descontento con el resultado de la primera guerra mundial pavimentó el camino hacia la segunda

1937	1938	1939
Julio Japón lanza una invasión a gran escala contra China.	**Marzo** Tropas alemanas ocupan Austria. **Septiembre** En Munich, Gran Bretaña y Francia aceptan que Alemania se anexione los Sudetes checos. **Noviembre** *Kristallnacht*: quema en Alemania de tiendas, hogares y sinagogas judías.	**Marzo** Fuerzas alemanas ocupan el resto de Checoslovaquia. Gran Bretaña y Francia declaran que defenderán Polonia. **Abril** Victoria nacional en la guerra civil española. Italia invade Albania. **Agosto** Pacto de no agresión nazi-soviético. **Septiembre** Hitler invade Polonia, empieza la segunda guerra mundial.

39 La Gran Depresión

«En ninguna otra nación están tan seguros los frutos del talento», explicaba el presidente Herbert Hoover a sus compatriotas al tomar posesión del cargo el 4 de marzo de 1929. «No tengo ningún temor por el futuro de nuestro país. Brilla de esperanza.»

Este estado de ánimo optimista era compartido por todo EE. UU.: nunca había estado tan alta la bolsa, mientras la gente especulaba entusiasmada con el éxito continuado del sistema capitalista. Siete meses después del discurso inaugural de Hoover, llegó el desastre. El 24 de octubre de 1929, el «Jueves Negro», la bolsa de EE. UU. en Wall Street se derrumbó. Sólo en ese día, 13 millones de acciones cambiaron de manos, cuando los especuladores se dieron cuenta de que el valor real de sus inversiones no tenía ninguna relación con las sumas infladas que habían pagado por ellas. En unos pocos días, 30 mil millones de dólares habían desaparecido del valor de las acciones.

No era la primera burbuja especulativa que estallaba, pero las repercusiones del crac de Wall Street fueron mucho más duraderas y amplias que nada que hubiera experimentado antes el mundo. Al entrar en pánico los bancos americanos y exigir la devolución de grandes sumas que habían prestado a los países europeos, en especial Alemania, el crac se convirtió en la Gran Depresión, una década de colapso económico global y altas tasas de paro.

La senda hacia el colapso económico   La Gran Depresión no estuvo provocada sólo por el crac de Wall Street. Los gastos de la primera guerra mundial habían provocado que los países en lucha acumularan grandes deudas —en su mayor parte con bancos americanos— y, también habían orientado la producción industrial hacia el armamento y aumentado la demanda de productos agrícolas. Con

Cronología

1919	1920	1921	1922	1923	1924
El tratado de Versalles fuerza a Alemania a pagar reparaciones tras su derrota.	Corto *boom* posbélico.	EE. UU. impone aranceles sobre las importaciones agrícolas.	Inicio de la hiperinflación alemana. Llegan al poder los fascistas de Mussolini.	**Enero** Tropas francesas y belgas ocupan el valle del Ruhr después de que Alemania no cumpla con el pago de las reparaciones.	**Enero-octubre** Primer gobierno laborista en Gran Bretaña. **Septiembre** Plan Dawes.

la llegada de la paz, la industria experimentó una expansión breve, pero pronto descubrió que el mercado para bienes manufacturados era limitado. De forma similar, la demanda de productos agrícolas —desde trigo y algodón a caucho— decreció y los agricultores se enfrentaron a precios en caída. En América, muchos se vieron obligados a hipotecar sus granjas con los bancos, mientras que los países que se apoyaban en la agricultura de exportación se vieron obligados a pedir prestadas grandes sumas de dinero.

Además de dar créditos a los agricultores americanos y a los estados extranjeros, los bancos de EE. UU. habían prestado alegremente dinero a los especuladores en bolsa. Pero cuando Wall Street se derrumbó, muchos especuladores se quedaron sin un céntimo, y los bancos —si no quebraron por sí mismos— implantaron una limitación crediticia muy severa. Miles de agricultores perdieron sus propiedades cuando los bancos ejecutaron sus hipotecas, expulsando de la tierra a numerosas familias, en especial en el Medio Oeste, y lanzándolas a los caminos en busca de trabajo. Los bancos también pidieron el pago de los créditos al extranjero, lo que redujo aún más la demanda de las exportaciones de EE. UU., porque pocos podían permitirse su compra. En 1930 EE. UU. impuso aranceles a las importaciones para proteger la industria y la agricultura nacionales, una acción que un historiador describió como «una declaración virtual de guerra económica contra el resto del mundo». Otros países respondieron con la implantación de sus propias medidas proteccionistas. Hubo un fracaso generalizado en reconocer la naturaleza global de la crisis y, en lugar de trabajar en cooperación, las potencias dirigentes del mundo se retiraron a su propio rinconcito.

> **« Hermano, ¿me puedes dar una moneda? »**
>
> **Canción de Yip Harburg,** 1932, que simboliza la Gran Depresión en EE. UU.

Del *laissez faire* al «New Deal»   En EE. UU., el presidente Hoover creyó al principio que la crisis sólo era un tropiezo temporal. Pero cuando la tasa de desempleo creció hasta uno de cada cuatro en EE. UU., y uno de cada tres en algunos países, incluso Hoover tuvo que admitir que existía un problema, pero no creía que fuera responsabilidad del gobierno federal. En las elecciones

1925	**1926**	**1929**	**1930**
Calvin Coolidge, se opone a la reducción de la deuda de guerra británica y francesa.	Fracasa una huelga general en Gran Bretaña.	**Marzo** Herbert Hoover presidente de EE. UU. **Mayo** El Partido Laborista forma un gobierno en minoría en Gran Bretaña. **Junio** El Plan Young modifica los plazos de las reparaciones alemanas; fuerte oposición de los nazis. **Octubre** Crac de Wall Street.	**Junio** Hoover firma la ley de aranceles Smoot-Hawley, que provoca una guerra comercial internacional. **Septiembre** Al llegar el paro alemán a los 3 millones, los nazis ganan 107 escaños en el Reichstag.

El efecto de las reparaciones

En 1919 el economista británico J. M. Keynes había advertido sobre las consecuencias desastrosas del tratado de Versalles (véase p. 158). Alemania había sido una de las economías más grandes del mundo, pero las obligaciones impuestos por el tratado para que pagase grandes sumas en reparaciones dificultó severamente su recuperación económica, de manera que los exportadores de otros países perdieron uno de los mercados más importantes. En 1923 Alemania sufría de hiperinflación, hasta tal punto que se necesitaba una carretilla para llevar suficientes billetes para comprar una barra de pan. Aunque la economía alemana se recuperó hasta cierto punto, ayudada por una carencia en las reparaciones y por un gran préstamo bancario de EE. UU. en 1924, el crac de Wall Street provocó más dificultades financieras, y en 1930 se acordó una nueva carencia, junto con otro gran préstamo. Pero no cambió nada: al colapsarse los bancos alemanes y crecer el desempleo, en 1932 la comunidad internacional acordó finalmente cancelar todas las reparaciones. Pero el daño estaba hecho: en ese año electoral, los nazis se convirtieron en el principal partido en el Reichstag alemán. En 1919 Keynes había predicho algo parecido. «¿Pero quién puede decir lo que es soportable», había escrito, «o en qué dirección buscarán los hombres la última salida para su infortunio?»

presidenciales de 1932, Hoover perdió el cargo a manos de Franklin Delano Roosevelt, que prometió un «New Deal» («Nuevo reparto») para el pueblo americano. Roosevelt implantó las ideas del economista británico John Maynard Keynes, que sostenía que el enfoque capitalista tradicional del *laissez faire* para mantener en un mínimo el gasto del gobierno y la implicación del gobierno en la economía sólo perpetuaba las depresiones económicas. Roosevelt se dedicó a someter a los bancos, los precios y la producción a un control gubernamental estricto, ofreció préstamos federales para evitar las bancarrotas y las ejecuciones hipotecarias, y se embarcó en un gran programa de obras públicas, con el que el gobierno dio empleo a millones de personas, y de esta manera inyectó de nuevo grandes sumas a la economía. En 1934 el

Cronología

1931	1932	1933
Agosto El gobierno laborista británico es sustituido por un Gobierno Nacional. **Septiembre** Gran Bretaña abandona el patrón oro. **Diciembre** El paro en EE. UU. llega a los 8 millones.	El paro en Alemania supera los 6 millones. Gran Bretaña introduce la «preferencia imperial». **Junio** Gran Bretaña y Francia dejan de pagar las deudas de guerra a EE. UU. **Julio** Los nazis se convierten en el principal partido del Reichstag. **Noviembre** F. D. Roosevelt el elegido presidente de EE. UU.	**Marzo** Hitler asume poderes dictatoriales. **Abril** EE. UU. abandona el patrón oro. **Junio-Julio** Fracasa la conferencia económica mundial en Londres.

> **《 Aunque no esté escrito en la Constitución, el deber inherente del gobierno federal es evitar que sus ciudadanos mueran de hambre. 》**

Presidente F. D. Roosevelt, citado en *America in Midpassage*, 1939

desempleo empezó a caer y la situación económica empezó a mejorar lentamente.

Otros gobiernos, como el Gobierno Nacional en Gran Bretaña dominado por los conservadores, prefirieron concentrarse en recortar el gasto gubernamental y en aumentar los aranceles proteccionistas. Las industrias pesadas tradicionales como los astilleros fueron abandonadas a su destino, provocando tasas de desempleo de hasta el 70 por ciento en el noreste y provocando una serie de «marchas del hambre» sobre Londres, como la «Cruzada Jarrow» de 1936.

En Alemania, los efectos de la Depresión fueron especialmente agudos y ayudaron a la subida de Hitler al poder en 1933. Los nazis acusaban a los banqueros judíos internacionales de los sufrimientos del pueblo alemán, y prometieron restaurar el orgullo nacional. En esto último tuvieron éxito, reduciendo el desempleo con una serie de medidas, principalmente por el reestablecimiento del servicio militar y el gran programa de rearme, porque Hitler preparaba el país para otra guerra. A lo largo de la década de 1930, y a media que aumentaban las tensiones internacionales, otros países, como Gran Bretaña, se embarcaron en programas de rearme, y estas inyecciones de dinero gubernamental sirvieron para estimular la economía y reducir el desempleo. Pero fue el estallido de la segunda guerra mundial lo que provocó realmente el fin de la Gran Depresión.

La idea en síntesis: la peor crisis económica del siglo xx

1934	1935	1936	1939
Los industriales de EE. UU. empiezan a organizar la oposición a las políticas del New Deal. **Febrero** Levantamiento obrero en Austria aplastado por el gobierno derechista.	El Tribunal Supremo de EE. UU. sentencia que parte de la legislación del New Deal es inconstitucional.	Elección del Frente Popular en España y Francia. Cruzada Jarrow en Gran Bretaña. J. M. Keynes publica *Teoría general del empleo, el interés y el dinero*. **Septiembre** Francia abandona el patrón oro. **Noviembre** Reelección de Roosevelt.	Estalla la segunda guerra mundial.

40 La República española y la guerra civil

El sistema político de la Restauración en España llegó a su fin con la victoria republicana en las elecciones municipales de 1931. La abdicación del rey y la proclamación de la República dieron lugar a una democracia progresista que se vio aplastada con el alzamiento militar del 18 de julio de 1936.

El caciquismo y la corrupción, la inestabilidad política, los fracasos en la guerra en Marruecos y la agitación social consecuencia de la crisis económica, condujeron al pronunciamiento del general Primo de Rivera en 1923 y a la instauración de una dictadura con la aprobación del rey. Su fracaso provocó el exilio de Primo de Rivera en 1930 y tras una corta «dictablanda», las elecciones municipales de 1931 dieron un triunfo aplastante a los republicanos. Enfrentado al colapso de su gobierno y a las ansias de cambio de régimen, Alfonso XIII abdicó, marchándose al exilio en Roma, donde moriría en 1941.

Democracia y revolución   La victoria republicana en las capitales de provincia y en los grandes núcleos de población demostraba el desencanto con la monarquía. También estaban defraudados sectores de la burguesía y del ejército, que veían en un cambio de régimen la única salida a la crisis política, social y económica. Ante esta situación, el comité revolucionario formado en 1930 presionó al rey para que se exiliase y Niceto Alcalá Zamora fue proclamado jefe del estado y presidente del gobierno provisional.

La primera tarea fue la redacción de una constitución, aprobada en 1931, que incorporaba ideas avanzadas en defensa de los derechos humanos y de la democracia. Se garantizaba la separación de Iglesia y estado, se otorgaba el derecho al voto a la mujer, se reconocía el

Cronología

1923	1927	1931
Dictadura del general Primo de Rivera.	Fundación de la federación anarquista ibérica (FAI).	**Abril** Exilio de Alfonso XII y proclamación de la Segunda República. **Diciembre** Aprobación de la Constitución.

matrimonio civil y el divorcio, contemplaba la posibilidad de expropiar bienes en defensa del interés general, se reconocía la
autonomía de Cataluña y el País Vasco, y se
sentaban las bases para una reforma de la
judicatura y el ejército. Este giro progresista
y las reformas emprendidas en 1931-1933,
provocaron la desconfianza de los sectores
más conservadores, mientras que dejaban
insatisfechas las ansias revolucionarias de
amplias capas populares, que pretendían
emprender una revolución social y económica. Esto generó una es-
piral de violencia que el gobierno no pudo controlar, con los san-
grientos sucesos de Castilblanco y Casas Viejas, que se unieron a
un levantamiento de la CNT en 1933.

> **《 ¿Qué más crisis desean ustedes que la de un país que se acuesta monárquico y se levanta republicano? 》**
>
> **Almirante Aznar**, presidente del último gobierno monárquico, en respuesta a la pregunta de si había motivos para una crisis

El giro a la derecha   Las elecciones generales de 1934 dieron el
triunfo a la CEDA, una coalición de partidos conservadores y mo-
nárquicos, aunque el gobierno recayó en los centristas de Alejandro
Lerroux, que presionado por Gil Robles, paralizó las reformas, dio
marcha atrás en la reforma agraria, anuló la enseñanza mixta y dio un
giro conservador a la legislación social. Pero esto no libró al gobierno
de la doble presión de una derecha que veía la República como demasiado progresista, y unas masas populares que consideraban demasiado tibias las reformas. El malestar estalló en la revolución de octubre de 1934, que tuvo sus focos principales en Asturias y Cataluña.
En Cataluña, la proclamación de la república catalana por el presidente de la Generalitat Lluís Companys fue aplastada con rapidez
por el ejército, pero en Asturias el levantamiento de los mineros de
la UGT, se convirtió en una revuelta armada que no se pudo sofocar
hasta el envío de tropas coloniales bajo el mando del general Franco.
Los combates y la represión provocaron más de un millar de muertos
y heridos, con varias condenas a muerte contra los cabecillas y torturas.

La represión y el desprestigio del gobierno por su corrupción e in-
eficacia, provocaron la disolución de las Cortes en enero de 1936
y la convocatoria de elecciones, que fueron ganadas por el Frente
Popular, una coalición de izquierdas, encabezada por Azaña.

1931-1933	**1933**	**1934-1936**
Bienio progresista. Gobierno republicano-socialista presidido por Manuel Azaña y puesta en marcha de las reformas.	Sucesos de Casas Viejas. Fundación de la CEDA y la Falange.	Bienio negro. Gobierno radical con la CEDA, que inicia la paralización de las reformas del bienio anterior.

Una guerra civil muy internacional

Preludio y ensayo general de la segunda guerra mundial, España fue un campo de batalla con la participación de combatientes extranjeros en ambos bandos, empezando por los 70.000 marroquíes de las Tropas de Regulares Indígenas, que formaban la columna vertebral de los sublevados. La política de no intervención patrocinada por el Reino Unido y Francia no fue ningún obstáculo para que Hitler y Mussolini se volcaran en el apoyo a Franco con material, suministros y hombres. Alemania envió a la Legión Cóndor, formada por unos 19.000 hombres procedentes de la élite de la Luftwaffe y que utilizaron España como campo de ensayo para las tácticas de bombardeo y caza que desplegarían durante la primera fase de la guerra mundial. Italia formó el Corpo di Truppe Volontarie (CTV) con unos 78.000 hombres, que demostraron su valía y también sus carencias en la tremenda derrota en Guadalajara en 1937. En el bando republicano el apoyo fue más modesto con el conglomerado multinacional de las Brigadas Internacionales, formadas por unos 35.000 voluntarios, junto con unos 2.000 soviéticos, muchos de ellos en funciones políticas. La URSS también proporcionó una asistencia material limitada que no se podía equiparar a la de Alemania e Italia.

La internacionalización del conflicto tuvo su colofón con la intervención de españoles en la guerra mundial. El estado franquista se alineó con las potencias del Eje, aunque se mantuvo al margen de los combates, excepto por el envío de la División Azul. Mientras que los republicanos exiliados se incorporaron, sobre todo, a la Resistencia y al ejército de la Francia Libre, constituyendo un pilar esencial de la derrota del nazismo en el país vecino. Durante la guerra fría las democracias occidentales toleraron y después apoyaron a un régimen que era un puntal en la contención del comunismo.

Preludio de la guerra   La revolución de 1934 había radicalizado las posiciones políticas y el nuevo gobierno se debatió entre la violencia de izquierdas y la de derechas. Esto y el creciente malestar de sectores muy importantes del ejército y de la Guardia Civil, junto con una desacertada política de nombramientos militares, acabó completando el cuadro de una conspiración cívico-militar conservadora cuyo objetivo era dar un golpe de estado.

Cronología

1934	1936	1937
Octubre Proclamación de la república catalana y revolución en Asturias. Se llama a las tropas coloniales para sofocar la revuelta minera asturiana.	**Febrero** El Frente Popular gana las elecciones. **Julio** Levantamiento militar contra la República y estallido de la guerra civil.	**Abril** Bombardeo de Gernika por la Legión Cóndor; Hechos de mayo en Barcelona.

El alzamiento militar y la guerra El 17 de julio de 1936 la guarnición militar de Melilla se alzó en armas y al día siguiente le siguieron las principales comandancias de la Península. Pero el golpe fracasó en buena parte de las capitales, donde las masas populares se unieron a las fuerzas leales para aplastar el levantamiento militar. El fracaso del golpe y la incapacidad del ejército colonial para batir rápidamente a las milicias y a las tropas leales, convirtió la asonada militar en una guerra civil que duró tres años.

La guerra se libró con gran dureza en el frente y se desencadenó una represión feroz en la retaguardia. En el lado republicano, las acciones contra los enemigos ideológicos tuvieron un carácter desorganizado y disperso durante los primeros meses de la guerra. En el bando nacional la represión fue sistemática e institucionalizada.

La guerra se fue decantando hacia el bando nacional por tres razones: la unificación política y militar bajo el mando del general Franco; el apoyo incondicional de la Alemania de Hitler y la Italia de Mussolini con el envío de hombres y suministros de guerra; y la neutralidad de las naciones democráticas, que benefició a los sublevados. La República, por su parte, se tuvo que enfrentar con una gran desunión interna, que estalló en enfrentamientos violentos, como en mayo de 1937 en Barcelona; y la falta de apoyo internacional, a excepción de los voluntarios de las Brigadas Internacionales y de la URSS.

Finalmente, tras la caída de Barcelona en febrero de 1939 y de Madrid un mes más tarde, el 1 de abril las últimas tropas republicanas se rindieron en el puerto de Alicante, dando por finalizada la guerra e inaugurando una larga dictadura.

La idea en síntesis: el apoyo internacional a los dos bandos fue decisivo para que la guerra continuara

1938	1939	1939-1975	1975
Batalla del Ebro.	**Abril** El 1 de abril Franco anuncia el fin de la guerra.	Dictadura del general Franco.	**Noviembre** El día 20 muere Franco y se inicia la Transición democrática.

41 La segunda guerra mundial: Europa

A finales de la década de 1930, el mundo se estaba preparando para otra guerra. En el Lejano Oriente, un Japón cada vez más militarista había estado desarrollando una política agresiva de expansión territorial desde la ocupación de la Manchuria china en 1931. El mundo se quedó mirando y no hizo nada. En 1935, Mussolini, el dictador italiano, ordenó a sus tropas la invasión de Abisinia. De nuevo, el mundo no hizo nada.

En 1937 Japón lanzó una guerra de conquista en la propia China. La comunidad internacional no levantó ni un dedo. En 1938 Hitler se anexionó Austria, y en la conferencia de Munich Gran Bretaña y Francia aceptaron su anexión de la zona de los Sudetes de Checoslovaquia. Hitler siguió adelante con la ocupación de todo el país, y después empezó a amenazar a Polonia, pidiendo la recuperación de antiguos territorios alemanes perdidos tras la primera guerra mundial.

Al final, Gran Bretaña y Francia se dieron cuenta del peligro y declararon que ayudarían a Polonia si era invadida. Sin embargo, Hitler estaba más preocupado por la Unión Soviética, y para evitar la perspectiva de una guerra en dos frentes, el 23 de agosto de 1939 sorprendió al mundo al firmar el pacto de no agresión con Stalin, su mayor enemigo ideológico. El 1 de septiembre, los blindados alemanes entraron en Polonia. Dos días después, Gran Bretaña y Francia le declaraban la guerra.

Días oscuros   Al encontrarse al otro lado de Europa, poco podían hacer Gran Bretaña y Francia para ayudar a los polacos. Du-

Cronología

1931	1935	1936	1937	1938
El ejército japonés ocupa Manchuria.	Invasión italiana de Abisinia.	**Julio** Estalla la guerra civil española. **Octubre** Formación del Eje Berlín-Roma. **Noviembre** Alemania y Japón forman el pacto anti-Comintern contra la URSS; Italia se une en 1937.	Japón lanza una invasión a gran escala contra China.	**Marzo** Alemania se anexiona Austria. **Septiembre** Gran Bretaña y Francia aceptan la anexión alemana de los Sudetes checos.

rante seis meses se extendió un período de tensa espera conocido como guerra de Broma, que tuvo un final abrupto en abril de 1940 cuando Hitler ocupó Dinamarca e invadió Noruega. En mayo lanzó su Blitzkrieg («guerra relámpago») contra los Países Bajos y Francia, usando blindados de gran velocidad e infantería motorizada para abrir huecos en las defensas enemigas, y la aviación para apoyar los ataques y aterrorizar a la población civil con bombardeos aéreos. Los ejércitos británico y francés fueron tomados por sorpresa y se vieron forzados a emprender una larga retirada.

> **« ¿Cuál es nuestra política? ... librar una guerra contra una tiranía monstruosa, que no ha sido superada en el catálogo oscuro y lamentable de los crímenes humanos. »**
>
> **Winston Churchill**, primer discurso como primer ministro en la Cámara de los Comunes, 13 de mayo de 1940

El primer ministro británico Neville Chamberlain, que había intentado apaciguar a Hitler en 1938 al acceder a sus demandas territoriales, dimitió. Fue sustituido por la figura robusta y desafiante de Winston Churchill, que explicó al pueblo británico que «no tenía nada que ofrecer más que sangre, esfuerzo, sudor y lágrimas». Después de evacuar a finales de mayo la Fuerza Expedicionaria británica rodeada en Dunquerque, y de firmar Francia un armisticio con Alemania, Gran Bretaña quedó sola para combatir a Hitler. «Nunca nos rendiremos», le dijo Churchill al pueblo británico.

Al otro lado del Atlántico, el presidente F. D. Roosevelt, aunque receptivo a las peticiones británicas, se veía presionado por el fuerte sentimiento aislacionista en EE. UU. para no entrar en guerra del bando británico. Aun así, suministró grandes cantidades de ayuda material a través de los convoyes atlánticos, que se encontraban bajo el ataque constante de los submarinos alemanes, porque el objetivo de Hitler era rendir a Gran Bretaña por hambre. Durante el verano de 1940 se preparó para lanzar una invasión por el canal de la Mancha, y como primer paso se dispuso a destruir los aeródromos militares británicos. Pero la Royal Air Force frustró este objetivo porque durante la batalla de Inglaterra derribó tantos bombarderos alemanes que Hitler cambió a ataques nocturnos so-

1939

Marzo Fuerzas alemanas ocupan el resto de Checoslovaquia. **Abril** Italia invade Albania. Termina la guerra civil española. **Agosto** Pacto de no agresión nazi-soviético. **Septiembre** Hitler invade Polonia; Gran Bretaña y Francia le declaran la guerra; la URSS ocupa Polonia oriental. **Noviembre** La URSS ataca Finlandia.

1940

Abril Los alemanes ocupan Dinamarca e invaden Noruega. **Mayo** Alemania invade los Países Bajos y Francia. **Junio** El gobierno francés firma el armisticio con Alemania e inicia la colaboración con los ocupantes. Italia entra en la guerra. **Julio-Agosto** Batalla de Inglaterra. **Septiembre** Inicio del Blitz sobre Londres. Italia invade Egipto desde Libia. **Octubre** Hungría y Rumanía se unen al Eje.

bre las ciudades británicas —el Blitz— durante los cuales murieron miles de civiles.

El cambio de la marea La guerra se desplazó hacia diferentes frentes. En septiembre de 1940 Italia atacó a los británicos en Egipto, y más tarde recibieron los refuerzos del Afrika Korps alemán. Los dos bandos lucharon en los desiertos del norte de África hasta que las tropas británicas y de la Commonwealth obtuvieron una victoria decisiva en El Alamein en 1942. Para entonces, EE. UU. había entrado en la guerra y desembarcó en el noroeste de África, y en julio de 1943 los Aliados invadieron Sicilia. Italia aceptó un armisticio, pero las tropas alemanas ocuparon el país y resistieron ferozmente el avance aliado.

Todos éstos eran teatros secundarios comparados con la escala masiva de las operaciones en el frente oriental. En junio de 1941 Hitler abandonó el pacto de no agresión con Stalin y lanzó una invasión a gran escala de la Unión Soviética. El Ejército Rojo, debilitado por las purgas de Stalin a finales de la década de 1930, retrocedió. Los alemanes trataron a los rusos no sólo como enemigos ideológicos a causa de su sistema comunista, sino también como *Untermenschen* (subhumanos) por la supuesta inferioridad de

Descifrando el código Enigma

Mucho antes de la guerra los alemanes habían desarrollado un sofisticado aparato de encriptación, la máquina Enigma, que transformaba las comunicaciones militares secretas en un código que sólo se podía descifrar con otra máquina Enigma. En 1939 los británicos establecieron un proyecto secreto en Bletchley Park, que encontró una forma de descifrar la señales de radio Enigma, y en el proceso creó uno de los primeros ordenadores del mundo. La inteligencia conseguida tuvo un papel clave en una serie de campañas decisivas, siendo quizá la más notable la batalla del Atlántico, donde en 1943 los Aliados sabían exactamente donde iban a golpear las manadas de submarinos alemanes. Esto resultó de valor incalculable para proteger el gran flujo de hombres y materiales a través del Atlántico durante la preparación del Día D.

Cronología

1941

Marzo EE. UU. aprueba la ayuda a Gran Bretaña. Italia invade Grecia. Bulgaria se une al Eje. **Abril** Alemania invade Yugoslavia y Grecia. **Junio** Alemania invade la URSS. **Diciembre** EE. UU. entra en la guerra.

1942

Mayo Raid de los mil bombarderos contra Colonia. **Noviembre** Los Aliados derrotan a las tropas del Eje en El Alamein, Egipto. El Ejército Rojo rodea a los alemanes en Stalingrado.

1943

Febrero Los alemanes se rinden en Stalingrado. **Mayo** Las fuerzas del Eje se rinden en el norte de África. **Julio** Invasión aliada de Sicilia; caída de Mussolini. El Ejército Rojo derrota a los alemanes en Kursk. **Septiembre** Invasión aliada de la península italiana, Italia firma el armisticio.

la «raza» eslava a la que pertenecían. En consecuencia, las bajas alcanzaron un escala horrenda: unos 20 millones de muertos durante la guerra. Pero Hitler, como Napoleón antes de él, había subestimado el tamaño, el clima y los recursos de Rusia. A medida que Stalin trasladaba la industria rusa al otro lado de los Urales y empezaba a producir blindados y aviones en un número sin precedentes, los alemanes sufrieron un invierno ruso terrible y se debilitaron por la gran extensión de sus líneas de suministros. Stalin no tenía escrúpulos en sacrificar oleada tras oleada de infantería, que eran enviados a la batalla con agentes del NKVD (la policía secreta) con ametralladoras a sus espaldas. El punto de inflexión en el frente oriental se produjo en Stalingrado, junto al Volga, donde durante el invierno de 1942-1943 todo un ejército alemán fue rodeado y obligado a rendirse. Los soviets pasaron entonces a la ofensiva, avanzando hacia el oeste en dirección a Europa oriental.

Stalin llevaba tiempo pidiendo que sus aliados occidentales abrieran un segundo frente. Esto ocurrió finalmente cuando las fuerzas americanas, británicas y de la Commonwealth desembarcaron en las playas de Normandía el Día D, el 6 de junio de 1944. A medida que los Aliados occidentales avanzaban por Francia y los Países Bajos, y cruzaban por fin el Rin para penetrar en Alemania, al otro lado del continente el Ejército Rojo se acercaba a Berlín. Hitler se suicidó el 30 de abril de 1945 y el 7 de mayo todas las fuerzas alemanas se rendían incondicionalmente a los Aliados. El coste humano total del conflicto estima que algo más de cincuenta millones de personas murieron como consecuencia directa o indirecta de la lucha.

> **«Os pregunto: ¿queréis una guerra total? ¿La queréis, si fuera necesario, más total y más radical de lo que podamos imaginarla hoy?»**
>
> **Joseph Goebbels,** ministro de propaganda nazi, discurso después de la rendición alemana en Stalingrado, febrero de 1943

La idea en síntesis: la guerra más sangrienta de la historia

1944

Marzo Alemania ocupa Hungría. **Mayo** Los Aliados capturan Monte Cassino, una posición defensiva estratégica en Italia. **Junio** Los Aliados entran en Roma. Desembarcos del Día D. **Agosto** Los Aliados desembarcan en el sur de Francia. Liberación de París. **Septiembre** La operación aerotransportada aliada fracasa en su intento de asegurar el estratégico puente de Arnhem, Países Bajos. **Diciembre** Batalla de las Ardenas.

1945

Febrero El Ejército Rojo toma Bucarest. **Marzo** Los Aliados cruzan el Rin. **Abril** Ejecución de Mussolini por partisanos italianos. El Ejército Rojo ataca Berlín; suicidio de Hitler. **Mayo** Rendición incondicional de todas las fuerzas alemanas.

42 La segunda guerra mundial: Asia y el Pacífico

En las décadas finales del siglo XIX, Japón se transformó de un estado medieval aislado en una potencia industrial moderna. Imitando a las grandes potencias occidentales, el país también desarrolló ambiciones imperiales, arrebatando Taiwán y Corea a China en la guerra de 1894-1895, y deteniendo la expansión rusa en el Lejano Oriente en la guerra de 1904-1905.

Durante la década de 1920, Japón —falto de tierra y recursos para una población en crecimiento— experimentó graves dificultades económicas, y muchas personas, en especial en el ejército, creían que sólo un gobierno militar fuerte y la expansión territorial podían resolver los problemas del país. Su nacionalismo ardientemente militarista y xenófobo se centraba en la figura del emperador, que era adorado como un dios viviente.

Algunos elementos del ejército empezaron a tomar los asuntos en sus manos. Japón había ganado el derecho a estacionar tropas para proteger el Ferrocarril del Sur de Manchuria, y cuando en septiembre de 1931 saltó por los aires una sección de la vía cerca de la ciudad de Mukden (la moderna Shenyang), el ejército acusó a los chinos y lo usó como excusa para ocupar toda Manchuria. La Liga de las Naciones condenó la ocupación, pero Japón simplemente abandonó la Liga.

Ambiciones japonesas Los militaristas ganaron cada vez más control sobre el gobierno de Japón, que repudió las limitaciones internacionales a su poderío naval y se veía a sí mismo, junto con Alemania e Italia, como uno de los países peor tratados del mun-

Cronología

1931	1932	1933	1934	1936	1937
El ejército japonés ocupa Manchuria.	Los japoneses establecen un régimen marioneta en Manchuria, rebautizado como Manchukuo, bajo Puyi.	Japón abandona la Liga de las Naciones.	Japón renuncia a los tratados internacionales que limitaban su marina.	Alemania y Japón forman el pacto anti-Comintern.	**Julio** Japón invade China. **Diciembre** Masacre de Nanking, la capital china.

do. Japón se alió con Alemania e Italia, y en 1937 lanzó un ataque contra China. Los japoneses ocuparon la mayor parte de la costa, y la captura de la capital china fue seguida por la «Masacre de Nanking», en la que unos 300.000 civiles chinos fueron asesinados. Aun así, los nacionalistas chinos siguieron resistiendo.

> **《Nuestra situación nacional ha alcanzado un punto muerto ... el único camino que queda abierto es el desarrollo de Manchuria y Mongolia.》**
>
> **Teniente coronel Ishiwara Kanji,** uno de los oficiales del ejército implicado en la anexión de Manchuria en 1931

EE. UU. —que tenían sus propios intereses y territorios en el Pacífico (incluyendo Hawai, Guam y las Filipinas)— se alarmó ante el expansionismo japonés e intentó restringir el acceso de Japón a materias primas estratégicas, como carbón, mineral de hierro y petróleo. Por su parte, en especial tras el estallido de la guerra en Europa en 1939, Japón había puesto los ojos en las colonias de Gran Bretaña, Francia y los Países Bajos en el sur y sureste de Asia, que intentaban absorber en una «Gran Esfera de Co-Prosperidad de Asia Oriental». Esto se disfrazó como una liberación de los pueblos asiáticos del gobierno colonial, pero de hecho la intención era cambiar el dominio europeo por el japonés, conseguir materias primas estratégicas (como el caucho malayo y el petróleo birmano), y al mismo tiempo crear un mercado para los bienes manufacturados japoneses.

Japón exigió que se detuviese todo el paso de suministros a los nacionalistas chinos a través de la Indochina francesa y las colonias británicas en Birmania y Hong Kong. Para conseguirlo, en julio de 1941 tropas japonesas ocuparon la Indochina francesa, de manera que el gobierno americano congeló todos los bienes japoneses en EE. UU. El príncipe Konoe, el primer ministro japonés, intentó llegar a un acuerdo, pero cuando el gobierno americano insistió en que Japón se retirase de China y rompiese su alianza con Alemania e Italia, Konoe dimitió y fue sustituido en octubre de 1941 por el general Hideki Tojo, que mientras seguía negociando con EE. UU., planeaba una guerra a gran escala. El 7 de diciembre de 1941, mientras seguían las conversaciones en Washington, avio-

1938	1940	1941
Octubre Japón captura Guandong (Cantón). **Noviembre** Japón anuncia su plan de Gran Esfera de Co-Prosperidad de Asia Oriental.	**Marzo** Japón establece un gobierno chino de paja en Nanking. **Septiembre** Japón firma el pacto tripartito con Alemania e Italia, creando el Eje Roma-Berlín-Tokio.	**Julio** Japón ocupa la Indochina francesa; EE. UU. congela los bienes japoneses. **Agosto** Gran Bretaña y los Países Bajos imponen embargos sobre el comercio japonés. **Diciembre** Ataque japonés contra Malasia, Guam, las Filipinas, la isla de Wake, Birmania, Borneo y Hong Kong.

nes japoneses con base en portaaviones atacaron la base naval americana en Pearl Harbor, en Oahu, una de las islas Hawai. Fue, como dijo el presidente F. D. Roosevelt en el Congreso al día siguiente durante su petición de declaración de guerra, «una fecha que pervivirá en la infamia». Pero, al terminar con el aislacionismo americano y teniendo en cuenta los grandes recursos del país, el ataque determinó que, con el tiempo, la guerra estaba perdida para Japón y Alemania.

El camino hacia la perdición   El mismo día que Pearl Harbor, las fuerzas japonesas atacaron bases americanas y británicas por toda Asia oriental y el Pacífico. A esto siguió una de las campañas ofensivas más espectaculares de la historia, y a mediados de 1942 Japón había ocupado la mayor parte de los archipiélagos del Pacífico occidental, además de las Filipinas, el norte de Nueva Guinea, las Indias Orientales Holandesas (la Indonesia actual), Hong Kong, Tailandia, Malasia, Singapur y Birmania, y amenazaba a la India, la joya de la corona imperial de Gran Bretaña. La ofensiva estuvo acompañada de actos horrendos de brutalidad,

La bomba atómica

En 1939 el gran físico Albert Einstein, que como judío se había visto obligado a huir a EE. UU. desde la Alemania nazi, escribió al presidente F. D. Roosevelt para advertirle de que era posible que los alemanes ya estuvieran trabajando en armas nucleares. En consecuencia, Roosevelt autorizó el Proyecto Manhattan, que en el más completo secreto reunió un equipo de los mejores físicos e ingenieros del mundo para desarrollar una bomba atómica. El primer artefacto fue probado en el desierto de Nuevo México el 16 de julio de 1945, provocando que el director del Proyecto, Robert J. Oppenheimer, citase una verso del antiguo poema hindú del *Bhagadvad Gita*: «Me he convertido en muerte, el destructor de mundos». Era el nacimiento de la era nuclear, como señaló Oppenheimer dos años después de las bombas atómicas de Hiroshima y Nagasaki: «Los físicos han conocido el pecado; y éste es un conocimiento que no pueden olvidar».

Cronología

1942

Enero Japón invade las Indias Orientales Holandesas, Nueva Guinea y las Islas Salomón. **Febrero** Rendición de Singapur. **Mayo** Batalla del mar del Coral que evita el desembarco japonés en Port Moresby, Nueva Guinea. **Junio** La marina de EE. UU. gana la decisiva batalla de Midway. Japón completa la conquista de las Filipinas. **Agosto-diciembre** Inicio de la contraofensiva aliada en Guadalcanal (Islas Salomón), Nueva Guinea y Birmania.

1943

Febrero Fin de la resistencia japonesa en Guadalcanal. **Agosto** Fuerzas americanas desembarcan en las islas Ellice (Tuvalu). **Noviembre** Desembarco americano en Bougainville y captura de las islas Gilbert.

porque los japoneses consideraban a todas las demás razas como especies inferiores y trataban a todos los soldados que se les rendían en lugar de luchar hasta la muerte como cobardes despreciables, que se podían usar como mano de obra esclava, sometida al hambre, las palizas y las ejecuciones sumarias.

《 Temo que hayamos despertado a un gigante dormido, y su reacción será terrible. 》

Almirante Yamamoto (atribuido),
comandante de la flota japonesa que atacó Pearl Harbor

El avance japonés se detuvo en junio de 1942 en la batalla de Midway, en la que los japoneses perdieron cuatro portaaviones y 248 aviones. Resultó ser el punto de inflexión en la guerra del Pacífico. Los japoneses no tenían los recursos para reemplazar estas pérdidas a la velocidad que podían hacerlo los americanos. Aunque quedaban por delante años de lucha, a partir de este punto los japoneses se vieron forzados a una retirada desesperada. A mediados de 1944 los americanos habían retomado islas lo suficientemente cerca de Japón para establecer bases desde las cuales sus bombarderos podían devastar las ciudades niponas. Pero cuanto más se acercaban los americanos a Japón, más dura era la resistencia que ofrecían éstos. Ante la negativa a rendirse, y la perspectiva de pérdidas enormes si intentaban una invasión de las islas centrales de Japón, los americanos decidieron usar un arma nueva y horrenda. El 6 de agosto lanzaron una bomba atómica sobre la ciudad de Hiroshima, matando al instante a 78.000 personas. Una segunda bomba cayó sobre Nagasaki tres días después. El 15 de agosto el emperador Hirohito pronunció su primer discurso radiofónico, anunciando la rendición incondicional de todas las fuerzas japonesas ante los Aliados.

La idea en síntesis:
Japón se sobrepasó
al atacar a EE. UU.

1944

Febrero Fuerzas americanas completan la captura de las islas Marshall. **Junio** Los Aliados repelen los intentos de invasión japonesa de la India en Kohima e Impla, y la derrotan en la batalla del mar de Filipinas. **Septiembre** Inicio de los contraataques aliados en Birmania. **Octubre** Victoria naval americana en la batalla del golfo de Leyte.

1945

Febrero Fuerzas americanas encuentran una feroz resistencia en Iwo Jima. Bombardeos de Tokio. **Abril** Los japoneses usan tácticas kamikaze contra las fuerzas americanas en Okinawa. Fin de la resistencia japonesa en Okinawa y gran parte de Filipinas. **Agosto** Bombas atómicas sobre Hiroshima y Nagasaki. La URSS declara la guerra a Japón. Japón acepta los términos de la rendición.

43 El Holocausto

En unos pocos años, entre 1939 y 1945, unos seis millones de judíos —las dos terceras partes de la población judía europea— fueron asesinados sistemáticamente por los nazis. La magnitud del horror contenido en esta simple constatación es casi imposible de concebir.

Ni resulta fácil comprender los motivos de los verdugos, que llegaron hasta su conclusión lógica el delirio humano más odioso y retorcido: la creencia en la superioridad de una raza sobre las demás. No fue el primero ni el último ejemplo de genocidio, pero fue en una escala que la humanidad no ha sobrepasado hasta ahora.

El término «holocausto» deriva de una palabra griega que significa «quemado en su totalidad», y se aplica en el Antiguo Testamento a los sacrificios de animales en los que las víctimas eran consumidas por el fuego en su totalidad; la alusión se refiere a la incineración de los cuerpos de los judíos asesinados en los crematorios de los campos de exterminio. Para los judíos, el intento de aniquilar el judaísmo europeo es simplemente la *Shoah*, la palabra hebrea para «catástrofe».

Las raíces del antisemitismo Las comunidades judías se habían asentado alrededor del Mediterráneo durante la época romana, y desde allí se extendieron por toda Europa. En la regiones gobernadas por los musulmanes, como la España medieval, eran tolerados, pero la Iglesia cristiana veía a los judíos como los «asesinos de Cristo», lo que produjo brotes intermitentes de persecución, como las masacres de judíos durante el fervor religioso de la primera cruzada y más tarde durante la época de la peste negra, que muchos decían que estaba causada por el envenenamiento de pozos por parte de los judíos. Con su religión y culturas separadas, los judíos, como otros grupos minoritarios a lo largo de la historia, eran sospechosos sin fundamento de todo tipo de abominaciones —como el sacrificio de niños cristianos— y se convirtieron en el chivo expiatorio a mano

Cronología

1933	1935	1937	1938
Los nazis llegan al poder. Los judíos son expulsados del servicio civil, y sus tiendas y empresas son boicoteadas.	Las Leyes de Nuremberg retiran los derechos civiles a los judíos alemanes. Heinrich Himmler, jefe de las SS, inicia un programa para obtener una «raza de amos arios».	**Julio** Se abre Buchenwald. Se fuerza a los judíos alemanes a llevar una insignia amarilla con la estrella de David. **Diciembre** En Rumanía los judíos son excluidos de las profesiones y se les prohíbe poseer tierras.	**Noviembre** *Kristallnacht:* en venganza por el asesinato de un diplomático alemán en París a manos de un judío germano-polaco.

cuando las cosas iban mal. Algunos países, como Inglaterra a finales del siglo XIII y España en 1492, expulsaron a sus comunidades judías.

En Europa occidental, las comunidades judías solían ser prósperas, de clase media y relativamente asimiladas; un número significativo incluso se había convertido al cristianismo. Muchos trabajaban en el comercio y la banca —a menudo porque se les había prohibido el acceso a las profesiones, al servicio civil y al ejército—, y su éxito financiero con frecuencia inspiraba envidia o cosas peores.

Otras víctimas de los nazis

Los judíos no fueron las únicas víctimas de la «higiene racial» nazi: unos 400.000 gitanos fueron asesinados, junto con cifras inciertas de eslavos, homosexuales y personas con incapacidad mental o física. Objetivo del exterminio también fueron testigos de Jehová, comunistas, socialistas y cualquiera que los nazis considerasen enemigo del estado. Además, más de 3 millones de prisioneros de guerra soviéticos —más de la mitad capturados por el ejército alemán— murieron durante su cautiverio a causa de las terribles condiciones que debían soportar. En total, los nazis mataron a unos 14 millones de personas que consideraban *Untermenschen* («subhumanos»).

Hacia la «solución final»   A finales del siglo XIX surgió una perversión de la teoría de la evolución de Darwin mediante la selección natural, que sostenía que para asegurar el futuro de la raza humana sólo los especímenes más preparados, tanto en términos físicos como mentales, debían tener permiso para procrear. Surgió una «eugenesia» pseudocientífica que identificaba a todos los que no debían tener hijos: enfermos mentales, criminales, alcohólicos, los que tuvieran una capacidad intelectual limitada, los nacidos con defectos físicos y muchos más. Junto a la eugenesia, surgió una nueva forma de racismo, que identificaba algunas «razas» como «superiores» respecto a las demás usando técnicas pseudocientíficas como la medición de las dimensiones del cráneo, y que abogaba por el mantenimiento de la «pureza» de las «razas superiores» mediante la prohibición de los matrimonios mixtos. En este caldo espeso, los nazis añadieron una buena dosis del antisemitismo tradicional para llegar a la determinación de encontrar una «solución final al problema judío».

1939
Septiembre Hitler invade Polonia, iniciando la segunda guerra mundial.

1940
Los nazis inician las masacres de judíos en Polonia y confinan a los judíos en guetos.
Julio El gobierno colaboracionista de Vichy en Francia implanta medidas antijudías.

1941
Junio Invasión nazi de la URSS seguida por el asesinato en masa de las poblaciones judías. Hungría se alía formalmente con la Alemania nazi pero no entrega a sus 800.000 judíos. **Septiembre** En dos días, las tropas de las SS asesinaron a 37.771 judíos ucranianos en Babi Yar.

Tras la llegada al poder de Hitler en Alemania en 1933, los judíos fueron expulsados del servicio civil y las tiendas y los negocios judíos fueron boicoteados. Dos años después, las Leyes de Nuremberg privaban a los judíos de su ciudadanía alemana y les prohibía casarse con «arios» (como describían los nazis a la «raza» rubia y de ojos azules germánica y escandinava). El 9 de noviembre de 1938, durante las *Kristallnacht* («la noche de los cristales rotos»), fueron atacados hogares, tiendas y sinagogas judías en toda Alemania y cerca de cien judíos fueron asesinados. Muchos judíos ricos ya habían huido de Alemania, pero muchos se quedaron, y a los potenciales refugiados les resultó cada vez más difícil encontrar un país que los quisiera aceptar.

> **« Nosotros, los alemanes, debemos aprender finalmente a no mirar a los judíos ... como gente de nuestra especie... »**
>
> **Heinrich Himmler**, jefe de las SS,
> 5 de marzo de 1936

La segunda guerra mundial ofreció a los nazis la oportunidad de completar su política genocida, no sólo en Alemania, sino en todos los países que conquistaron. A medida que el ejército alemán atravesaba Polonia en 1939 y después Rusia en 1941, estuvieron acompañados de *Einsatzgruppen* («grupos de tarea») de tropas SS cuya labor era eliminar a los comisarios políticos soviéticos y reunir y «reubicar» a la población judía. «Reubicación» era un eufemismo para exterminio, y a principios de 1942 los *Einsatzgruppen* habían matado a más de medio millón de judíos, en su mayor parte fusilados. Pero las cosas iban demasiado despacio para los líderes nazis, y en enero de 1942 un grupo de oficiales de alta graduación se reunieron en el suburbio berlinés de Wannsee para discutir sobre la forma de lograr la «solución final».

El resultado fue un sistema brutalmente eficiente para la industrialización del asesinato. Se construyeron grandes campos en Polonia, en lugares como Auschwitz y Treblinka. Tren tras tren cargados con judíos de la Europa ocupada por los nazis eran transportados en vagones de ganado hacia esos campos. Al desembarcar, los médicos identificaban a los que estaban en mejores condiciones y los ponían a trabajar como mano de obra esclava. Otros se convertían

Cronología

1942
Enero En la conferencia de Wannsee, oficiales nazis determinan «la solución final al problema judío». **Julio** Las autoridades francesas detienen a 30.000 judíos parisinos para deportarlos.

1943
Abril-Mayo Revuelta del gueto judío de Varsovia; 60.000 muertos durante los combates. **Octubre** El intento de las SS de detener a los judíos en Dinamarca fracasa por la oposición danesa.

1944
Marzo Tropas alemanas ocupan Hungría y se inicia la deportación de la población judía.

en objetos de experimentos médicos brutales. La mayoría —hombres, mujeres, niños, bebés— era alejada de los trenes, se le ordenaba que se desnudase y se le introducía en lo que creía que eran zonas de duchas. Pero entonces se cerraban las puertas, y del techo no caía agua, sino zyklon-B, un gas letal que contiene cianuro de hidrógeno. Las víctimas tardaban más de veinte minutos en morir. Un médico de las SS, después de presenciar su primer gaseo, apuntó en su diario que «el infierno de Dante en comparación parecía una comedia». Una vez estaban todos muertos, los cuerpos eran llevados en carros hasta los crematorios, que muy pronto estuvieron escupiendo humo de día y de noche.

Aun cuando el Ejército Rojo avanzaba imparable hacia territorio alemán, los nazis incluso evacuaban a los internos de los campos hacia el oeste en sorprendentes «marchas de la muerte». Se trataba de locura a una escala inimaginable, pero los hombre y mujeres implicados en la ejecución de la «solución final» no eran monstruos inhumanos, sino hombres y mujeres ordinarios que habían sido adoctrinados de tal forma que creían que sólo estaban haciendo su trabajo, con eficiencia y de acuerdo con la voluntad del Führer. La conciencia de las tinieblas que se habían asentado en el corazón de Europa —Alemania, la patria de Schiller, Goethe y Beethoven— provocó un cambio profundo en la visión que el continente tenía de sí mismo. Es más, la humanidad en su conjunto nunca se ha podido ver de la misma forma desde entonces.

> **《 Yo era el fiscal, Dios el acusado. Mis ojos estaban abiertos y estaba solo, terriblemente solo en un mundo sin Dios y sin hombre. 》**
>
> **Elie Wiesel, *Noche*,** un relato de sus experiencias como interno en Auschwitz y Buchenwald

La idea en síntesis: genocidio en una escala que no ha sido superada

1945	1945-1946	1961
Enero Tropas soviéticas liberan Auschwitz, donde siguen vivos 3.000 prisioneros; habían asesinado alrededor de un millón. **abril** Fuerzas americanas liberan el campo de concentración de Dachau.	Juicios de Nuremberg: los líderes nazis son juzgados por crímenes de guerra y crímenes contra la Humanidad; doce de los veintidós son condenados a muerte.	Agentes israelíes secuestran a Adolf Eichmann. Eichmann es juzgado en Jerusalén y ejecutado en 1962. La persecución de criminales de guerra nazis de menor rango prosigue en el siglo XXI.

44 La guerra fría

Los asuntos mundiales en la segunda mitad del siglo xx estuvieron dominados por un período muy largo de hostilidad armada entre EE. UU., capitalista, y la Unión de Repúblicas Socialistas Soviéticas (la URSS o la Unión Soviética), comunista, junto con sus aliados respectivos. Este período de tensión creciente fue bautizado como la «guerra fría» —un término que se usó por primera vez en 1947— porque nunca estalló en un conflicto global «caliente».

EE. UU. y la Unión Soviética habían surgido de la segunda guerra mundial como las dos grandes superpotencias y, aunque nunca se combatieron directamente, estos fervientes enemigos ideológicos desarrollaron una serie de guerras limitadas contra los aliados del otro, y acumularon enormes arsenales de armas nucleares que amenazaban el futuro de toda la humanidad.

El telón de acero La antipatía entre el Occidente capitalista y la Unión Soviética comunista se remonta a la revolución bolchevique en Rusia en 1917. Sin embargo, cuando Hitler invadió la Unión Soviética en 1941, el principio de «el enemigo de mi enemigo es mi amigo» entró en juego, y el Reino Unido, EE. UU. y la URSS hicieron causa común en la guerra contra la Alemania nazi. Cuando la victoria aliada estuvo cada vez más clara, los «Tres Grandes» —el presidente F. D. Roosevelt de EE. UU., el primer ministro británico Winston Churchill y el líder soviético Jósif Stalin— se encontraron en Yalta en febrero de 1945, y acordaron que las zonas de Europa oriental que habían sido liberadas de los nazis por el Ejército Rojo permanecerían bajo influencia soviética. En el plazo de tres años hubo gobiernos comunistas prosoviéticos instalados en la zona de ocupación oriental de Alemania, y también en Polonia, Hungría, Checoslovaquia, Bulgaria, Rumanía, Yugoslavia y Albania. Un «telón de acero» había descendido sobre Europa.

Cronología

1945	1946	1947	1948	1949
Febrero Conferencia de Yalta. **Mayo** Alemania dividida en cuatro zonas de ocupación aliada.	**Septiembre** Estalla la guerra civil en Grecia entre comunistas y monárquicos.	**Marzo** Doctrina Truman. **Junio** EE. UU. anuncia el Plan Marshall.	**Junio** En Berlín, los soviéticos bloquean los sectores americano, británico y francés. **Junio** Yugoslavia rompe con el bloque soviético.	**Abril** EE. UU., Canadá y los aliados europeos forman la antisoviética Organización del Tratado del Atlántico Norte (OTAN). **Octubre** Los comunistas toman el poder en China.

Para entonces, los aliados de la guerra se habían separado. Incluso antes del final de la segunda guerra mundial, había estallado el enfrentamiento en Grecia entre comunistas y no comunistas, apoyados por los británicos. Poco después, el gobierno turco se tuvo que enfrentar a una revuelta comunista, y en 1947 el presidente Truman anunció la «Doctrina Truman», que comprometía a EE. UU. en la contención de la extensión del comunismo por el mundo.

Mientras que Occidente temía la extensión del comunismo, los soviéticos temían la amenaza de un ataque inminente. Desde su punto de vis-

El empate nuclear

Al final de la segunda guerra mundial, EE. UU. era el único país que poseía la bomba atómica. Pero en 1949 la URSS explotó su primera arma atómica, y se inició una carrera de armas nucleares. EE. UU. probó su primera bomba de hidrógeno —un arma mucho más poderosa— en 1952, y poco después la URSS también produjo su propia bomba de hidrógeno. Con el desarrollo subsiguiente de los misiles balísticos intercontinentales, lanzados desde tierra o desde submarinos, ambas partes tenían la capacidad de destruir a la otra, sin importar quién atacase primero. El principio de «destrucción mutua asegurada» (DMA) fundamentaba la teoría de la disuasión, que sostenía que la posesión de armas nucleares por ambas partes aseguraba que nunca se fueran a usar. Era una estrategia de alto riesgo.

ta, habían llevado los beneficios de su sistema a pueblos anteriormente oprimidos, mientras que creaban un tapón entre la URSS y una Alemania que tenía potencial para resurgir y cuya guerra les había costado al menos la vida de veinte millones de ciudadanos soviéticos. Sin embargo, para muchos sometidos al dominio soviético en Europa oriental, sólo habían cambiado una tiranía —la de la ocupación nazi— por otra. Cuando gobiernos reformistas en Hungría en 1956 y en Checoslovaquia en 1968 intentaron seguir una línea más independiente, sus ambiciones fueron aplastadas sin miramientos por los blindados soviéticos. Hasta el final de la guerra fría, sólo Yugoslavia, Albania y Rumanía habían conseguido alejarse del puño de acero de Moscú.

Conflictos más allá de Europa Mientras en Europa los dos campos armados se vigilaban a través del telón de acero, en otras parte del mundo la polarización ideológica provocó conflictos ar-

1950	1955	1956	1961	1962	1963
Junio Estalla la guerra de Corea (hasta 1953).	**Mayo** Los estados de Europa oriental se unen a la URSS en el pacto de Varsovia, una alianza militar.	**Noviembre** Fuerzas soviéticas aplastan el levantamiento húngaro.	**Abril** La invasión de la Cuba prosoviética es derrotada en la bahía de Cochinos. **Agosto** Construcción del muro de Berlín.	**Octubre** Crisis de los misiles cubanos.	**Agosto** EE. UU., la URSS y el Reino Unido firman el tratado de Limitación de Pruebas Nucleares.

> **«En el momento actual de la historia del mundo casi todas las naciones deben elegir entre dos formas de vida alternativas. Con frecuencia la elección no es libre... »**
>
> **Presidente Harry S. Truman**, de la «Doctrina Truman», 12 de marzo de 1947

mados. En 1949, después de años de guerra civil, los comunistas tomaron el poder en China, y al año siguiente estalló la guerra en Corea. Tras su liberación de Japón en 1945, Corea había quedado dividida entre un sector septentrional comunista y un sector meridional capitalista, y en 1950 Corea del Norte lanzó un ataque contra el Sur, en un intento por unificar el país. Bajo el paraguas de las Naciones Unidas, EE. UU., Gran Bretaña y sus aliados intervinieron para expulsar a los invasores. Las fuerzas de las NU tuvieron éxito en este objetivo y siguieron avanzando hacia el norte en dirección a la frontera china. China había avisado que no toleraría dicho avance. «Si los labios desaparecen», dijeron los chinos en aquel momento, refiriéndose a su aliado norcoreano, «los dientes sentirán el frío». Varios millones de soldados chinos atravesaron la frontera, empujando a las fuerzas de las NU de regreso al sur. Tras dos años de punto muerto, ambas partes firmaron un armisticio, aunque técnicamente Corea del Norte y del Sur siguen en guerra.

La guerra de Corea fue un asunto relativamente corto en comparación con la guerra en Vietnam, un país que también había quedado dividido entre un Norte comunista y un Sur capitalista. La guerra de Vietnam (véase p.188) iba a implicar a gran cantidad de tropas americanas y enormes cantidades de recursos, en la creencia de que si Vietnam del Sur caía ante el comunismo, todos los países vecinos del sureste de Asia le seguirían en poco tiempo, en el llamado «Efecto dominó». Desde la perspectiva comunista, la guerra era para liberar el Sureste Asiático del imperialismo occidental.

Más cerca de casa, los americanos eran especialmente sensibles a cualquier indicio de penetración soviética en América Latina, que veían tradicionalmente como su esfera de influencia. Esto condujo

Cronología

1965	1968	1969	1972	1973
Escalada en la implicación de EE. UU. en la guerra de Vietnam.	**Agosto** Fuerzas del Pacto de Varsovia derrocan el gobierno comunista aperturista en Checoslovaquia.	**Noviembre** Conversaciones para la limitación de armas estratégicas (SALT) entre EE. UU. y la URSS.	**Febrero** Nixon visita China. **Mayo** Nixon visita Moscú y firma el tratado sobre Misiles Antibalísticos con la URSS.	**Marzo** Las últimas tropas americanas abandonan Vietnam. **Septiembre** La CIA respalda un golpe militar en Chile.

a EE. UU. a apoyar una serie de juntas militares derechistas y represivas en el región, e incluso a apoyar el derrocamiento de gobiernos socialistas elegidos democráticamente, como ocurrió en Chile en 1973. Sin embargo, los EE. UU. fue incapaz de acabar con el régimen izquierdista de Fidel Castro en Cuba, a pesar de apoyar una invasión fracasada de exiliados anticastristas en 1961 e imponer un embargo comercial. En 1962 la URSS estacionó misiles en la isla, y el presidente Kennedy amenazó con usar armas nucleares si no se retiraban. Mientras el mundo contenía la respiración, los soviéticos dieron marcha atrás.

> **《 Desde Stettin en el Báltico hasta Trieste en el Adriático un telón de acero ha caído sobre Europa. 》**
>
> **Winston Churchill,** discurso en **Fulton, Missouri, 5 de marzo de 1946**

Semejantes provocaciones eran raras, y ambas partes, dándose cuenta de que una guerra nuclear generalizada terminaría probablemente con la extinción de la raza humana, buscaron medios para conseguir una «coexistencia pacífica». Durante la década de 1970, EE. UU. intentó aislar a la URSS mediante un proceso de acercamiento a la China comunista, que había roto con el bloque soviético a finales de la década de 1950. Esto impulsó a los soviéticos a buscar una mejora de las relaciones con EE. UU., y las dos partes acordaron la limitación del tamaño de sus arsenales nucleares, aunque al mismo tiempo seguían librando guerras limitadas en sitios tan diversos como Angola, Nicaragua y Afganistán. Pero al final, la Unión Soviética no pudo competir con los recursos inmensamente superiores y la potencia económica de EE. UU. En consecuencia, los soviéticos tuvieron que abandonar su imperio en Europa oriental, y la propia URSS dejó de existir (véase p. 196).

La idea en síntesis: la época en que la humanidad estuvo más cerca de destruirse a sí misma

1975	1979	1985	1989	1989-1991
Los comunistas toman el poder en Camboya, Vietnam del Sur y Laos.	**Junio** EE. UU. y la URSS firman el tratado de Limitación de Armas Estratégicas. **Diciembre** Fuerzas soviéticas invaden Afganistán.	**Marzo** Mijail Gorbachov se convierte en el líder de la URSS e inicia un proceso de liberalización y de reformas económicas.	**Febrero** Las fuerzas soviéticas se retiran de Afganistán.	Colapso de los regímenes comunistas en Europa oriental y la URSS.

45 El final de los imperios

Al terminar la segunda guerra mundial, casi toda África y gran parte del sur y el sureste de Asia estaban gobernadas por las potencias europeas, que también poseían muchos territorios en el Caribe y en los océanos Índico y Pacífico. En las tres décadas siguientes, la mayor parte de los pueblos colonizados había conseguido su independencia, a veces de forma pacífica, a veces a través de guerras de liberación. A finales del siglo xx, casi no quedaba ningún vestigio de los imperios. Fue un desmantelamiento rápido de un sueño imperial que había tardado siglos en construirse.

Hubo una serie de factores que provocaron esta transformación. Uno de los más significativos fue la creación en el seno de muchas colonias de élites educadas en Occidente, que estaban formadas para ayudar a la potencia colonial en la administración y el desarrollo locales. Estas élites absorbieron los valores occidentales de libertad, igualdad y democracia, que a su vez condujeron a la petición de la autodeterminación nacional; demandas que recibieron cada vez más el apoyo de la opinión liberal y socialista en los países colonizadores. Un factor más inmediato fue la segunda guerra mundial, que dejó a la mayor parte de los países europeos al borde de la bancarrota, e incapaces de afrontar los grandes costes de mantener un imperio. Esta guerra también había dado una gran confianza a los pueblos colonizados, que habían visto cómo un país asiático, Japón, había barrido a los poderosos europeos del sureste de Asia y gran parte del Pacífico.

Abriendo camino   A principios del siglo xx, Gran Bretaña había otorgado la independencia a sus colonias de «población blanca»: Canadá, Australia, Nueva Zelanda y Sudáfrica. Este precedente animó el crecimiento del nacionalismo en la India, de largo

Cronología

1945-1949	1955-1959	1955-1959
1946 Filipinas (EE. UU.); Jordania (RU); Siria (Francia). **1947** India, Pakistán (RU). **1948** Birmania, Ceilán (RU; Ceilán cambió de nombre por Sri Lanka en 1972). **1949** Indonesia (antiguas Indias Orientales Holandesas).	**1951** Libia (RU y Francia; anteriormente una colonia italiana 1911-1942). **1954** Laos, Camboya, Vietnam (anteriormente la Indochina francesa; Vietnam dividido hasta 1975).	**1956** Marruecos (Francia y España); Túnez (Francia); Sudán (RU y Egipto). **1957** Malasia, Ghana (RU). **1958** Guinea (Francia).

la más poblada —y también la más desarrollada— de las colonias británicas no blancas. El Congreso Nacional Indio se había formado en 1885, y a partir de la década de 1920, bajo el liderazgo de Mahatma Gandhi y Jawaharlal Nehru, se había vuelto cada vez más militante y mejor organizado, y en general estaba insatisfecho con la concesión británica de pequeños grados de autogobierno. Al mismo tiempo que el Congreso presionaba por la independencia, la Liga Musulmana pedía la creación de un estado musulmán separado —Pakistán— en el subcontinente. Gandhi y sus seguidores seguían una política de desobediencia civil no violenta, culminada en la campaña «Abandonen la India» lanzada en 1942, que provocó que los británicos encarcelaran a la mayor parte de los líderes del Congreso durante el resto de la segunda guerra mundial.

> **《 En el instante en que un esclavo decide que no quiere seguir siendo esclavo, caen sus grilletes... La libertad y la esclavitud son estados mentales. 》**
>
> **Mahatma Gandhi**, *Non-Violence in Peace and War*, 1949

El gobierno laborista elegido en Gran Bretaña al final de la guerra en 1945 estaba mejor dispuesto que sus predecesores ante el espíritu del nacionalismo indio. También se enfrentaba a una crisis financiera posbélica que hacía imprescindible deshacerse de la carga imperial lo antes posible. El resultado fue la concesión de la independencia en 1947, cuando el subcontinente fue dividido precipitadamente entre una India hindú y un Pakistán musulmán. Aunque la independencia se había conseguido a través de la no violencia, su consecución fue seguida de atrocidades terribles: la partición condujo a movimientos en masa de refugiados en ambas direcciones, durante los cuales murieron cientos de miles en masacres sectarias.

Procesos de transición En general, la retirada británica de su imperio fue un proceso pacífico. Sin embargo hubo excepciones. A lo largo de la década de 1950, por ejemplo, fuerzas británicas combatieron el movimiento independentista Mau Mau en Kenia. Para los británicos, los Mau Mau eran terroristas, pero para muchos keniatas eran luchadores por la libertad, una dicotomía que se puede observar ampliamente a lo largo del proceso de descolonización.

1960	1961-1964	1965-1969
Mauritania, Senegal, Malí, Costa de Marfil, Alto Volta (Burkina Faso), Togo, Dahomey (Benín), Níger, Chad, República Centroafricana, Camerún, Gabón, Congo-Brazzaville, Madagascar (Francia); Chipre, Nigeria (RU); Somalia (RU e Italia); Congo (Bélgica).	**1961** Sierra Leona, Tanganika (RU). **1962** Argelia (Francia); Uganda, Jamaica, Trinidad y Tobago (RU); Ruanda, Burundi (Bélgica); Samoa Occidental (Nueva Zelanda). **1963** Sarawak, Sabah, Singapur, Kenia, Zanzíbar (RU). **1964** Malawi, Zambia, Malta (RU).	**1965** Gambia, Maldivas (RU). **1966** Botsuana, Lesotho, Barbados, Guyana (RU). **1967** Yemen del Sur (RU). **1968** Suazilandia, Mauricio (RU); Guinea Ecuatorial (España); Nauru (Australia).

La lucha por la independencia argelina

Las situaciones coloniales más difíciles se presentaron donde se habían asentado gran cantidad de europeos en el territorio en cuestión. Este fue el caso de Zimbabue (la antigua Rhodesia) y Sudáfrica, donde las minorías blancas siguieron aferrándose al poder mucho después que otros países africanos estaban gobernados por la mayoría negra.

Uno de estos conflictos más encarnizados fue la lucha por la independencia en Argelia. La región costera estaba muy poblada por franceses y, por derecho, formaba parte de la Francia metropolitana. Los musulmanes autóctonos lanzaron una campaña por la independencia en 1954, y al poco tiempo estaba en marcha una guerra feroz, con atrocidades cometidas por ambas partes. La división de la opinión pública en Francia sobre la guerra condujo, en 1958, a la caída de la Cuarta República. El ejército y los colonos esperaban que el nuevo presidente, Charles de Gaulle, adoptase mano dura contra los insurgentes, pero De Gaulle se dio cuenta de que la mayoría de los votantes franceses se oponían a la guerra, y anunció que respaldaba la «autodeterminación» argelina. Elementos en el ejército y los colonos extremistas formaron la Organisation de l'armée secrète (OAS), que organizó una campaña terrorista para impedir el proceso. Sin embargo, a pesar de los intentos de golpe militar y los asesinatos, De Gaulle negoció con éxito el fin de las hostilidades, y concedió la independencia en 1962.

La otra gran potencia colonial europea, Francia, tuvo un actitud similar. Aunque la mayor parte de su gran imperio africano había conseguido la independencia de forma pacífica hacia 1960, después de la segunda guerra mundial, los franceses resistieron violentamente los movimientos independentistas en Indochina, que había estado ocupada por los japoneses durante la guerra. En Vietnam, el Viet Minh procomunista había declarado la independencia tras la derrota de Japón, pero se vio obligado a retirarse a bases seguras cuando regresaron los franceses para reclamar su derecho a gobernar. Tras años de lucha, el Viet Minh consiguió la victoria —y la independencia— en 1954, pero la consiguiente partición de Vietnam plantó la semilla de la guerra de Vietnam (véase

Cronología

1970-1974

1970 Fiyi, Tonga (RU). **1971** Bahréin, Qatar, Emiratos Árabes Unidos (RU). **1973** Bahamas (RU). **1974** Guinea-Bissau (Portugal); Grenada (RU).

1975-1979

1975 Papúa-Nueva Guinea (Australia); Timor Oriental, Mozambique, Angola, Cabo Verde, Santo Tomé y Príncipe (Portugal); Comores (Francia); Surinam (Países Bajos). **1976** Seichelles (RU); Sahara Occidental (España, actualmente ocupado por Marruecos). **1977** Yibuti (Francia). **1978** Dominica, Islas Salomón, Tuvalu (RU). **1979** Kiribati, Santa Lucía, San Vicente y las Granadinas (RU).

p. 188). La guerra de los franceses en Indochina dividió la opinión en Francia; la lucha por la independencia en Argelia resultó aún más decisiva.

《 Los vientos del cambio soplan por este continente... 》

Harold Macmillan, primer ministro británico, discurso en Ciudad del Cabo, Sudáfrica, 3 de febrero de 1960

Entre las potencias europeas, los holandeses lucharon al principio para recuperar el control de las Indias Orientales tras la derrota de Japón, pero en 1949 la colonia consiguió la independencia como Indonesia. Bélgica concedió precipitadamente la independencia al Congo en 1960, pero con anterioridad había restringido la actividad política de los congoleños, que estaban mal preparados para autogobernarse. En consecuencia, el país se vio muy pronto arrasado por una sangrienta guerra civil. Portugal se aferró desesperadamente a sus colonias africanas, combatiendo los movimientos independentistas locales hasta 1974, cuando la dictadura derechista fue derrocada en Portugal.

En 1945 existían unos setenta estados soberanos. Treinta años después, en 1975, había más de ciento setenta. En las décadas siguientes, todas las colonias europeas que quedaban en el Caribe y en los océanos Índico y Pacífico consiguieron la independencia. Aunque todos estos países son ahora técnicamente estados soberanos, muchos siguen dominados, tanto política como económicamente, por Occidente, o por superpotencias emergentes como China. Algunos sostienen que la era de los imperios no ha terminado por completo.

La idea en síntesis: una transformación del mapa del mundo

Década de 1980

1980 Zimbabue (RU); Vanuatu (RU y Francia). **1981** Antigua y Barbuda, Belice (RU). **1983** San Cristóbal y Nieves (RU). **1984** Brunei (RU). **1986** Islas Marshall, Micronesia (EE. UU.).

Década de 1990

1990 Namibia (Sudáfrica). **1994** Paláu (EE. UU.). **1997** Hong Kong (RU; a China). **1999** Macao (Portugal; a China).

46 La guerra de Vietnam

Vietnam fue la guerra perdida por EE. UU. El compromiso americano en el sureste de Asia se extendió durante más de una década, y en el proceso dividió a la nación y dejó un legado duradero de amargura. En total, unos dos millones de americanos participaron en los combates, y su aviación lanzó más del doble del tonelaje de bombas lanzadas durante la segunda guerra mundial.

El conflicto en Vietnam fue el episodio «más caliente» en la estrategia de EE. UU. durante la guerra fría para contener —o incluso hacer retroceder— el comunismo internacional, que consideraba una amenaza contra su forma de vida, un estilo basado en un «duro individualismo», la democracia y un capitalismo sin freno. Pero a medida que aumentaba el recuento de sus jóvenes muertos, quedó claro que el pueblo americano creía que estaban pagando un precio demasiado alto.

La lucha anticolonial   Los ideales nacionalistas que germinaron en las colonias europeas de ultramar en la primera mitad del siglo XX se acercaban a los ideales antiimperialistas del socialismo y el comunismo. Un joven súbdito colonial que recogió estas ideas mientras vivía en Francia fue Ho Chi Minh, que había pedido al presidente Woodrow Wilson en la conferencia de paz de París en 1919 que reconociera el derecho del pueblo vietnamita —entonces bajo el gobierno colonial francés— a la autodeterminación. Fue ignorado. Ho Chi Minh siguió adelante y en 1930 fundó el Partido Comunista de Vietnam.

La ocupación japonesa de Vietnam durante la segunda guerra mundial ofreció a Ho Chi Minh la oportunidad de fortalecer la posición de su movimiento guerrillero, el Viet Minh, y tras la derrota japonesa en 1945 declaró la independencia del país. Los franceses te-

Cronología

1941	1945	1946	1954
Julio Fuerzas japonesas ocupan la Indochina francesa. EE. UU apoya la resistencia nacionalista-comunista del Viet Minh.	**Septiembre** Ho Chi Minh, líder del Viet Minh, declara la independencia de Vietnam.	**Noviembre** Se inicia la lucha entre el Viet Minh y las fuerzas coloniales francesas; EE. UU. apoya a Francia.	**Mayo** Victoria decisiva del Viet Minh contra los franceses en Dien Bien Phu. **Julio** Acuerdos de Ginebra: Vietnam es dividido entre el Norte y el Sur, en espera de elecciones. **Agosto** Eisenhower compromete a EE. UU. en la defensa de Vietnam del Sur.

nían una idea diferente y regresaron con fuerza. La guerra que siguió trajo la victoria del Viet Minh en 1954, y el mismo año la independencia de la Indochina francesa (Vietnam, Camboya y Laos) fue reconocida por los Acuerdos de Ginebra. Vietnam fue dividido temporalmente a lo largo del paralelo 17, con Ho Chi Minh enca-

> **«Podemos pavimentar todo el país y marcar las líneas de aparcamiento y aun así estar de vuelta en casa para Navidad.»**
> **Ronald Reagan**, entrevista en el *Fresno Bee*, 10 de octubre de 1965, refiriéndose a Vietnam

bezando un régimen comunista en el Norte, mientras se establecía un gobierno no comunista en el Sur. Se debían celebrar unas elecciones nacionales en 1956.

Cuando estuvo claro que el Viet Minh ganaría con toda probabilidad las elecciones, el Sur —bajo el gobierno despótico de Ngo Dinh Diem, apoyado por EE. UU.— se negó a cooperar. A finales de la década de 1950 un grupo guerrillero comunista, el Viet Cong, estaba activo en Vietnam del Sur, apoyado por el Norte a través de rutas de abastecimiento secretas que se extendía por Laos y Camboya conocidas como la Senda Ho Chi Minh. EE. UU. envió consejeros militares para ayudar al ejército survietnamita, y en 1963 orquestó el derrocamiento del profundamente impopular Diem. Sin embargo, la administración del presidente Lyndon B. Johnson llegó a la conclusión de que sólo el despliegue de fuerzas regulares americanas podía detener la marea. Si Vietnam del Sur caía ante los comunistas, según creían los estrategas americanos, sería seguido por todo el Sureste Asiático.

El pantano El pretexto adecuado se presentó en agosto de 1964 cuando Vietnam del Norte atacó un navío americano en el golfo de Tonkín. Como consecuencia, el presidente Johnson consiguió la aprobación del Congreso para una escalada del compromiso militar americano. Las primera fuerzas de tierra americanas se desplegaron en el Sur en 1965, y a finales de 1969 el número de soldados americanos había sobrepasado el medio millón.

Mientras las fuerzas americanas desarrollaban misiones de búsqueda y destrucción en el campo —ganándose la antipatía del campesinado vietnamita—, el Viet Cong simplemente se retiraba a sus

1955	1959	1960	1961	1963
Febrero Americanos entrenan al ejército survietnamita. **Octubre** Ngo Dinh Diem declara la independencia de la República de Vietnam del Sur; EE. UU. respalda su negativa a celebrar un plebiscito para la reunificación.	Vietnam del Norte y el Viet Cong (la guerrilla survietnamita) inician la campaña militar para reunificar el país.	**Octubre** El Viet Cong forma el Frente de Liberación Nacional para atraer a los no comunistas.	**Mayo** El presidente Kennedy envía a Vietnam 400 soldados de las fuerzas especiales.	**Noviembre** EE. UU. apoya el golpe que derroca a Diem.

túneles subterráneos. Aun así, los generales americanos no dejaban de proclamar su confianza en una victoria rápida. Por eso, cuando el ejército norvietnamita y el Viet Cong lanzaron una gran ofensiva durante las vacaciones del Tet, el Año Nuevo vietnamita, a principios de 1968, fue un choque tremendo para el público americano. Los medios de comunicación tuvieron un acceso casi ilimitado a los combates, y con la guerra mostrada en directo todas las noches en la televisión americana, las opiniones empezaron a cambiar. Incluso el veterano periodista de la CBS Walter Cronkite concluyó en febrero de 1968 que «estamos en un punto muerto» y que la única salida era iniciar negociaciones con el Norte. «Si he perdido a Walter», comentó el presidente Johnson, «he perdido al ciudadano medio.» Aunque la ofensiva del Tet fue un fracaso para los comunistas, también demostró que el discurso de los generales americanos sobre una victoria inminente era una ilusión.

El candidato victorioso en las elecciones presidenciales de 1968, Richard Nixon, había ganado principalmente por su promesa de

El «escenario secundario» en Camboya

El príncipe Sihanuk, gobernante de la vecina Camboya, había mantenido la neutralidad de su país durante los primeros años de la guerra de Vietnam. En 1970 fue derrocado por un general proamericano, pero esto, junto con los ataques aéreos americanos sobre el país, sólo sirvió para aumentar el apoyo de la guerrilla comunista de Camboya, los Jemeres Rojos. Éstos capturaron la capital camboyana, Phnom Penh, en 1975, y bajo el liderazgo de Pol Pot intentaron una transformación completa de la sociedad, forzando a los habitantes de las ciudades a trabajar en el campo, y matando a todos los que consideraban contrarrevolucionarios. En total, unos 2,5 millones de camboyanos murieron de hambre o a manos de los escuadrones de la muerte de Pol Pot. Este reinado de terror sólo llegó a su fin cuando el ejército vietnamita invadió el país a finales de 1978 y empujó a los Jemeres Rojo de vuelta a la jungla.

Cronología

1964	1965	1968	1969
Agosto El ataque contra un navío americano en el golfo de Tonkín provoca la aprobación por el Congreso de la Resolución del Golfo de Tonkín.	**Febrero** EE. UU. bombardea objetivos norvietnamitas y envía tropas de tierra regulares al conflicto.	**Enero** Inicio de la ofensiva del Tet, seguida de protestas crecientes en EE. UU. **Marzo** Al menos 350 aldeanos desarmados son masacrados por las tropas americanas en My Lai. **Mayo** Inicio de las conversaciones de paz en París. **Octubre** Cese de los bombardeos americanos contra Vietnam del Norte.	**Marzo** El presidente Nixon ordena el bombardeo encubierto de objetivos en Camboya.

> **«Sabía desde el principio que si dejaba a la mujer que quería realmente —la Gran Sociedad— para combatir en esa guerra tan rastrera... entonces lo perdería todo en casa. Todas mis esperanzas, mis sueños...»**
>
> **Lyndon B. Johnson,** en el *New York Times Magazine*, 2 de noviembre de 1980. La «Gran Sociedad» era el ambicioso programa de Johnson sobre derechos civiles y reformas anti-pobreza

terminar con la guerra de Vietnam. Aunque las conversaciones de paz habían empezado en París, los avances eran muy lentos y seguían los combates —y las protestas en casa—, de manera que Nixon anunció una estrategia de «vietnamización» por la cual el ejército survietnamita se encargaría de las operaciones a medida que se retiraban las fuerzas americanas. Al mismo tiempo, Nixon intensificó el bombardeo del Norte, y también ordenó ataques aéreos e incursiones terrestres ilegales en Laos y Camboya para golpear las líneas de suministro comunistas.

Las conversaciones de paz de París dieron como resultado un alto el fuego en 1973, permitiendo la retirada completa de EE. UU. Cuando las fuerzas norvietnamitas reemprendieron la ofensiva en 1975, el ejército survietnamita perdió todo espíritu de resistencia. A finales de abril el Norte había tomado la capital del Sur, Saigón, y poco después Vietnam quedó reunificado. Laos y Camboya también cayeron ante los insurgentes comunistas. La guerra había costado la vida de 58.000 soldados americanos y de millones de vietnamitas.

La idea en síntesis: el fracaso más grande de la política exterior de EE. UU. durante la guerra fría

1970	1972	1973	1975	1976
Abril Fuerzas de tierra americanas penetran en Camboya. **Diciembre** El Congreso deroga la Resolución del Golfo de Tonkín.	**Marzo** El Norte lanza una ofensiva detenida por el poder aéreo americano. **Diciembre** «Bombardeo de Navidad» contra Hanoi.	**Enero** Se firma el acuerdo de paz. **Marzo** Las últimas tropas americanas abandonan Vietnam.	**Abril** Los norvietnamitas toman Saigón. Los jemeres rojos toman el poder en Camboya. **Noviembre** El Pathet Lao comunista toma el poder en Laos.	**Julio** Reunificación de Vietnam del Norte y del Sur.

47 El conflicto árabe-israelí

La disputa entre el estado judío de Israel, los palestinos y otros pueblos árabes ha resultado ser uno de los conflictos más largos e intratables de la historia moderna. También es un conflicto que ha demostrado tener un impacto poderoso más allá de Oriente Medio, ya sea en el precio del petróleo o en el crecimiento del terrorismo global.

Los asentamientos judíos en Palestina —por entonces parte del imperio turco otomano— se iniciaron a principios del siglo XX. Los colonos estaban inspirados por los ideales del sionismo, un movimiento fundado a finales del siglo XIX por Theodor Herzl, que sostenía que el pueblo judío —repartido por todo el mundo durante un milenio— debía crear un estado judío en su patria bíblica.

La creación de Israel La causa sionista recibió un gran impulso en 1917, cuando el secretario de Exteriores británico, A. J. Balfour, declaró que su gobierno «vería favorablemente el establecimiento en Palestina de un hogar nacional para el pueblo judío». El objetivo de Balfour era conseguir el apoyo de la población judía en Gran Bretaña para la causa británica en la primera guerra mundial, que estaba entonces en marcha. Tras la derrota de Turquía en 1918, el viejo imperio otomano se rompió en pedazos, y Palestina se convirtió en un mandato de la Liga de las Naciones, administrado por Gran Bretaña.

Los asentamientos judíos en Palestina aumentaron durante la década de 1920, provocando enfrentamientos violentos con la población árabe que ya vivía allí. Estos últimos no sólo estaban preocupados por la pérdida de sus tierras, sino que también estaban influidos por el nuevo espíritu del nacionalismo árabe. En la primera guerra mundial, los árabes habían ayudado a los Aliados al organizar revueltas contra los turcos y, en recompensa, esperaban

Cronología

1897	1917	1920	1945	1947
Primer congreso sionista.	Declaración Balfour.	Gran Bretaña toma el control de Palestina.	La guerrilla sionista del Irgun inicia los ataques contra británicos en Palestina.	Las NU votan la partición de Palestina, apoyada por los judíos pero con la oposición de la Liga Árabe.

conseguir la independencia. En su lugar, la mayor parte del antiguo imperio otomano se dividió entre británicos y franceses.

La violencia continuó en la década de 1930, y los planes para dividir Palestina entre judíos y árabes se archivaron con el estallido de la segunda guerra mundial. La experiencia del Holocausto impulsó a muchos judíos europeos supervivientes a buscar refugio en Palestina, pero los británicos mantuviera su política de antes de la guerra de restringir la inmigración. En Palestina, los grupos guerrilleros sionistas como Irgun y el Stern Gang desarrollaron una campaña de violencia contra las fuerzas británicas, de manera que Gran Bretaña anunció en 1947 que entregaría su mandato a las Naciones Unidas, sucesora de la Liga de las Naciones. Las NU votaron por la partición de Palestina entre judíos y árabes, pero esto sólo sirvió para intensificar la lucha entre ambas partes. El 14 de mayo de 1948, un día antes de finalizar el mandato británico, los judíos en Palestina proclamaron el estado de Israel.

> **« Al final viviremos como hombres libres en nuestra propia tierra y moriremos en paz en nuestros propios hogares. »**
>
> Theodor Herzl, fundador del sionismo, en su libro *El estado judío*, 1896

Las guerras árabe-israelíes Los vecinos árabes de Israel —Egipto, Jordania, Siria y Líbano— atacaron inmediatamente al nuevo estado. La lucha fue feroz, pero tras el acuerdo de un cese el fuego en 1949, Israel se encontró en posesión de más territorios de los que le habían concedido las NU: alrededor del 80 por ciento de la tierra de Palestina. La creación de Israel tuvo un coste humano terrible: la violencia de los extremistas judíos contra los civiles árabes obligó a 500.000 árabes palestino a huir del país en lo que se conoce como la *nakba* (la palabra árabe para «catástrofe»), quedando sólo 200.000 en el país. Estos refugiados fueron alojados en campos en Gaza y Cisjordania, con la esperanza de que podrían regresar pronto. Su causa se convirtió en la causa del nacionalismo panárabe, un movimiento que se fue fortaleciendo por toda la región, en especial después de la segunda guerra árabe-israelí: la crisis de Suez de 1956.

La tercera guerra árabe-israelí tuvo lugar en junio de 1967. Alarmado por los movimientos de tropas egipcias en el Sinaí, y por sus

1948	1949	1956	1967	1970	1973
Abril Extremistas judíos del Irgun y del Stern Gang masacran la aldea de Deir Yassin. **Mayo** Proclamación del estado de Israel. Primera guerra árabe-israelí.	Armisticio entre Israel y sus vecinos árabes.	**Julio** Egipto nacionaliza el canal de Suez. **Octubre-Diciembre** Segunda guerra árabe-israelí.	**Junio** Guerra de los Seis Días. **Noviembre** Las NU exige la retirada israelí de los Territorios Ocupados.	**Septiembre** El ejército jordano expulsa por la fuerza a la OLP, que se traslada al Líbano.	**Octubre** Cuarta guerra árabe-israelí (guerra del Yom Kippur). Se cuadruplica el precio del crudo.

demandas de una retirada de las fuerzas de las NU desplegadas durante la crisis de Suez, Israel organizó un ataque preventivo contra sus vecinos. En seis días, las fuerzas israelíes arrebataron el Sinaí a Egipto, los Altos del Golán a Siria y Cisjordania a Jordania. Israel decidió conservar estos territorios capturados, porque así tenía unas fronteras más defendibles, pero esto sólo sirvió para generar más refugiados árabes y más rencor.

La cuarta guerra árabe-israelí se produjo en 1973, durante la fiesta judía del Yom Kippur, cuando Egipto y Siria lanzaron un ataque contra Israel en los dos frentes. Le siguieron combates feroces y EE. UU. aumentó su alerta nuclear cuando creyó que la URSS estaba a punto de enviar fuerzas en apoyo de Egipto y Siria. Sin embargo, se acordó un alto el fuego, dejando a Israel en posesión de los «Territorios Ocupados». Para castigar el apoyo de Occidente a Israel, las naciones árabes productoras de petróleo impusieron un gran aumento de los precios del crudo, que provocó una grave recesión económica mundial. EE. UU., al darse cuenta de lo cerca del desastre que había estado el mundo, presionó a Israel y a Egipto para que firmasen la paz, dando como resultado el acuerdo de Camp David en 1978, por el cual Israel devolvía el Sinaí y Egipto reconocía el derecho a existir de Israel.

Esto no significó el fin del conflicto. En 1982 Israel invadió el Líbano con el objetivo de aplastar a la Organización para la Liberación de Palestina (OLP), que seguía organi-

La crisis de Suez

En julio de 1956 el presidente Nasser de Egipto, un ardiente nacionalista árabe, ocupó el canal de Suez, propiedad de intereses británicos y franceses. Gran Bretaña y Francia llegaron a un acuerdo secreto con Israel, por el cual este último invadiría el Sinaí egipcio con el pretexto de detener los ataques a través de la frontera, y Gran Bretaña y Francia intervendrían ostensiblemente para proteger el Canal. La campaña se inició en octubre, y provocó una amplia condena internacional. EE. UU. estaba especialmente indignado y aplicó una presión financiera considerable sobre Gran Bretaña y maniobraron para que las NU exigieran la retirada inmediata de las fuerzas anglo-francesas. Esto ocurrió en diciembre. Éste fue el final de las pretensiones británicas como potencia imperial, y un triunfo para Nasser, que se convirtió en el héroe del mundo árabe.

Cronología

1975	1976	1978	1982	1987
Guerra civil en el Líbano.	Siria interviene en el Líbano.	**Marzo-Junio** Israel interviene en el Líbano. **Septiembre** Acuerdos de Camp David.	**Abril** El ejército israelí inicia una campaña contra la OLP en el Líbano. **Septiembre** Las milicias cristianas libanesas masacran a cientos de civiles palestinos en los campos de refugiados de Sabra y Chatila.	**diciembre** Inicio de la *intifada* palestina en los Territorios Ocupados.

zando ataques contra Israel. La complicidad israelí en la masacre de civiles palestinos en el Líbano no hizo más que reforzar la hostilidad árabe, al igual que su política de construir asentamientos judíos en los Territorios Ocupados, desafiando a las NU. Mientras los palestinos se levantaron en una *intifada* (revuelta) en los Territorios Ocupados, el líder de la OLP Yasser Arafat empezó a buscar una solución diplomática, aunque se le oponían grupos palestinos islamistas radicales como Hamas y Hezbollah, apoyados por Siria e Irán. Una opinión política más moderada en Israel también favoreció la negociación, y en 1993 el primer ministro israelí, Yitzhak Rabin, llegó a un acuerdo con Arafat para establecer un autogobierno palestino en los Territorios Ocupados, y para una retirada gradual de Israel. Elementos en Israel se opusieron radicalmente y Rabin fue asesinado por un extremista judío.

Desde entonces, el progreso hacia una paz duradera en la región se ha visto dificultado por una serie de factores. Israel no se ha retirado de Cisjordania y sigue construyendo asentamientos, mientras que Hamas y Hezbollah siguen atacando a civiles en Israel, lo que provoca con frecuencia una feroz respuesta militar israelí. Todo esto sirve para aumentar el odio a Israel —y a EE. UU., que se ve como el principal apoyo de Israel— por todo el Oriente Medio, alimentando las ambiciones asesinas de grupos como al-Qaeda.

《 Israel se ha tragado una serpiente. 》

Dicho palestino, con referencia a la ocupación israelí de Gaza y Cisjordania

La idea en síntesis: la mayor amenaza contra la paz y la seguridad internacionales

1993	1995	2000	2005	2007	2008	2009
Septiembre Acuerdo de paz palestino-israelí; sigue la violencia.	**Noviembre** Asesinato de Yitzhak Rabin.	**Octubre** Revitalización de la *intifada*.	**Septiembre** Las fuerzas israelíes se retiran de Gaza.	Hamas toma el control de Gaza; Israel bloquea el territorio.	**Diciembre** Israel lanza ataques aéreos contra Gaza.	**Enero** Fuerzas de tierra israelíes entran en Gaza, retirándose tras tres semanas de combates.

48 La caída del comunismo

A finales de la década de 1980 —de forma repentina e inesperada— regímenes comunistas de línea dura en Europa oriental, que durante mucho tiempo se creyó que eran inmutables e inamovibles, cayeron como un castillo de naipes, sin apenas disparar un tiro. Incluso la Unión Soviética, la gobernante de este imperio de estados marioneta, no tuvo la capacidad o la voluntad de mantenerse como un único estado soberano, y se derrumbó en un conjunto de estados nuevos.

Esta transformación monumental se produjo por una combinación de presiones externas y de deseos internos de cambio. La invasión soviética de Afganistán en 1979 fue seguida de una intensificación de la guerra fría, en especial después de ocupar Ronald Reagan la Casa Blanca en 1981. Bajo una apariencia amigable, Reagan era un guerrero endurecido de la guerra fría, que designaba a la URSS como el «imperio del mal». Estaba decidido a presionar a los soviéticos, en especial a través de una escalada de la carrera de armamento, que sabía que EE. UU. podían ganar con su superioridad económica y tecnológica. Se desplegaron misiles de crucero en Europa occidental y se anunció un ambicioso y muy costoso sistema de defensa antimisiles con base en el espacio: la Iniciativa de Defensa Estratégica, conocido popularmente como la «Guerra de las Galaxias».

Mientras tanto, la inflexible economía soviética se estaba resquebrajando bajo la presión, incapaz de competir en términos de gastos de defensa, o en cualquier otra esfera. La gerontocracia que había mantenido a la URSS en un estado de estancamiento durante décadas se estaba muriendo, y en 1985 un hombre joven y dinámico, Mijail Gorbachov, se convirtió en secretario general del Partido Comunista Soviético. El reformista Gorbachov impu-

Cronología

1985

Marzo Mijail Gorbachov se convierte en líder de la URSS e inicia el proceso de liberalización y de reformas.

1988

Mayo El liderazgo comunista de Hungría es sustituido por reformadores. **Junio** Fuerzas soviéticas intervienen para sofocar la violencia étnica en Armenia, Azerbaiyán y el enclave armenio de Nagorno-Karabaj. **Noviembre** Legalización de los partidos políticos en Hungría.

1989

Junio Elecciones libres multipartidistas en Polonia. **Agosto** En Polonia, Solidaridad forma coalición con los comunistas. Miles de refugiados de Alemania Oriental empiezan a llegar a Alemania Occidental. **Septiembre** Derrota comunista en las elecciones libres en Hungría. Manifestaciones masivas en Alemania Oriental.

so dos políticas nuevas: *glasnost* («apertura»), que permitía una mayor libertad de expresión, y *perestroika* («reestructuración»), que implicaba un cambio radical del sistema político y económico. Se dio mayor autonomía a las fábricas y a las granjas colectivas, y se permitió cierto grado de empresa privada. Se celebraron elecciones libres multipartidistas en 1989 para un nuevo parlamento, el Congreso de los Diputados del Pueblo, y en febrero de 1990 el Partido Comunista renunció a su monopolio del poder.

Agitación en el este En junio de 1989 Gorbachov había anunciado que la URSS no seguiría interviniendo para «defender el socialismo» en sus aliados de Europa oriental: la doctrina que se había usado para justificar las acciones militares en Hungría en 1956 y en Checoslovaquia en 1968 (véase p. 181). Esto dio luz verde a los reformadores en toda Europa oriental. El mismo mes, Polonia celebró elecciones multipartidistas, y como consecuencia Solidaridad (un partido dirigido por el antiguo trabajador de los astilleros, Lech Walesa) se unió a una coalición de gobierno con los comunistas. En Hungría, los comunistas fueron completamente derrotados en unas elecciones libres y las manifestaciones masivas en Alemania Oriental provocaron un cambio en el liderazgo comunista, la abertura del muro de Berlín y un empuje irresistible por la unificación con la Alemania Occidental capitalista, lograda al año siguiente. Manifestaciones similares —la llamada «revolución de Terciopelo»— tuvieron lugar en Checoslovaquia hacia finales de año, dando lugar a la formación de una coalición de gobierno que incorporaba al antiguo líder de la disidencia, el dramaturgo Václav Havel. La única revolución violenta fue la de Rumanía, donde, después de la represión sangrienta de un levantamiento por parte de la policía secreta, el ejército tomó el poder en diciembre de 1989 y ejecutó al dictador, Nicolae Ceaucescu, y a su esposa. El cambio fue más lento en Bulgaria, pero en 1990 se celebraron por primer vez elecciones libres.

> «Debemos prestar atención al impulso de los tiempos. Los que se quedan atrás son castigados por la propia vida.»
>
> **Mijail Gorbachov**, hablando en Berlín Oriental, 8 de octubre de 1989

1989

Octubre Hungría se declara República Democrática. **Noviembre** Dimite el gobierno de Alemania Oriental. Se abre el muro de Berlín. Dimite el líder comunista de Bulgaria. **Diciembre** Toma el poder en Checoslovaquia un gobierno no comunista. Derrocamiento violento del régimen comunista en Rumanía.

1990

Febrero El Partido Comunista Soviético renuncia a su monopolio del poder. **Marzo** Lituania declara su independencia de la URSS. Elecciones libres en Alemania Oriental. **Mayo** Letonia y Estonia declaran su independencia de la URSS. Boris Yeltsin elegido presidente de la Federación Rusa. **Julio** El Parlamento ucraniano vota la independencia. **Octubre** Reunificación de las dos Alemanias.

Conflicto étnico y nacionalista

La relajación del puño de acero del gobierno comunista, que había tratado las aspiraciones nacionalistas como reaccionarias y las había aplastado, condujo a la abertura de la caja de Pandora en algunas partes del antiguo imperio soviético. Por ejemplo, en el Cáucaso, los separatistas musulmanes en Chechenia intentaron independizarse de la Federación Rusa, lo que provocó una sangrienta intervención militar, y en venganza actos de terrorismo. En la propia Europa, la ruptura del estado comunista de Yugoslavia en la década de 1990 en repúblicas de base étnica provocó una serie de guerras enconadas y brotes de «limpieza étnica», en las que se usaron tácticas brutales —incluidas grandes masacres— para limpiar de población ciertas zonas. Dichos métodos fueron desplegados por una serie de milicias nacionalistas, la más famosa la de los serbios bosnios, que en Srebrenica en 1995 mataron a sangre fría a más de 7.000 hombres musulmanes, la peor de estas atrocidades en Europa desde la segunda guerra mundial.

En la Unión Soviética, las políticas de Gorbachov fracasaron en la mejora de la situación económica, y de hecho aumentó la escasez de alimentos y de bienes de consumo. Aunque era el niño mimado de Occidente, era cada vez más impopular en casa. Algunos preferían a Boris Yeltsin, el recién elegido presidente de la Federación Rusa (la parte más grande de la URSS), que pedía un ritmo de reformas más rápido. En el otro extremo del espectro se encontraban los duros del Partido Comunista, que en agosto de 1991 intentaron un golpe contra Gorbachov. Fracasó al cabo de unos días, principalmente por la oposición popular orquestada por Yeltsin. Gorbachov quedó desacreditado, al igual que la Unión Soviética. Una a una las repúblicas nacionales que la integraban declararon su independencia y el día de Navidad Gorbachov dimitió. La Unión Soviética se disolvió formalmente el 31 de diciembre de 1991.

Las consecuencias Económicamente, los países de Europa oriental y la antigua Unión Soviética se encontraban sometidos a una transición rápida y descontrolada hacia un mercado libre capitalista sin restricciones, en el que un número pequeño y con fre-

Cronología

1991

Junio Eslovenia y Croacia declaran la independencia de Yugoslavia; estallan los combates con el ejército yugoslavo dominado por los serbios, que conducirá a la guerra civil. **Agosto** Fracasa el golpe contra Gorbachov, que suspende el Partido Comunista. Las restantes repúblicas soviéticas declaran su independencia, y a finales de 1991 la URSS deja de existir.

1992

Enero Las NU consiguen el alto el fuego en Croacia. Macedonia y Bosnia-Herzegovina declaran su independencia de Yugoslavia. **Abril** Los serbios inician el asedio de Sarajevo, capital de Bosnia. **Junio** Comienza la violencia secesionista en el Cáucaso.

cuencia sin escrúpulos de emprendedores se volvieron inmensamente ricos, mientras que la mayoría estaba mucho peor que antes. Fue una experiencia traumática para muchos, acostumbrados al pleno empleo, los alquileres subvencionados y la red de seguridad del estado del bienestar socialista, al que, con el paso del tiempo, algunos empezaron a ver con añoranza, una situación que en Alemania se ha llamado *Ostalgie* (*ost* de «este» y *Nostalgie* de «nostalgia»).

《 Los comunistas somos el último imperio. 》

Milovan Djilas, antiguo ayudante del líder comunista yugoslavo Josef Broz Tito, hablando en 1992

Gradualmente, la mayoría de los países de Europa oriental han logrado suficiente equilibrio económico y democratización para ser admitidos en la Unión Europea. La Federación Rusa ha tomado un rumbo diferente: mientras adoptaba el mercado libre capitalista, ha derivado hacia un estilo de gobierno cada vez más autocrático, y también ha intentado recuperar algo del antiguo poder imperial que había ejercido durante la época del imperio zarista y de la Unión Soviética. Esto ha conducido con frecuencia a tensiones con Occidente, pero nada que se pueda comparar con lo habitual durante la guerra fría.

Para algunos en Occidente, la caída del comunismo ha sido «el fin de la historia», el triunfo final de los valores de la democracia liberal occidental. No se han dado cuenta del nacimiento de un fenómeno completamente nuevo, el terrorismo islámico global, que busca la destrucción final de Occidente.

La idea en síntesis: la rápida desaparición de un régimen que había prevalecido desde 1945

1993
Enero Tras un referéndum, Checoslovaquia se divide en Eslovaquia y la República Checa.

1994
Agosto Estalla la guerra civil en Chechenia entre grupos anti y prorrusos. **Diciembre** Fuerzas rusas entran en Chechenia.

1995
Julio Serbios bosnios masacran a miles de bosnios musulmanes en Srebrenica. **Agosto** Ataques aéreos de la OTAN contra los serbios bosnios. **Noviembre** Acuerdo de paz de Dayton.

1999
Marzo La OTAN inicia los ataques aéreos contra Serbia.

49 El despertar de China

A principios del siglo XX la gloria de la China imperial, que en su momento había sido la civilización más avanzada del planeta, hacía tiempo que se había eclipsado. En un período de diez años, los revolucionarios nacionalistas conocidos como el Kuomintang habían derrocado al último emperador, abriendo el camino a un siglo de cambios a veces profundos, que implicaban guerras civiles, invasiones, revolución, giros ideológicos y —últimamente— un crecimiento económico sorprendente.

En menos de cien años, China se ha transformado de una sociedad feudal atrasada en una gran potencia industrial y comercial, y en una fuerza a tener en cuenta en el escenario internacional.

Guerra civil y revolución   El líder de la revolución de 1911, Sun Yat-sen, murió en 1925, tras fracasar en el establecimiento de una nueva república en el norte de China, que seguía controlada por señores de la guerra ferozmente independientes. El sucesor de Sun, Chiang Kai-shek, era más bien un militar y actuó contra los señores de la guerra mientras aplastaba una serie de revueltas urbanas impulsadas por el Partido Comunista Chino, que se había formado en 1921. Siguiendo la ortodoxia marxista, los comunistas creían que la revolución sólo la podía realizar el proletariado urbano, pero en la década de 1920 en China esta clase sólo comprendía una pequeña proporción del total de la población.

Hacia finales de la década de 1920, surgió una nueva figura en el liderazgo comunista. Se trataba de Mao Zedong, que desarrolló una estrategia revolucionaria basada en el enorme campesinado chino. En 1931 se formó una República Soviética China en la región montañosa de Jiangxi, pero pronto se vio presionada por los ejércitos nacionalistas, lo que precipitó la Larga Marcha de 1934-

Cronología

1911	1921	1922	1925	1927
Revolución nacionalista dirigida por Sun Yat-sen.	Fundación del Partido Comunista Chino.	Anarquía en China al actuar sin control los señores de la guerra regionales.	Malestar en Shangai y en todas partes contra los «tratados desiguales» con las potencias occidentales. Muerte de Sun Yat-sen. Chiang Kai-shek, con los comunistas, inicia la campaña contra los señores de la guerra.	Los nacionalistas toman Nanking y Shanghai. Chiang Kai-shek se vuelve contra los comunistas, aplastando una revuelta en Guandong (Cantón). Provoca la guerra civil.

1935, en la que los comunistas se retiraron unos 10.000 km hasta Yunnan en el remoto noroeste. Sólo la mitad del ejército de 100.000 hombres llegó a su destino, pero durante el transcurso de la Larga Marcha, Mao se afianzó como el líder indiscutible de los comunistas.

La guerra civil siguió hasta la invasión japonesa de 1937 (véase p. 172), cuando comunistas y nacionalistas formaron una alianza contra el enemigo común. Tras la derrota de Japón en 1945, continuó la guerra civil, y el 1 de octubre de 1949, Mao declaró la República Popular China en Beijing. Chiang Kai-shek y lo que quedaba del ejército nacionalista se retiraron a la isla de Taiwán, donde establecieron la República de China.

Del comunismo al capitalismo   La República Popular fue inicialmente un aliado de la URSS (por ejemplo, en la guerra de Corea; véase p. 182) pero se distanciaron a finales de la década de 1950, convirtiendo la guerra fría en algo a tres bandas, acentuada a principios de la década de 1970 cuando EE. UU. y China se embarcaron en una política de acercamiento, mejorando sus relaciones con el objetivo de aislar a los soviéticos.

En el interior, Mao condujo a China a través de una sucesión de grandes convulsiones, incluyendo el Gran Salto Adelante y la Revolución Cultural (véase p. 202). La muerte de Mao en 1976 estuvo seguida de una lucha por el poder en el que los modernizadores, como Deng Xiaoping, consiguieron la victoria, dando lugar al rechazo de la creencia de Mao en la revolución permanente. En 1978 Deng subrayó la necesidad de cuatro «modernizaciones»: agricultura, industria, defensa nacional, y ciencia y tecnología. Esto implicaba la reintroducción de empresas capitalistas, mien-

> **« Ningún país extranjero puede esperar que China sea su vasallo, ni puede esperar que China acepte nada que dañe los intereses de China. »**
>
> **Deng Xiaoping,** discurso en el XX Congreso Nacional del Partido Comunista Chino, 1 de septiembre de 1982

1931	1934-1935	1937	1946	1949	1950
Se establece la República Soviética China en Jiangxi. La Manchuria china es ocupada por el ejército japonés.	Retirada comunista en la Larga Marcha.	**Julio** Invasión japonesa de China, inicio de la segunda guerra chino-japonesa.	**Abril** Se reinicia la guerra civil entre comunistas y nacionalistas.	**Octubre** Proclamación de la República Popular China en Beijing.	**Febrero** China firma un tratado con la URSS. **Octubre** China ocupa el Tibet. **Noviembre** China interviene en la guerra de Corea al lado de Corea del Norte.

tras que al mismo tiempos se mantenía el monopolio del Partido Comunista en el poder. La liberalización económica requería una abertura a Occidente, que era necesario como socio comercial y como proveedor de nuevas tecnologías.

La consiguiente influencia de Occidente condujo a la extensión de demandas de liberalización política, en especial entre los estudiantes. Durante un momento en la primavera de 1989 pareció que las manifestaciones prodemocráticas en la plaza de Tiananmen en Beijing —coincidiendo con la liberalización que estaba en marcha en la Unión Soviética— podrían provocar un cambio po-

El Gran Salto Adelante y la Revolución Cultural

El llamado Gran Salto Adelante de Mao en 1958-1961 tenía el objetivo de eliminar las costumbres y las formas de pensar tradicionales, y movilizar la enorme población de China para modernizar el país a través de una industrialización rápida y la colectivización de la agricultura. La resistencia de los burócratas y dentro del partido, combinado con la retirada del apoyo técnico soviético y una serie de malas cosechas, llevaron al fracaso y al hambre, en el que es posible que murieran unos veinte millones de personas. A finales de la década de 1950 una cifra similar había sido «liquidada» por oponerse a las políticas de Mao.

Enfrentado a crecientes amenazas internas a su liderazgo en el partido, en 1966 Mao lanzó la Revolución Cultural, en la que movilizó a millones de jóvenes radicalizados, los Guardias Rojos, para purgar el partido y restaurar la pureza ideológica. Funcionarios del partido, gestores industriales, científicos, técnicos, académicos, maestros y otros profesionales fueron sometidos a espectáculos de crítica pública y con frecuencia de humillación violenta, y enviados al campo para extraerles el «elitismo burgués» mediante el trabajo de la tierra. La educación y la industria quedaron de lado, la economía fue mal gestionada y reinó el caos. Al final el ejército dio un paso al frente para detener los peores excesos de los Guardias Rojos, pero la Revolución Cultural seguía en marcha cuando murió Mao en 1976.

Cronología

1953	1958-1961	1959	1961	1964	1966	1969
Final de la guerra de Corea.	Gran Salto Adelante.	Aplastamiento de un levantamiento antichino en el Tibet.	China denuncia a los líderes soviéticos como «traidores revisionistas», formalizando la ruptura que se gestaba desde 1956.	China prueba su primera arma nuclear.	**Agosto** Mao lanza la Revolución Cultural.	Enfrentamientos fronterizos chino-soviéticos.

lítico radical. Pero a principios de junio, la anciana dirección china decidió reprimir las manifestaciones y se produjeron miles de muertos.

Desde entonces, los derechos humanos no han mejorado en China, pero su economía ha crecido y crecido, y grandes cantidades de bienes que antes se manufacturaban en Europa y América del Norte ahora se fabrican en China. Una consecuencia de este crecimiento es que China, para obtener cada vez más recursos naturales para sus industrias y para satisfacer el número creciente de demandas de consumo de su población, ha establecido una presencia cada vez más notable en zonas como África. Muchos negocios occidentales están en parte en manos de empresas chinas, y el gobierno chino es propietario de cientos de miles de millones de dólares de bonos del Tesoro de EE. UU., ayudando a financiar el presupuesto y el déficit comercial americanos.

Se plantean una serie de interrogantes. ¿Cuánto tiempo podrá resistir el liderazgo chino las presiones externas e internas a favor de la democracia? ¿Hasta qué punto es posible que en el próximo medio siglo China supere a EE. UU. como la superpotencia mundial más grande? Si lo hace, ¿estaremos dominados por una potencia extranjera con poco respeto por los derechos humanos? El auge de China no sería posible sin la globalización, pero la globalización es un proceso en las dos direcciones, de manera que es discutible cuánto tiempo el liderazgo nominalmente comunista en Beijing se podrá seguir aferrando al monopolio del poder.

> **« China está renaciendo y no va a desaparecer. No son nuestros amigos ni tampoco nuestros enemigos. Son nuestros competidores. »**
>
> **Barack Obama,** hablando en abril de 2007

La idea en síntesis: una potencia global en crecimiento

1971	1976	1977	1989
Septiembre Lin Biao muere en un accidente aéreo mientras huía a la URSS. **Noviembre** La República Popular de China sustituye a la nacionalista República de China en el Consejo de Seguridad de las NU, como parte de la política de acercamiento de Nixon.	**Septiembre** Muerte de Mao.	**Julio** La «Banda de los Cuatro» es expulsada del partido al tomar el control los modernizadores, como Deng Xiaoping.	**Junio** Los blindados aplastan las manifestaciones prodemocráticas en la plaza de Tiananmen.

50 El 11 de septiembre y sus consecuencias

El martes 11 de septiembre amaneció claro y soleado en Nueva York. Los empleados llegaban a sus oficinas, cuando empezaron a circular noticias de que un avión se había estrellado accidentalmente contra una de las torres del World Trade Center, en Lower Manhattan. Poco después, otro avión —un gran avión de pasajeros— surgía del claro cielo azul y se dirigía hacia la otra torre, estrellándose contra ella en un gran estallido de llamas.

Fue a los quince minutos justos después del primer impacto a las 8.46, y quedó claro de inmediato que no se trataba de un accidente. A las 9.40 un tercer avión se estrellaba contra el Pentágono, el cuartel general del Departamento de Defensa en Washington, y en menos de una hora un cuarto avión se había estrellado en la campiña de Pennsylvania. Los pasajeros, sabiendo que el avión había sido tomado por los secuestrados y después de escuchar por los teléfonos móviles los acontecimientos de Nueva York y Washington, se habían lanzado sobre sus captores, teniendo casi la certidumbre de que les iba a costar la vida.

En total, en las Torres Gemelas murieron 2.750 personas. 184 más murieron en el Pentágono y cuarenta en Pennsylvania. También murieron los diecinueve secuestradores, la mayoría de ellos de Arabia Saudita. Fue el peor ataque perpetrado en EE. UU. e iba a cambiar el mundo para siempre.

De África oriental a Afganistán Pronto quedó claro que los secuestrados estaban asociados a al-Qaeda, hasta entonces un oscuro grupo terrorista islámico encabezado por un millonario saudi-

Cronología

1990	1991	1996	1998
Agosto El Iraq de Saddam Hussein invade el vecino Kuwait.	**Enero-Febrero** Una coalición dirigida por EE. UU. expulsa a los iraquíes de Kuwait, pero deja a Saddam en el poder. **Marzo** Saddam aplasta brutalmente una revuelta de los kurdos en el norte y de los chiíes en el sur.	**Septiembre** Los talibanes toman el poder en Afganistán e imponen la *sharia*.	**Agosto** Bombas de al-Qaeda en las embajadas americanas de Kenia y Tanzania. La petición de extradición de Bin Laden de EE.UU. a Afganistán es rechazada por los talibanes. **Diciembre** Aviones americanos y británicos atacan objetivos en Iraq.

ta llamado Osama bin Laden. En la década de 1980 Bin Laden se había unido a los *muyahidín* respaldados por EE. UU., que luchaban contra la ocupación soviética de Afganistán, pero en febrero de 1998 estaba animando a los musulmanes a «matar a los americanos y a sus aliados, civiles y militares... en cualquier país que sea posible hacerlo». En agosto de ese año, al-Qaeda colocó bombas en las embajadas americanas en Kenia y Tanzania, matando a más de 300 personas. Bin Laden, además de condenar a América por su apoyo a Israel, estaba particularmente enojado por la presencia de fuerzas americanas en suelo de Arabia Saudita: el hogar de los lugares más sagrados del islam, Medina y La Meca. Las fuerzas americanas estaban estacionadas en Arabia Saudita desde la guerra del Golfo de 1991, para prevenir cualquier agresión del Iraq de Saddam Hussein, cuya ocupación de Kuwait había acabado con la intervención de la coalición liderada por EE. UU.

> **《 Los americanos aman la Pepsi Cola, pero nosotros amamos la muerte. 》**
>
> **Cartel desplegado por un afgano en Pakistán,** septiembre de 2001

Después de los ataques del 11 de septiembre de 2001, algunos americanos se preguntaron por qué eran tan odiados en algunas partes del mundo musulmán, pero muchos más apoyaron entusiasmados la llamada de Bush para una «guerra contra el terror» lanzada en su discurso en el Congreso del 20 de septiembre. Esta «guerra contra el terror», diseñada para defender los valores occidentales de libertad y democracia, irónicamente implicada una ignorancia total de los derechos humanos, porque todos los sospechosos de estar implicados en actividades terroristas por todo el mundo quedaban sujetos a detención sin juicio e incluso a torturas.

Los campos de entrenamiento de al-Qaeda se encontraban en Afganistán, que estaba controlado por los musulmanes fundamentalistas de los talibanes desde 1996. En octubre de 2001 EE. UU., encabezando una coalición de la OTAN, iniciaron los ataques aéreos contra Afganistán con el objetivo de destruir las bases de al-Qaeda, y en la campaña terrestre que siguió expulsaron a los talibanes del poder. Bin Laden, junto con la mayor parte de los jefes de al-Qaeda, escapó, probablemente a las regiones sin ley a lo lar-

2001

Septiembre El día 11, ataque en Nueva York y Washington. Bush anuncia la «guerra contra el terror». **Octubre** La coalición dirigida por EE. UU. inicia los ataques aéreos contra al-Qaeda y los talibanes en Afganistán. **Noviembre** Inicio de la campaña terrestre en Afganistán. **Diciembre** Ataque islamista contra el Parlamento indio.

2002

Enero Bush afirma que Iraq, Irán y Corea del Norte pertenecen a un «eje del mal». **Octubre** El Congreso de EE. UU. autoriza a Bush a usar la fuerza para privar a Iraq de ADM. **Noviembre** El Consejo de Seguridad exige a Saddam que colabore con los inspectores de armas o se enfrentará a «consecuencias serias».

go de la frontera noroccidental de Pakistán. Aunque se instaló en Kabul, un gobierno democrático prooccidental, resultó ser endémicamente corrupto e incapaz de extender su poder sobre la mayor parte del país. Esto, junto con las divisiones tribales tradicionales y el disgusto por la ocupación extranjera, y el fracaso inicial de Occidente para proporcionar la tan necesaria ayuda al desarrollo, ha permitido una fuerte insurgencia talibán, haciendo necesaria la presencia de muchas tropas de la OTAN.

El desastre de Iraq   La guerra del Golfo de 1991 había dejado en el poder a Saddam Hussein en Iraq, un país bastante artificial creado por los británicos a finales de la primera guerra mundial con partes del antiguo imperio otomano. Había kurdos en el norte, sunníes en el centro y chiíes en el sur, una cohabitación incómoda que Saddam había mantenido unida mediante una represión despiadada, usando incluso armas químicas contra sus propios ciudadanos. Además de gas venenoso, se sospechaba que Saddam había adquirido otras armas de destrucción masiva (ADM), como

Fijando las amenazas

Las acciones de EE. UU. y sus aliados en Iraq y Afganistán no parecen que hayan disminuido la amenaza terrorista, como lo demuestran las bombas en Bali, Madrid, Londres, Kampala... Es más, la invasión de países musulmanes por «cruzados» occidentales en realidad ha aumentado el reclutamiento a favor de la *yihad* global. Ésta ha sustituido a la aniquilación nuclear de la guerra fría como la principal amenaza, aunque opiniones mejor informadas sostienen que el cambio climático representa un riesgo mucho más grande para la seguridad global.

Es posible que nunca se pueda eliminar por completo el terrorismo islámico: suprimes una célula y crece otra; destruyes los campos de entrenamientos en un estado fallido y otros estados fallidos abren sus puertas a los terroristas; eliminas a los líderes y surgirán imitadores por todo el mundo. Una estrategia de seguridad basada en la contención y la inteligencia puede ser el mejor camino, combinado con la determinación para solucionar —política y económicamente— las causa que llevan a abrazar o simpatizar con el terrorismo.

Cronología

2003	2004	2005
Febrero Grandes manifestaciones por todo el mundo contra la guerra. **Marzo** La coalición liderada por EE. UU. inicia la invasión de Iraq. **Diciembre** Captura de Saddam Hussein, seguida de un gran aumento de la violencia en Iraq.	**Marzo** Al-Qaeda se responsabiliza de las bombas en los trenes de cercanías de Madrid. **Mayo** Terroristas islámicos matan a más de 20 occidentales en Arabia Saudita. **Noviembre** Fuerzas americanas retoman la ciudad iraquí de Fallujah y casi la destruyen.	**Julio** El día 7, terroristas suicidas nacidos en Gran Bretaña matan a cincuenta y una personas en Londres. **Octubre** Terroristas suicidas matan a veinte personas en Bali.

armas biológicas e incluso nucleares, desafiando las resoluciones de las Naciones Unidas.

Tras el 11 de septiembre, la administración Bush empezó a sugerir que Saddam estaba en contacto con al-Qaeda y otros grupos terroristas islámicos. De hecho, Saddam era un nacionalista árabe secular de la vieja escuela y había tratado con dureza a los islamistas en Iraq. Pero aun así, Saddam se convirtió en objetivo de oprobio por parte de los neoconservadores, que creían que era la misión de EE. UU. exportar la libertad y la democracia al Tercer Mundo, respaldadas si era necesario por las fuerzas armadas. El

《O están con nosotros, o están con los terroristas.》
Presidente George W. Bush, discurso ante el Congreso, 20 de septiembre de 2001

hecho de que Iraq estuviera encima de grandes reservas de petróleo también lo convertía en estratégicamente importante. La consecuencia fue que en marzo de 2003 una «coalición de la voluntad», formada principalmente por Estados Unidos y Reino Unido, montó una invasión de Iraq y derrocó a Saddam. No existía una sanción clara de la ONU para esta acción, que se emprendió desafiando grandes protestas populares por todo el mundo. No se encontró ni una sola ADM, la única justificación para la implicación del Reino Unido.

Las potencias invasores no tenían planes para la reconstrucción de Iraq después del «cambio de régimen». Las divisiones étnicas y religiosas dentro del país se recrudecieron, conduciendo a una guerra civil y a una resistencia feroz a los ocupantes occidentales. Durante la invasión y la insurgencia que le siguió, decenas de miles —quizá centenares de miles— de civiles iraquíes fueron asesinados. Aunque las últimas brigadas de combate americanas se retiraron en agosto de 2010, Iraq sigue siendo un lugar peligrosamente inestable.

La idea en síntesis: ¿el inicio de una nueva era de zozobra?

2006	2007	2008	2009	2010	2011
Diciembre Ejecución de Saddam Hussein.	EE. UU. inicia la «oleada de tropas» en Iraq.	**Marzo** La Cruz Roja declara que la situación humanitaria en Iraq sigue siendo crítica. **Noviembre** Terroristas islamistas pakistaníes matan a 173 personas en Bombay, India.	**Abril** El Reino Unido finaliza las operaciones de combate en Iraq.	**Julio** Las bombas en Kampala, Uganda, colocadas por islamistas con base en Somalia, matan a 74 personas.	Muerte de Osama bin Laden.

Índice